MIS EN BOUTEILLES AU DOMAINE

LE *Grand livre* DES VINS D'ALSACE

MICHEL MASTROJANNI

MIS EN BOUTEILLES AU DOMAINE

LE *Grand livre* DES VINS D'ALSACE

MICHEL MASTROJANNI

MICHEL MASTROJANNI

photographies de

MICHEL MASTROJANNI

SOLAR

DU MÊME AUTEUR

Le Grand Livre des vins de France (Solar, 1982)
L'Année du vin (Hachette, 1984)
Le Livre du vin (Solar, 1987)
L'Agenda du vin (Chêne, 1987-1989)
Les Vins blancs (Bordas, 1988)
Le Grand Livre du Bordeaux (Solar, 1989)
Le Carnet gourmand du vignoble, collab. (Julien, 1991)
Le Grand Livre des vins de Loire (Solar, 1991)
Guide des vins de France (Solar, 1992)

AVERTISSEMENT

Les producteurs cités dans cet ouvrage le doivent au seul choix de l'auteur.
En aucun cas leur mention ne relève d'un quelconque démarchage publicitaire ou commercial.

L'éditeur

Conception graphique : Dominique Gauron
Mise en pages : Bernadette Allain

Photo de couverture :
Ammerschwihr

ISBN 2-263-01931-6
N° d'éditeur 2028
Dépôt légal septembre 1993

Comme bien d'autres, j'ai vécu autrefois sur l'image, charmante mais convenue, du vin d'Alsace. Une image faite de pittoresque – la flûte au col long comme un cou de cigogne, le flanc bardé de décorations –, de dépaysement aromatique – tiroirs à épices qu'ouvre grands le moindre Gewurztraminer ou pleine brassée de verdure que vous projette au nez le jeune Riesling – et, il faut aussi l'avouer, d'un peu de défiance concernant son absorption – ces maux de tête, réels ou supposés, qui sont demeurés un préjugé injuste mais tenace. Cette première approche, largement bienveillante, est encore partagée par beaucoup : elle ne doit pas être reniée, car elle sous-tend l'inentamable cote de popularité des vins d'Alsace et constitue souvent la phase initiale d'un engouement plus profond.

Néanmoins, à longuement sillonner notre opulent vignoble rhénan et à fréquenter assidûment ses caveaux, j'ai exploré des faces plus secrètes, perçu des traits plus intimes, découvert des vertus cachées, comme cette extraordinaire faculté de vieillissement de certains vins d'Alsace. J'ai mesuré leur vraie complexité, ressenti toute leur richesse.

J'ai surtout découvert les vignerons d'outre-Vosges, qui sont parmi les plus attachants de France : la qualité et la générosité de leur accueil, signe reconnaissable d'une authentique civilisation du vin, la claire conscience qu'ils ont de leur valeur et de leurs progrès, et l'énergie dont ils sont capables pour en convaincre la terre entière. Dans le labyrinthe des crus, des terroirs, des cépages et des millésimes, ce sont eux qui tiennent la place fondamentale.

Discrètes ou hautes en couleur, sensibles ou tonitruantes, leurs personnalités sont la composante essentielle du philtre alsacien. Ce livre veut les remercier de ce charme irremplaçable.

Michel Mastrojanni

A Évelyne et Jean-Claude Buckel
et à l'hospitalité alsacienne

Le vent du Rhin secoue sur le bord les osiers
Et les roseaux jaseurs et les fleurs nues des vignes.

Apollinaire, *Rhénanes.*

NOTE AU LECTEUR

Les dates indicatives de classement des grands crus sont celles des décrets d'application. Leurs superficies, au-dessus de 10 hectares, ont été arrondies à l'hectare supérieur ou inférieur.

Les vins faisant l'objet de notes de dégustation ont été goûtés entre avril 1992 et mars 1993. Abréviations : VT (vendanges tardives) et SGN (sélection de grains nobles). Rappelons qu'en Alsace le titre alcoolométrique est couramment exprimé en degrés Oechslé, dont la valeur est 7,5 fois supérieure à celle du degré alcoolique normal.

Dans la rubrique « D'autres bons producteurs » sont indiqués, entre parenthèses, les grands crus, clos et spécialités que vinifient les producteurs mentionnés. Un renvoi signale systématiquement les producteurs récoltant dans le ou les grands crus concernés, mais domiciliés dans une autre commune.

SOMMAIRE

Avant-propos 5

DES COTEAUX HEUREUX 9
Les conditions naturelles 9
Carte de l'Alsace vinicole 10
Histoire du vignoble 11
Viticulture et vinification 14
La gamme des vins 16

GRANDS CRUS
ET VENDANGES TARDIVES 20

VILLAGES, CRUS
ET VIGNERONS DU BAS-RHIN 24
Cleebourg 26
Marlenheim 29
Bergbieten, Traenheim 31
Dahlenheim 34
Wolxheim 36
Molsheim 40
Obernai, Ottrott 42
Heiligenstein 44
Barr 46
Mittelbergheim 50
Andlau 54
Nothalten, Epfig 60
Blienschwiller 64
Dambach-la-Ville 66
Orschwiller, Kintzheim 68

VILLAGES, CRUS
ET VIGNERONS DU HAUT-RHIN 70
Rodern, Saint-Hippolyte 72
Bergheim 75
Ribeauvillé 82
Hunawihr 91
Zellenberg 94
Riquewihr 97
Beblenheim 106
Mittelwihr, Bennwihr 108
Sigolsheim 111
Kientzheim 113
Kaysersberg 117
Ammerschwihr 120
Katzenthal, Ingersheim 123
Niedermorschwihr 126
Turckheim 128
Wintzenheim 135
Colmar 138
Wettolsheim 141
Eguisheim, Husseren-les-Châteaux 144
Voegtlinshoffen 152
Gueberschwihr 154
Pfaffenheim 156
Rouffach 160
Soultzmatt, Westhalten 163
Orschwihr 167
Bergholtz 171
Guebwiller 174
Wuenheim 178
Thann 180

DU BON USAGE
DES VINS D'ALSACE 183

Tableau des millésimes d'Alsace 187
Index des grands crus, clos et lieux-dits 189
Index des producteurs 191

DES COTEAUX HEUREUX

Particulariste, l'Alsace du vin l'est et le demeure, contre vents et marées. Résistant au jacobinisme des appellations, au réglementarisme européen, à la mondialisation du goût, elle a entassé les singularités, pour notre plus grand plaisir. C'est la seule région de France à entretenir la tradition des cépages, tout en redécouvrant celle des terroirs, à se vouer presque exclusivement – excepté la Champagne – au vin monocolore, à cultiver des spécialités comme les récoltes tardives, qui n'ont d'équivalent dans aucun autre vignoble de l'Hexagone. Tournant le dos à l'« intérieur » et regardant de l'autre côté du Rhin, les coteaux alsaciens paraissent eux-mêmes, physiquement, vouloir se détacher du tronc national.

Ce particularisme, bien sûr, n'est pas sans fondements. Il puise à pleins tonneaux dans la genèse de notre belle province rhénane, qui fut jadis bouleversée dans sa géologie, et naguère tiraillée entre ses deux cultures, germanique et française.

Muret de vigne : grès rose et calcaire oolithique.

LES CONDITIONS NATURELLES

C'est la nature en sa folie qui, la première, a bâti la spécificité du vignoble alsacien. Celle-ci résulte, en effet, des grands mouvements tectoniques et érosifs qui ont accompagné et prolongé la formation du fossé rhénan.

La géologie inspirée

A l'ère tertiaire, le vieux massif hercynien Vosges-Forêt-Noire, qui ne formait qu'un seul bloc, se souleva avec sa couverture sédimentaire du secondaire, puis se disloqua en créant, de part et d'autre du fossé d'effondrement, deux chaînes symétriques. La mer envahit ensuite le fossé, entraînant de nouvelles sédimentations, puis, au quaternaire, les glaciations et les phénomènes d'érosion laminèrent les sommets, faisant réapparaître les roches du socle primitif.

Le vignoble à Blienschwiller.

Du côté vosgien, cette gigantesque cassure a délimité une vaste zone de fractures, inscrite entre deux failles majeures : la faille vosgienne, à la jointure de la montagne cristalline, et la faille rhénane, à la limite de la plaine alluviale. Entre ces deux grandes failles ont joué de multiples failles transversales, déterminant quatre champs de fractures principaux (Saverne, Ribeauvillé, Rouffach-Guebwiller, Thann), au sein desquels voisinent et se chevauchent une incroyable variété de formations géologiques. Cette zone correspond aux actuelles collines sous-vosgiennes, où est établi le vignoble, qui profite ainsi d'une extrême diversité de terroirs.

L'ensemble compose une extraordinaire marqueterie pédologique, dont la complexité n'a rien à envier à celle des Côtes de Beaune ou de Nuits. Le terroir change constamment de nature, souvent à quelques dizaines de mètres de distance. On y rencontre des sols calcaires – notamment une forme fréquente de calcaire coquillier du Trias moyen, le Muschelkalk –, des sols marno-calcaires, argilo-marneux et gréso-calcaires. Vers le rebord montagneux apparaissent des sols gréseux, granitiques, gneissiques, schisteux, parfois même volcano-sédimentaires, enrichis de nombreux matériaux de colluvion et de solifluxion. Vers la plaine, les formations ar-

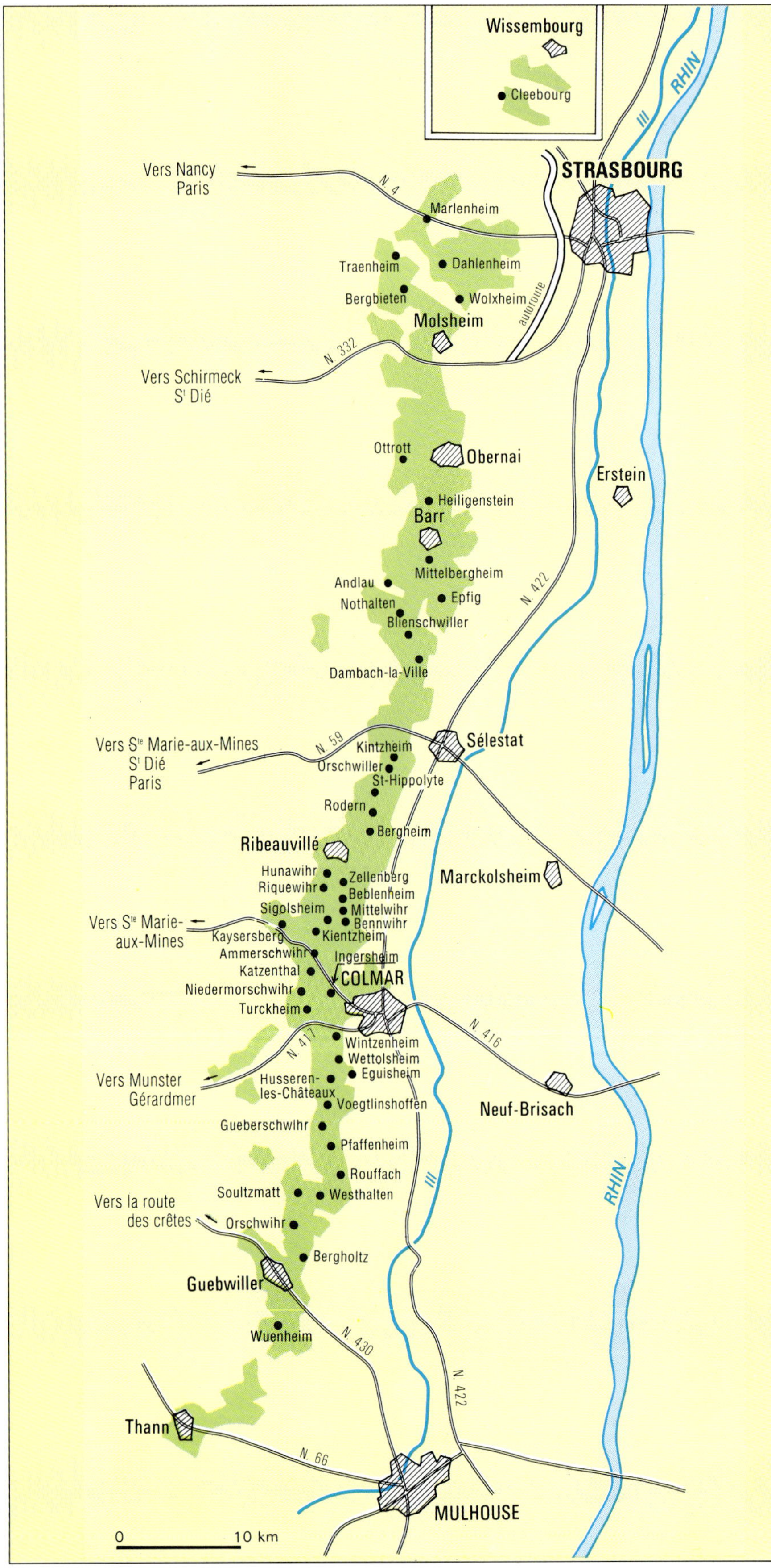

gilo-calcaires laissent la place à des sols argilo-sableux, limoneux, lœssiques et graveleux, ces derniers correspondant aux divers cônes de déjection formés par les rivières vosgiennes.

On le voit, l'uniformité n'est pas le propre du terroir alsacien : c'est au contraire dans ses infinies modulations que réside une bonne part de l'exceptionnelle diversité de ses vins.

Climat et mésoclimats

Logé sur le piémont vosgien, le vignoble alsacien s'élève entre 200 et 400 mètres d'altitude, bien à l'abri des masses d'air océaniques, qui viennent buter sur la barrière que forme la montagne. La région jouit d'un climat subcontinental, avec des hivers plutôt rigoureux, des étés chauds et d'enviables saisons intermédiaires – printemps précoces, automnes ensoleillés et prolongés. Outre une forte insolation annuelle, l'Alsace, grâce à l'écran des Vosges, enregistre une faible pluviométrie : la région de Colmar est l'une des plus sèches de France, avec une moyenne de précipitations inférieure à 500 mm par an. Ces conditions se prêtent spécialement au déroulement harmonieux du cycle végétatif de la vigne, à la maturation régulière, saine et complète de raisins qui, ne l'oublions pas, mûrissent dans le nord du Bas-Rhin à la même latitude que l'Oise.

Cette tendance, globalement favorable, est enrichie de nombreuses nuances microclimatiques, à la mesure d'un vignoble qui couvre une centaine de kilomètres du nord au sud. L'exposition des coteaux, leur profil, leur déclivité, les capacités d'emmagasinement thermique du sol, la protection des reliefs, l'influence éventuelle d'une rivière induisent toute une série de mésoclimats, dont bénéficient en premier lieu les grands crus. Et l'on ne s'étonnera pas de voir apparaître au sommet de certains d'entre eux – tels le *Zinnkoepflé* de Soultzmatt ou le *Furstentum* de Kientzheim – des éléments de la flore et de la faune méditerranéenne.

Entre forêt vosgienne et prés, des conditions microclimatiques privilégiées : le Clos Windsbuhl, à Hunawihr.

HISTOIRE DU VIGNOBLE

Même si les documents font défaut à ce sujet, la culture de la vigne fut probablement introduite en Alsace après l'installation des légions romaines le long du Rhin, sans doute dans le courant du Ier siècle de notre ère. Plus tard, elle gagna largement le pays, puisque, aux alentours de l'an 800, Médard Barth, historien du vignoble alsacien, dénombre une centaine de localités viticoles, et en relève une cinquantaine d'autres vers la fin du IXe siècle.

Évêques et moines

Homme fort et gardien de la civilisation latine durant les temps troublés du haut Moyen Age, l'évêque, par le biais de donations et d'acquisitions, concentrait une part importante de la propriété viticole. Celui de Strasbourg fut le plus gros détenteur de vignes en Alsace, un pied presque dans chaque village, et même nanti, à la suite d'une donation royale au VIIe siècle, d'un domaine d'un seul tenant en Haute-Alsace, couvrant seize bans viticoles autour de Rouffach... dans le diocèse de l'évêque de Bâle. Ce dernier était lui-même un propriétaire considérable au sud de Colmar, et l'on rencontrait des vignobles appartenant aux évêques de Toul, de Spire et de Constance.

Parallèlement, les abbayes dont se couvrit l'Alsace à partir du VIe siècle contribuèrent à la valorisation et à l'expansion du vignoble. De vastes domaines viticoles, fondés à partir de legs pieux, naquirent dans les zones d'influence des grands monastères de la région ; retenons en particulier ceux des abbayes de Wissembourg, de Marmoutier, de Sainte-Odile, d'Andlau, de Munster et de Murbach. Certains établissements allemands (abbaye de Fulda) ou suisses (abbaye de Saint-Gall) furent eux-mêmes dotés dans le vignoble alsacien. Ces vignes épiscopales et monastiques, dont la trace se trouve dans les vieux clos, structurèrent le vignoble médiéval, et jouèrent leur rôle dans la qualité croissante des vins, parmi lesquels les rouges occupaient d'ailleurs une place importante.

L'âge d'or du vignoble

A partir du XIIIe siècle, les vins d'Alsace devinrent d'appréciables produits d'échange, et le vignoble gagna sa vraie prospérité. Le Rhin était leur grande voie d'écoulement, et, par le fleuve, ils se mirent à approvisionner l'Allemagne, les Pays-Bas, l'Angleterre et les pays scandinaves, par le biais des ports hanséatiques. La Suisse et la proche Lorraine étaient desservies de leur côté par voie terrestre. Strasbourg joua un rôle de premier plan dans ce commerce fructueux, notamment en obtenant, au XVe siècle, le monopole de la navigation jusqu'à Mayence. Colmar et Sélestat, avec leurs ports sur l'Ill, prirent également leur part dans ces exportations : aux alentours de 1400, c'était couramment 50 000 hectolitres de vin, parfois près du double, qui transitaient chaque année à Colmar.

Colmar, capitale historique du vignoble alsacien.

Ce fut l'époque où les bourgeoisies urbaines succédèrent à l'Église et aux seigneurs dans la mainmise sur le vignoble, où s'organisèrent efficacement les corporations de vignerons et de tonneliers, où les bourgades viticoles acquirent leur riche physionomie, où le vignoble se rétracta dans sa zone naturelle, celle des collines sous-vosgiennes. En 1354 se constitua la Décapole, une ligue de dix villes impériales jouissant d'une large autonomie : la majorité d'entre elles étaient situées dans le vignoble (Wissembourg, Obernai, Rosheim, Kaysersberg, Turckheim, Colmar).

La qualité des vins devint une réelle préoccupation (à partir du XIIIe siècle, l'expression *vinum nobile* fleurit dans les documents). Au XVe siècle et surtout au XVIe, les cépages nobles étaient seuls autorisés dans plusieurs règlements municipaux, comme à Kintzheim, Thann, Obernai ou Riquewihr. Le muscat, le riesling, le traminer, les pinots – tous ces cépages qui allaient établir la renommée de l'Alsace – conquirent alors glorieusement droit de cité, au détriment des plants communs. L'ordonnance riquewihrienne de 1575 menaçait les vignerons qui ne respectaient pas l'obligation de cet encépagement noble d'une amende... d'une livre par cep proscrit.

Les vicissitudes du temps

Cette prospérité reçut un brutal coup d'arrêt avec la guerre de Trente Ans, période d'hostilités endémiques qui vit l'Alsace devenir la proie des troupes mercenaires, son vignoble ravagé, ses villages dévastés, leurs habitants décimés. A Bergheim, par exemple, la population chuta de 2 600 habitants, en 1610, à 20 habitants en 1650.

Ce temps des hommes rares entraîna, après les traités de Westphalie (1648) et le rattachement de l'Alsace à la France (1675), l'installation dans le vignoble de nombreux émigrants, venus surtout de Suisse, mais sans réelle tradition viticole.

Les sentiers viticoles

Ces chemins vagabondant au milieu des vignes, à vertu touristique autant que pédagogique, sont une exclusivité alsacienne. Plusieurs communes viticoles, en effet, ont balisé, au cœur de leurs plus beaux coteaux, des itinéraires à parcourir à pied, de quoi occuper une paire d'heures flâneuses. Chaque sentier est jalonné de panneaux d'information, qui font découvrir les cépages, le cycle et les travaux de la vigne, les particularités du cru.

Nombre de ces sentiers viticoles sillonnent des coteaux classés en grand cru, avec de magnifiques points de vue. Signalons, pour la qualité de la balade proposée, les sentiers de Marlenheim *(Steinklotz)*, Traenheim *(Altenberg de Bergbieten)*, Molsheim *(Bruderthal)*, Mittelbergheim *(Zotzenberg)*, Barr *(Kirchberg)* et Epfig *(Fronholz)* dans le Bas-Rhin ; ceux de Bergheim *(Altenberg)*, Turckheim *(Brand)*, Pfaffenheim *(Steinert)* et Soultzmatt *(Zinnkoepflé)* dans le Haut-Rhin.

Au XVIIIe siècle, avec la reprise démographique et économique, la vigne regagna la plaine, malgré de vaines tentatives d'interdiction (édits royaux de 1731 et de 1766). Vouée aux garnisons, l'Alsace se laissa aller à la production de vins médiocres, en grosses quantités.

Les guerres de la Révolution et de l'Empire, le passage des Alliés ne firent qu'encourager cette viticulture de masse. Le vignoble ne cessa de s'étendre (30 000 hectares en 1818), tandis que se répandaient les cépages grossiers et fortement productifs. Malgré quelques tentatives de résistance (introduction du sylvaner, redéploiement du riesling), la situation s'aggrava encore à partir de 1871, avec l'annexion de l'Alsace par l'Allemagne. Le comportement du négoce d'outre-Rhin, les coupages systématiques, le laxisme de la législation allemande (allant jusqu'à officialiser, en 1909, le mouillage et le sucrage des vins), qui s'ajoutaient aux mauvaises habitudes déjà prises, enfoncèrent la viticulture alsacienne dans une médiocrité sans précédent. Les grandes épidémies – d'oïdium, de mildiou et surtout de phylloxéra (apparition du tueur en 1876 dans le Haut-Rhin) – précipitèrent cette descente aux enfers, en entraînant une chute de la production (moins de 10 hl/ha de rendement moyen dans les premières années de notre siècle) et l'abandon de nombreuses exploitations.

Prises de conscience

Des signes de réaction se manifestèrent dès avant 1900 : création de la Bourse aux vins de Colmar en 1895, travaux de Christian Oberlin à l'Institut viticole de la ville, naissance des premières caves coopératives, comme celle de Ribeauvillé, également en 1895. Dès le début du siècle, on assista aux débuts de la mise en bouteilles dans la région. En 1911, à l'initiative de Gustave Berger, était fondée l'Association des viticulteurs d'Alsace, qui devint le fer de lance d'un nouveau mouvement en faveur de la qualité.

Le vrai réveil se produisit au lendemain de la guerre de 14-18 et du retour de l'Alsace à la France. La vigne – par nécessité – avait régressé de la plaine et reconquis les coteaux, son milieu de prédilection. Le choix fondamental concerna l'encépagement : les hybrides furent progressivement arrachés, et les cépages ordinaires cédèrent peu à peu la place aux cépages fins (sylvaner, muscat, pinot gris, pinot blanc, pinot noir, riesling et gewurztraminer). Les surfaces diminuèrent en conséquence : déjà inférieures à 20 000 hectares en 1918, elles furent ramenées à 11 000 hectares en 1938. La qualité des vins se raffermit, les marchés extérieurs se rouvrirent. L'Alsace n'eut pourtant pas le loisir de ressortir à la législation des AOC d'avant guerre. L'occupation allemande, en 1940, puis les désastres de la Seconde Guerre mondiale anéantirent à nouveau beaucoup d'efforts.

De la renaissance au succès

Rentrée dans le giron national, l'Alsace se remit courageusement au travail. La décennie 50 fut celle de la création de la plupart des caves coopératives alsaciennes, troisième grande famille professionnelle du vignoble, à côté du négoce et des vignerons-récoltants. La discipline globale de ces différents acteurs permit, en 1962, l'obtention de l'appellation d'origine contrôlée (*Alsace* ou *Vin d'Alsace*).

L'histoire, ensuite, s'emballa, et, en l'espace de deux décennies, l'Alsace se dota, au pas de charge, d'un arsenal réglementaire sans équivalent : décret de 1971 autorisant la mention d'un nom de village ou de lieu-dit en marge de l'appellation ; décret de 1972 rendant obligatoire la mise en bouteilles dans la région de production (disposition demeurée unique s'agissant de vins tranquilles, et qui eut pour effet d'assainir certaines pratiques extérieures peu scrupuleuses) ; décret de 1975 portant création de l'appellation *Alsace grand cru* ; décret de 1976 instituant l'appellation *Crémant d'Alsace* ; décret de 1984 définissant les conditions d'emploi des mentions *vendanges tardives* et *sélections de grains nobles*. Dans le même temps, les vinifications, trop longtemps génératrices de maux de tête, s'assagissaient nettement.

Le vignoble alsacien est aujourd'hui florissant. Il frise les 14 000 hectares, sur le territoire de 139 communes du Bas-Rhin et du Haut-Rhin, et produit en moyenne annuelle de 1,1 à 1,2 million d'hectolitres, soit près de 150 millions de bouteilles. Environ 30 % des vins d'Alsace sont exportés, au premier rang vers l'Allemagne, qui absorbe près de la moitié de ce marché extérieur.

La structure professionnelle continue de réunir, à parts sensiblement égales, les trois grandes familles, dont la concurrence, bien réelle, a valeur d'émulation collective : une foule composite de vignerons-récoltants, dont s'est détachée une élite dynamique, certains travaillant maintenant à haute altitude ; des producteurs-négociants perpétuant souvent la tradition d'un négoce familial de qualité, un petit nombre tenant toujours le haut du pavé alsacien ; des caves coopératives dotées d'une remarquable technicité, et dont les meilleures entendent rivaliser avec les grandes maisons. S'y ajoute la population – en baisse – des « pluri-actifs », viticulteurs de fin de semaine et fournisseurs de raisin des deux précédentes catégories.

Vitrine de récoltant (Niedermorschwihr).

VITICULTURE ET VINIFICATION

Les Alsaciens sont avant tout des viticulteurs, beaucoup d'entre eux ne vinifiant pas personnellement. La technique de vinification en blanc étant d'ailleurs assez uniforme, c'est à la vigne que se jouent les différences, que se fonde la qualité du raisin, dont dépendra ensuite celle du vin.

Un vignoble de jardiniers

Le vignoble étant extrêmement morcelé, les producteurs alsaciens exploitent simultanément de très nombreuses parcelles, couramment éparpillées dans plusieurs villages. Les vignes sont conduites dans le sens de la pente et en hauteur, de façon à éloigner les rameaux du sol et à diminuer ainsi les risques de gelée. Elles sont palissées sur fil de fer, un système qui, rappelons-le, fut mis au point en Alsace par Christian Oberlin (auparavant, la vigne était cultivée sur des échalas en châtaignier, qu'on rentrait au besoin l'hiver).

La plantation traditionnelle écarte les rangs d'environ 1,50 m, pour un espacement entre les pieds de 1,40 m, ce qui porte leur densité à 4 500-5 000 pieds à l'hectare. Pour des raisons de mécanisation se sont maintenant répandues des vignes plus larges, dont l'entre-rangs varie de 1,80 m à 2 mètres, avec un écartement des pieds réduit. Leurs partisans, outre les commodités de travail, arguent d'un gain d'ensoleillement direct et de l'accroissement de la surface foliaire, bénéfique à la fructification. D'autres craignent, en revanche, de voir compenser des densités plus faibles par une surcharge des ceps.

La taille pratiquée en Alsace est la taille Guyot double, sur charpente longue. Elle est effectuée sur deux arcures (8 à 12 yeux par baguette). Néanmoins, les viticulteurs soucieux de limiter leurs rendements – et, donc, d'améliorer la qualité de leur raisin – s'imposent souvent de tailler plus court, soit en resserrant ces deux arcures et en diminuant le nombre de bourgeons, soit en ne retenant qu'une seule arcure. La taille Lenz Moser, d'inspiration allemande, subsiste ici et là, et l'on peut rencontrer quelques modes de taille isolés, comme la taille en lyre.

Contrôle des degrés au réfractomètre, avant la vendange (Soultzmatt).

Liage de la vigne, tâche souvent féminine (Kintzheim).

Particularismes

On touche là l'un des points les plus sensibles de l'Alsace. Héritée d'une culture profondément productiviste, l'habitude des gros rendements est demeurée ancrée dans la pratique viticole. Certes, l'emploi de variétés productives, les extensions dans la plaine fertile ou la bienfaisance du climat jouent leur rôle. Il n'en demeure pas moins que les rendements alsaciens se situent nettement au-dessus du niveau moyen national, franchissant couramment la barre des 80 hl/ha – et encore, ce chiffre ne prend-il en compte ni les récoltes de volume exceptionnel ni les abus particuliers.

La catégorie des grands crus modère ce chiffre, mais, là encore, à côté de quelques grands domaines s'obligeant à des restrictions, les rendements moyens se situent bien souvent au-dessus de 60 hl/ha. L'énorme récolte 1992 et ses grappes demeurées sur souches sont d'ailleurs venues récemment rappeler cette évidence. Peut-être doit-on y voir un élément du particularisme alsacien...

Les sols sont travaillés mécaniquement, ou font l'objet d'un désherbage chimique. La pratique de l'enherbement contrôlé a cependant fait de réels progrès, en particulier dans les vignes larges, ses utilisateurs y trouvant de multiples avantages : lutte contre l'érosion et le ravinement des sols, apport d'éléments nutritifs à la vigne, régulation du système hydrique... L'enherbement est généralement effectué en alternance, un rang sur deux. Quelques viticulteurs pratiquent l'enherbement total, ou encouragent l'enherbement naturel.

Si les traitements de la vigne relèvent majoritairement d'une chimie pour le moins active, autre marotte du vigneron alsacien, les préparations traditionnelles, à base de cuivre et de soufre, et les produits doux, voire biologiques, font un retour ou une entrée remarqués. On assiste même à diverses expériences de lutte naturelle contre les parasites de la vigne, comme l'introduction de la guêpe « trichogramme » contre le ver de la grappe, fléau du vignoble alsacien.

Compte tenu de la configuration du relief, de la disposition des vignes et de la taille des exploitations, les vendanges s'effectuent en général à la main, la récolte à la machine ne concernant – modestement – que les zones de plaine et les cépages secondaires. Elles s'échelonnent selon la maturité des cépages (les raisins à Crémant ouvrent traditionnellement le ban) et l'éventuel calendrier de vendanges tardives. La récolte s'opère traditionnellement en seaux, hottes et *bottiches* – ces hauts récipients d'une contenance de 200 litres, autrefois en bois, aujourd'hui en plastique, qu'on vide directement dans le fouloir ou le pressoir –, ou bien le raisin est collecté en bennes.

Le bois et l'inox

Les Alsaciens sont des vinificateurs expérimentés. L'ancienne génération a été tôt initiée aux techniques de la proche œnologie allemande, la plus jeune a fréquenté les écoles : lycées viticoles de Rouffach, de Beaune et d'Avize, faculté de Dijon pour les œnologues.

En cave, propreté et méticulosité sont de règle, et les excès de soufre d'antan ont disparu. Œuvrant surtout en blanc, les Alsaciens vinifient d'une façon plutôt technique, sur un tronc commun classique : foulage, éraflage parfois, pressurage (éventuellement en grains entiers), débourbage, levurage fréquent, fermentations à température contrôlée (sans fermentation malolactique, sauf exceptions), élevage en gros logement (éventuellement sur petites lies), clarification par soutirages et filtrations, détartrage au froid, mise en bouteilles échelonnée entre le début du printemps et le mois de septembre, afin de libérer les cuves pour la vendange suivante. Les macérations pelliculaires, avant la fermentation, sont modérément usitées.

Vendanges à Orschwiller.

Les verrous de fûts

Nombre de caves alsaciennes conservent des foudres ouvragés, et certains vénérables spécimens – comme la fameuse « Caterine » de 1715 de la maison Hugel, ou le fût de 1717 de la maison Trimbach – sont même encore en service. Accessoire central de la vinification, le tonneau méritait, à ce titre, une reconnaissance particulière, et les tonneliers, à partir du XVIe siècle, prirent l'habitude de sculpter les traverses et les verrous des fûts *(Fassriegel)*. Ces derniers s'ornent de motifs aquatiques – poissons, dauphins ou sirènes – qui illustrent symboliquement les thèmes de la naissance, de la fécondité, de la régénération. Les traverses sont plutôt décorées de rinceaux et de motifs végétaux, d'inspiration classique. Jusqu'au siècle dernier, à l'occasion des noces du fils de la maison, on passait souvent commande d'un fût d'apparat, qui allait prendre place aux côtés des tonneaux des aïeux.

On peut néanmoins évoquer quelques traits spécifiques, à mettre sur le compte d'un certain régionalisme œnologique. Du fait de leur contact avec la technologie d'outre-Rhin, les Alsaciens ont été parmi les premiers à adopter massivement la cuve inox. Cela ne les empêche pas, a contrario, de demeurer fidèles en grand nombre à leurs vieux foudres en bois, tant pour l'élevage que pour la vinification. Ces grands fûts de chêne, typiquement régionaux, sont amoureusement entretenus depuis des générations et font le charme des caves alsaciennes, avec leurs beaux renflements ovales et leurs traverses souvent sculptées (voir encadré page 15).

Hormis quelques récalcitrants, la plupart des vinificateurs s'accordent sur leur rôle bénéfique, notamment dans l'oxydation ménagée du vin, facteur de rondeur et d'assouplissement. Quelques rares producteurs utilisent la barrique, neuve et demi-neuve, mais pour rechercher plus précisément des échanges avec le bois. Il faut également souligner la large diffusion du pressoir pneumatique, lui aussi introduit prématurément en Alsace, et de la centrifugeuse ainsi que l'essor, principalement du côté des coopératives, de matériels très sophistiqués en matière de réception de la vendange (vendangeoir informatisé) et de clarification (appareil Vinipal, filtre rotatif sous vide).

Salle de pressurage (Dopff « Au Moulin », Riquewihr).

A l'exception de certaines vendanges tardives et des grains nobles, qui jouent le registre moelleux, les Alsaciens vinifient traditionnellement en sec. Notons cependant une tendance, accusée depuis plusieurs années, à laisser trop souvent un reliquat de sucre résiduel, au-dessus en tout cas de la norme admise pour les vins secs (2 grammes par litre), afin de compenser l'acidité naturelle des vins et d'en gommer la sévérité première. Cette pratique est à assimiler à une regrettable facilité de goût, contraire à l'originalité des vins d'Alsace. Une réaction paraît fort heureusement amorcée contre cette pente discutable, et l'on peut espérer dans un proche avenir le net recul de telles cuvées, par trop édulcorées et pommadées.

LA GAMME DES VINS

Seuls, au sein du monde des AOC, à exploiter partiellement la notion de cépage, les vins d'Alsace, sous leur apparente cohésion, cultivent en réalité une étourdissante diversité, à donner parfois le vertige. Seul facteur d'unité : leur bouteille. Tous s'offrent en effet dans leur élégante flûte, ce flacon au col démesurément allongé dont l'usage est protégé par un décret de 1959, mais dont la verrerie industrielle propose aujourd'hui quelques subtiles variations.

Les classiques

Ils forment la « bande des sept » et correspondent à chacun des principaux cépages d'Alsace, dont le détail est fourni dans le tableau des pages 18 et 19. Néanmoins, tous n'occupent pas le même rang, en volume comme en réputation. Le *Sylvaner*, malgré ses qualités de fraîcheur et de fringance, est de plus en plus délaissé, couvrant aujourd'hui 17 % de la superficie totale, alors qu'il fut naguère le plant dominant d'Alsace. En revanche, le *Pinot blanc*, l'ancien *Klevner*, vin souple et facile à boire, s'affirme tranquillement (20 % des surfaces), d'autant qu'il entre majoritairement dans la composition des Crémants. Le *Pinot noir* est également en légère hausse (8 % au total), bénéficiant de la demande de vins rouges en Alsace.

Quatre comme l'étaient les trois mousquetaires, les vins des grands cépages alsaciens connaissent des sorts divers. Le *Riesling*, vin sec par excellence, ne cesse de progresser : il est aujourd'hui le premier, tous plants confondus (23 % des surfaces). Le *Gewurztraminer*, symbole de l'Alsace aromatique, le seconde (18 %) mais se tasse légèrement, peut-être en raison de son emploi délicat à table. A l'inverse, le *Tokay-Pinot gris* connaît une faveur inattendue, sans doute pour sa commodité gastronomique, mais il est parti de bas (8 % actuellement). Quant au *Muscat d'Alsace*, ce vin pourtant si original, il reste comme toujours relégué au dernier rang, accusant même une baisse légère (3 % au total).

Spécialités alsaciennes

Vin de carafe par excellence, souvent vendu au litre et servi en pichets dans les winstubs alsaciennes ou dans les brasseries d'ailleurs, l'*Edelzwicker* symbolise l'Alsace, sans façons, convivial et facile.

Autrefois, on l'appelait simplement *Zwicker* ; on lui a ajouté le préfixe *Edel* (« noble »), mais son principe demeure identique : c'est un vin d'assemblage de divers cépages, à la discrétion du producteur (ne le surnomme-t-on pas gentiment la « poubelle de la cave »). Sylvaner, pinot blanc et chasselas, quand il en reste, sont ses principaux composants, mais on lui affecte, à l'occasion, des restes de cuve d'un cépage plus noble. L'Edelzwicker fait modestement écho à l'époque où la vigne alsacienne était cultivée en plants mêlés (on rencontre d'ailleurs encore des parcelles complantées de la sorte) et fournissait des *gentils* (voir encadré ci-dessous).

Le gentil

Ce nom charmant désigna, jusqu'au lendemain de la dernière guerre, un type de vin original, mélangeant les cépages provenant d'une même parcelle. En effet, les pièces de vigne étaient couramment composées de plants mêlés, qu'on vendangeait et vinifiait ensemble. La notion de cépage, en l'occurrence, s'effaçait au profit du terroir, et certains gentils, par exemple celui de Riquewihr, avaient belle réputation.

Si la mention a disparu, quelques clos ont poursuivi ou restauré cette tradition, en réunissant au pressoir les divers cépages cultivés dans leur enceinte (*Clos du Zahnacker* à Ribeauvillé, *Clos du Val d'Éléon* à Andlau). Certains producteurs du *Kaefferkopf*, à Ammerschwihr, procèdent de même, mais à partir de parcelles éclatées.

Le terme de *gentil* peut se retrouver dans d'autres acceptions. Il désignait ainsi fréquemment le pinot blanc, parfois même le traminer. En revanche, l'expression *gentil aromatique* ne s'appliquait strictement qu'au riesling.

Le *Rouge d'Alsace* est un nom qu'on voit fleurir sur les étiquettes. Il correspond au regain de la vinification en rouge du Pinot noir, qui n'était quasiment vinifié qu'en rosé, il y a dix ans à peine. Auparavant, seuls quelques villages jadis réputés pour leur rouge s'étaient spécialisés dans cette couleur (Marlenheim, Ottrot, Rodern, Saint-Hippolyte). Une poignée d'autres communes, notamment où les coopératives étaient actives dans ce type de vinification (Eguisheim, Turckheim), leur avaient emboîté le pas.

Aujourd'hui, le mouvement a gagné l'ensemble du vignoble, et le Pinot noir rosé, parfumé et très désaltérant, devient presque difficile à trouver. Mieux, certains viticulteurs, délaissant la courte macération traditionnelle, se sont mis à vinifier leurs rouges à la bourguignonne, en recherchant une forte extraction de couleur et de matière, et même en adoptant l'élevage en pièces neuves. S'il est quelques réussites incontestables (qu'on recense d'ailleurs parmi les expériences les moins extrémistes), beaucoup de ces rouges ne convainquent guère, car trop boisés et opposés à la vertu première de l'Alsace, qui est son fruité éclatant.

Ces chers disparus

Plutôt en passe de l'être, ou de l'avoir été... Menacé d'extinction, le *Chasselas* l'est incontestablement. Baptisé autrefois *Gutedel*, ce vin léger et charmant, idéal pour la soif, périt de mort lente, sa superficie ayant régressé à environ 1 % du vignoble. D'abord battu en brèche par le Sylvaner, il a ensuite subi la concurrence du Pinot blanc, dont la corpulence fruitée convient mieux à l'époque (laquelle raffole des produits *light*, mais a oublié le goût du vin-boisson...). Il est généralement réduit à l'appoint anonyme dans les cuvées d'Edelzwicker, quoique quelques producteurs, soucieux d'originalité ou de conservation du patrimoine, le vinifient en tant que tel. Qu'ils en soient loués !

En revanche, un autre vin, quasiment disparu, a ressuscité, mais en changeant d'identité. C'est le vieux *Traminer*, ancêtre du Gewurztraminer qu'on buvait encore après la dernière guerre (voir page 184). Le cépage ne subsistait plus, à l'état de vestige, que dans son berceau alsacien, le village d'Heiligenstein. Sous le nom de *Klevener de Heiligenstein*, il reconquiert aujourd'hui cette localité et ses alentours, où il fait l'objet d'une délimitation particulière (voir page 44).

Le Crémant d'Alsace

Bien que de création récente – le décret d'appellation remonte à 1976 –, le *Crémant d'Alsace* est une spécialité des plus prometteuses, puisque son volume actuel (120 000 hectolitres par an, soit plus de 15 millions de bouteilles) représente 10 % de la production alsacienne. Les débuts de la champagnisation en Alsace remontent à la fin du siècle dernier, et c'est à la maison Dopff, de Riquewihr, que l'on doit, à partir de 1900, le développement, puis le maintien, de la méthode champenoise.

L'élaboration du Crémant d'Alsace obéit à des règles strictes. Les cépages exclusivement autorisés sont le pinot blanc, l'auxerrois, le chardonnay, le pinot gris, le pinot noir et le riesling. Dans la réalité, les deux premiers forment le gros contingent, tandis que le troisième réalise, ici et là, des percées remarquées. La récolte débute toujours avant l'ouverture des vendanges normales, afin de préserver les acidités et de favoriser la prise de mousse. Les raisins doivent parvenir au pressoir en grains entiers, et le pressurage exclut les appareils à chaîne. La sélection des jus ne retient que les 100 premiers litres obtenus à partir de 150 kg de raisin. La deuxième fermentation est suivie d'une période de vieillissement sur lattes (le Crémant doit reposer au moins 9 mois sur ses lies), avant le remuage – sur pupitres ou gyropalettes – et le dégorgement.

Le Crémant d'Alsace est généralement brut, parfois brut de brut (non dosé). On le découvre en *blanc de blancs*, en *blanc de noirs*, en cuvée mixte, parfois en rosé ; il peut être millésimé. Il s'agit souvent d'un produit réussi et régulier, dont la fraîcheur le dispute au fruité, qui est un peu la signature alsacienne. Chez les meilleurs manipulants, la durée légale de vieillissement est fréquemment allongée, tandis que les assemblages et les dosages révèlent de plus en plus un réel savoir-faire. En dehors de quelques aristocrates avérés de la bulle, les grosses caves coopératives se sont taillé un véritable empire dans cette spécialité : actuellement, plus de la moitié du Crémant d'Alsace est mis en marché par le secteur coopératif.

Quelques autres vins

Pour brosser un tableau tout à fait complet de la gamme alsacienne, il faut terminer sur quelques vins confidentiels. A la périphérie du vignoble délimité en AOC sont produits des vins de pays *(vins de pays du Bas-Rhin, vin de pays du Haut-Rhin)* à partir de plants variés (pinot blanc, pinot gris, riesling). On en trouve notamment dans le secteur de Kuttolsheim, dans le Bas-Rhin, mais leur production totale n'excède guère une centaine d'hectolitres.

Récemment, avec l'essor des vendanges tardives, quelques producteurs, s'inspirant de l'exemple de l'*Eiswein* allemand, ont récolté bien au-delà de la date normale, après les premiers froids hivernaux, et obtenu, par pressurage de raisins gelés, des *vins de glace* tout à fait originaux. Une poignée d'autres ont exhumé l'antique tradition du *vin de paille*, un vin obtenu par pressurage de raisins séchés sous abri, qui avait été très en vogue au XVIIIe siècle (voir page 79).

Enfin, comment ne pas évoquer la tradition, toujours vivace en Alsace, du *neier siasser*, vin nouveau ou « vin de la Saint-Martin » (date symbolique de la fin des fermentations). Dans les premiers frimas de novembre, ce vin balbutiant, encore trouble et gorgé de sucre, coule à pleins pichets dans les winstubs de Strasbourg et les auberges du vignoble. Il faut le goûter comme un joyeux résumé de la province aux pampres féconds.

LES CÉPAGES ALSACIENS

• Le sylvaner

Cépage d'origine danubienne (il proviendrait de Transylvanie), il fut introduit en Alsace à la fin du XVIIIe siècle, via l'Autriche. En dépit d'une vigueur apparemment faible, il se montre extrêmement régulier et productif (qualités qu'on a parfois trop sollicitées). Sa maturité est tardive, et il donne un vin incisif et frais, au nez d'herbe fraîche, souvent avivé par une perle légère. Les meilleures situations lui confèrent une noblesse inattendue, en le rapprochant d'un Riesling. Excellent secteur dans la région de Barr.

• Le riesling

Cépage spécifique de la vallée du Rhin, il fut implanté en Alsace dès le XVe siècle mais ne fut véritablement développé qu'au cours du XIXe siècle. Avec ses petites grappes à grains serrés et mouchetés, c'est un plant tardif, peu exposé aux risques de gelée printanière. Sa maturation s'achève même par basse température, et il est toujours vendangé le dernier. Il recherche donc de bonnes expositions et des sols légers et aérés ; les terroirs gréseux, granitiques et schisteux, à texture sableuse, lui conviennent idéalement. De productivité forte et régulière, il donne un vin nerveux, droit et racé, aux arômes végétaux, qui a la particularité d'évoluer vers une expression franchement minérale (« goût de pétrole », « goût de fossile »). Secteurs de prédilection dans le Bas-Rhin et dans la région de Ribeauvillé-Riquewihr.

• Le gewurztraminer

Il provient d'une sélection particulièrement épicée, réalisée à la fin du siècle dernier, du traminer, présent en Alsace depuis le XVIe siècle. Avec ses grains rougeoyants, c'est un cépage au débourrement précoce, ce qui le rend sensible à la coulure, et à la maturité tôt atteinte. Son acidité est plutôt basse : aussi demande-t-il, pour préserver sa fraîcheur, des sols lourds et profonds (de type marno-calcaire), et une certaine altitude. Particulièrement adapté au terroir alsacien, il donne un vin exceptionnellement aromatique (musc, épices, fleurs capiteuses), riche et alcooleux, surtout en année chaude. Il se prête admirablement à la pourriture noble.

Le pinot blanc

Il faut distinguer deux variétés : le pinot blanc vrai et le pinot auxerrois. Le premier est d'origine bourguignonne, et mentionné en Alsace dès le XVIe siècle. Le second semble originaire de Lorraine. Le pinot blanc est moins aromatique que l'auxerrois, mais il offre plus d'acidité. Tous deux sont les premiers cépages à être vendangés, et ils sont généralement confondus dans le même vin. Peu exigeants sur la qualité de leurs terrains, d'excellent rendement, ils donnent un vin souple et fruité, facile à boire. Bon secteur d'auxerrois dans la région de Cleebourg.

pinot blanc

pinot auxerrois

Le pinot noir

Paradoxalement, ce cépage rouge, originaire de Bourgogne, est le plus ancien d'Alsace. Mentionné durant tout le Moyen Age, il fut abandonné progressivement à partir du XVIe siècle. La variété alsacienne de ce plant de première époque est vinifié soit en rosé, soit en rouge, donnant dans le second cas un vin de robe claire à moyenne, très fruité, aux arômes de cerise et de kirsch.

Le muscat

Il faut distinguer deux variétés : le muscat d'Alsace proprement dit, d'implantation très ancienne (on l'attestait à Wolxheim en 1523), et le muscat ottonel, proche du chasselas et beaucoup plus récent. Celui-ci a d'ailleurs été implanté pour sa précocité, mieux adaptée aux conditions locales, mais qui le rend également plus vulnérable aux accidents de floraison. D'une productivité aléatoire, ces deux cépages sont le plus souvent réunis et donnent un vin léger, fruité et croquant, de goût musqué.

muscat ottonel

muscat d'Alsace

Le pinot gris

L'ancien *tokay* alsacien, débaptisé pour n'avoir aucun lien avec son homologue hongrois, est d'origine bourguignonne et il apparut en Alsace à la fin du XVIIe siècle. Avec ses grains rose-brun, c'est un cépage fragile, à la floraison délicate en raison d'un débourrement très précoce, et à la maturation lente. Vendangé assez tard, de production irrégulière, il réclame de bonnes situations et des rendements modérés, ce qui explique son extension relativement faible dans le vignoble. Il donne un vin corsé, volontiers capiteux, au fumet caractéristique, dont l'heureuse acidité combat le léger moelleux, et réussit particulièrement en vendanges tardives.

GRANDS CRUS ET VENDANGES TARDIVES

Ces deux catégories de vins, grâce à leurs normes restrictives, ont bouleversé en peu de temps le paysage vinicole alsacien. La qualité, voire la très haute qualité, qu'elles recouvrent ont en effet sorti l'Alsace du simplisme de l'appellation unique, qui ne rendait pas suffisamment compte des disparités, parfois énormes, qui marquent la gamme des vins alsaciens. Même s'il subsiste des imperfections, même si l'on peut déplorer quelque défaut d'homogénéité, il n'empêche que cette nouvelle élite a permis à l'Alsace de franchir un pas décisif.

Les grands crus d'Alsace

La notion de cru, en Alsace, remonte très loin dans le temps. Dès le Moyen Age, les meilleurs coteaux avaient retenu l'attention, attiré les plantations, cristallisé des usages particuliers, reçu la consécration d'un nom. Si les mentions sont inexistantes avant l'an mille, plusieurs crus que nous connaissons aujourd'hui étaient déjà cités au XIe siècle : le *Kastelberg* d'Andlau, l'*Altenberg* de Bergbieten, l'*Engelberg* de Dahlenheim... Ces notoriétés locales allèrent croissant avec l'essor du vignoble, et l'« âge d'or » alsacien (XVe-XVIe siècle) confirma la célébrité de plusieurs d'entre eux : le *Brand* de Turckheim, le *Rangen* de Thann, la *Wanne* de Guebwiller, le *Sporen* de Riquewihr...

Après le long déclin viticole de l'Alsace, la préoccupation du terroir refit surface au cours du XIXe siècle. En 1852, dans un important ouvrage sur l'ampélographie rhénane, Jean-Louis Stoltz dressait l'inventaire des meilleurs lieux-dits d'Alsace. Dans les années 30, l'Association des viticulteurs d'Alsace établissait à son tour et publiait la liste des crus alsaciens. Mais en donnant la primeur aux cépages, la législation d'après guerre se montra véritablement lacunaire : même si les meilleurs crus persistaient légitimement à s'afficher sur les étiquettes, la notion de terroir et d'origine particulière était reléguée dans l'ombre.

L'idée fermenta à nouveau dans la décennie 60, notamment grâce à l'action pionnière de Léonard Humbrecht. Le 20 novembre 1975, un décret instituait enfin l'appellation d'origine contrôlée *Alsace grand cru*. Paradoxe toutefois, la nouvelle appellation ne couronna d'abord qu'un seul cru – un cru d'ailleurs méritant, puisqu'il s'agissait du *Schlossberg* de Kaysersberg-Kientzheim, dont les propriétaires avaient adopté une charte de qualité dès... 1928. Les candidatures affluaient néanmoins, et les dossiers, présentés par les syndicats viticoles communaux, passè-

Le Schlossberg, premier grand cru à avoir été classé en 1975.

Au pied du Haut-Kœnigsbourg, le grand cru Praelatenberg (Orschwiller-Kintzheim).

rent au filtre de deux commissions techniques. La commission Ducellier d'abord (du nom de son président), qui vérifiait l'antériorité et la notoriété des lieux-dits candidats, puis examinait leurs conditions géologiques et climatiques. La commission Ortlieb ensuite (devenue commission Ritzenthaler en 1985), qui procédait, après étude sur le terrain, à la délimitation parcellaire des lieux-dits retenus.

Cela fut fort long et conduisit à deux « charrettes » de classement : la première, confirmée par le décret du 23 novembre 1983, de 25 grands crus (Schlossberg inclus), la seconde, entérinée par le décret du 19 décembre 1992, de 25 grands crus supplémentaires. Quelques dossiers sont restés en suspens.

Élite restreinte

Les grands crus d'Alsace sont donc actuellement au nombre de 50 (voir page 22) et concernent 47 communes viticoles. Ils ne peuvent provenir que des cépages suivants : riesling, muscat, gewurztraminer et pinot gris (les deux premiers devant titrer naturellement au moins 10°, les deux derniers au moins 12°), et leur rendement de base est fixé à 70 hl/ha. Leur volume total représentait, en 1992, à peine 3 % de la production alsacienne. Il faut néanmoins préciser qu'un certain nombre de producteurs – à commencer par quelques grandes maisons de négoce désireuses de privilégier leurs marques, ou, à l'inverse, par de petits viticulteurs peu enclins à serrer leurs rendements – ne déclarent pas en grand cru des vins qui devraient, ou pourraient l'être.

Au-delà du problème de leur délimitation, qui a parfois soulevé des contestations locales, les grands crus suscitent quelques interrogations. La superficie généreusement accordée à quelques-uns d'entre eux peut, en effet, surprendre, comme on pourra s'étonner devant la tolérance des rendements. On regrettera également la limitation d'encépagement dans certains cas particuliers, qui écarte par exemple le sylvaner de très belles situations, et, à l'inverse, l'absence d'une recommandation d'encépagement, notamment quand des crus ont amplement prouvé leur vocation pour tel ou tel plant précis.

GRANDS CRUS	COMMUNES
Département du Bas-Rhin	
Altenberg de Bergbieten	Bergbieten
Altenberg de Wolxheim	Wolxheim
Bruderthal	Molsheim
Engelberg	Dahlenheim et Scharrachbergheim
Frankstein	Dambach-la-Ville
Kastelberg	Andlau
Kirchberg de Barr	Barr
Moenchberg	Andlau et Eichhoffen
Muenchberg	Nothalten
Praelatenberg	Kintzheim
Steinklotz	Marlenheim
Wiebelsberg	Andlau
Winzenberg	Blienschwiller
Zotzenberg	Mittelbergheim
Département du Haut-Rhin	
Altenberg de Bergheim	Bergheim
Brand	Turckheim
Eichberg	Eguisheim
Florimont	Ingersheim et Katzenthal
Froehn	Zellenberg
Furstentum	Kientzheim et Sigolsheim
Geisberg	Ribeauvillé
Gloeckelberg	Rodern et Saint-Hippolyte
Goldert	Gueberschwihr
Hatschbourg	Hattstatt et Voegtlinshoffen
Hengst	Wintzenheim
Kanzlerberg	Bergheim
Kessler	Guebwiller
Kirchberg de Ribeauvillé	Ribeauvillé
Kitterlé	Guebwiller
Mambourg	Sigolsheim
Mandelberg	Mittelwihr et Beblenheim
Marckrain	Bennwihr et Sigolsheim
Ottwiller	Wuenheim
Osterberg	Ribeauvillé
Pfersigberg	Eguisheim et Wettolsheim
Pfingstberg	Orschwihr
Rangen	Thann et Vieux-Thann
Rosacker	Hunawihr
Saering	Guebwiller
Schlossberg	Kaysersberg et Kientzheim
Schoenenbourg	Riquewihr et Zellenberg
Sommerberg	Niedermorschwihr et Katzenthal
Sonnenglanz	Beblenheim
Spiegel	Bergholtz et Guebwiller
Sporen	Riquewihr
Steingrubler	Wettolsheim
Steinert	Pfaffenheim et Westhalten
Vorbourg	Rouffach et Westhalten
Wineck-Schlossberg	Katzenthal et Ammerschwihr
Zinnkoepflé	Soultzmatt et Westhalten

Vendanges tardives et sélections de grains nobles

Seules quelques maisons d'Alsace, à la faveur de millésimes exceptionnels, pratiquaient autrefois des récoltes tardives. La famille Hugel, de Riquewihr, a fait figure en ce domaine de grande pionnière, et c'est d'ailleurs elle qui fut l'inspiratrice directe de la législation de 1984, consacrant cette production si spécifiquement régionale.

Début de pourriture noble sur des grappes de gewurztraminer.

Les conditions climatiques sont les premières responsables de la surmaturation, grâce à des arrière-saisons longues, ensoleillées et souvent épargnées par la pluie, grâce aussi à la multitude de microclimats favorables qu'entretient le compartimentage du relief. Elles entraînent couramment le passerillage des raisins et, certaines années, avec l'alternance de brumes matinales et d'un bel ensoleillement de journée, le développement de la pourriture noble. On cueille alors, bien après la récolte normale, des raisins présentant un niveau élevé de concentration, voire une botrytisation partielle (vendanges tardives), ou même des raisins entièrement botrytisés (sélection de grains nobles).

La vendange s'effectue soit par ramassage en une seule fois de parcelles parvenues au stade de la surmaturité, soit par des tries successives, qui permettent de sélectionner les grappes surmûries ou atteintes de pourriture noble. Les moûts recueillis possèdent une richesse en sucre très largement supérieure à la normale, couramment entre 15 et 20° d'alcool potentiel, parfois même au-dessus de 20° en puissance. Compte tenu de cette teneur en sucre, la fermentation est souvent longue, interrompue spontanément lorsque l'alcool acquis inhibe le travail levurien, ou bien stoppée par sulfitage à un certain point d'équilibre, choisi par le vinificateur, entre le sucre fermenté et le sucre résiduel. Les vins ainsi obtenus sortent à l'évidence du commun : ils transcendent les caractères habituels du cépage, les magnifient parfois jusqu'à l'exubérance.

Les contraintes que se sont données les Alsaciens sont sévères. Le décret du 1er mars 1984 énumère les conditions à remplir par les vins pour bénéficier des mentions *vendanges tardives* et *sélections de grains nobles :*

- provenir exclusivement de l'un des cépages suivants : riesling, muscat, gewurztraminer, pinot gris ;
- présenter une richesse naturelle en sucre d'au moins 220 g/l (riesling, muscat) et 243 g/l (gewurztraminer, pinot gris) pour avoir droit à la mention *vendanges tardives* ; d'au moins 256 g/l (riesling, muscat) et 279 g/l (gewurztraminer, pinot gris) pour avoir droit à la mention *sélection de grains nobles* ;
- n'avoir subi aucune chaptalisation ;
- faire l'objet d'une déclaration préalable au moment de la vendange ;
- satisfaire à un examen d'agrément particulier (analyses, dégustation) ;
- être commercialisé avec l'indication du millésime.

La rançon du botrytis

La succession de beaux millésimes – notamment l'exceptionnelle trilogie 1988-1989-1990 – a fait fleurir à cadences renouvelées ces vins de récolte tardive, jusqu'à les faire paraître comme constitutifs, chaque année, de la production alsacienne. Or, pour conserver toute leur valeur, ceux-ci auraient intérêt à demeurer des exceptions, fruits épisodiques d'une conjoncture privilégiée. La tendance de

certains producteurs à sortir tous les ans des vendanges tardives en dénature quelque peu l'originalité, d'autant que leur usage gastronomique est restreint (on ne mange pas du foie gras tous les jours...) et qu'elles peuvent parfois servir à amortir des rendements au départ trop cossus.

Par ailleurs, les cépages ne s'adaptent pas tous de la même manière à la pourriture noble. Si le Gewurztraminer et le Tokay-Pinot gris, vins naturellement opulents, s'accommodent bien de sucres résiduels, le Riesling, vin au profil plutôt sévère, se prête assez mal à ce côté luxuriant. On peut préférer, dans ce cas, la méthode de ceux qui le vinifient au maximum en sec, sacrifiant le caractère franchement liquoreux du vin au profit d'une traduction plus fidèle du cépage. Le Muscat, quant à lui, reste un cas d'école.

Demeure le problème des vendanges tardives recouvrant une appellation de grand cru, c'est-à-dire de l'antagonisme entre deux mentions également prestigieuses. D'aucuns estiment, non sans raison, que la pourriture noble exalte le fruit au point d'effacer complètement le terroir et souhaiteraient donc, dans pareil cas, abolir toute référence au cru. Si cela paraît excessif, c'est néanmoins aux producteurs de limiter la confusion et de donner au besoin la priorité à l'une ou l'autre démarche, celle du cépage ou celle du terroir, effectivement quelque peu contradictoires.

Il y a lieu, enfin, pour l'amateur, de faire preuve d'un certain discernement avec cette catégorie de vins, dont les prix se sont récemment envolés dans la plus délirante anarchie.

	Mention « Vendanges tardives »			Mention « Sélection de grains nobles »		
Désignation	sucre (g/l)	densité	degré d'alcool en puissance	sucre (g/l)	densité	degré d'alcool en puissance
Gewurztraminer	243	105	14°3	279	120	16°4
Tokay-Pinot gris	243	105	14°3	279	120	16°4
Riesling	220	95	12°9	256	110	15°1
Muscat d'Alsace	220	95	12°9	256	110	15°1

VILLAGES, CRUS ET VIGNERONS

Andlau, village viticole du Bas-Rhin, célèbre pour son abbaye et son trio de grands crus.

DU BAS-RHIN

Cleebourg

Pan ultra-septentrional du vignoble alsacien, l'îlot viticole de Cleebourg, s'il est coupé de son prolongement allemand par le seul effet de la frontière, est en revanche séparé d'une soixantaine de kilomètres des premières vignes de Marlenheim, au sud. Ce poste avancé n'en constitue pas moins une introduction pleine et entière à l'Alsace vineuse. Abrité par les premiers versants du Parc naturel des Vosges du Nord, le vignoble escalade, sur leurs versants sud-orientaux, les verdoyantes collines qui moutonnent autour de Cleebourg, de Rott, d'Oberhoffen et de Steinseltz. Le site, bucolique à souhait, reste préservé des nuisances et des multiples insultes visuelles de notre époque.

Le vignoble cleebourgeois alimenta durant tout le Moyen Age les couvents de Wissembourg, et ses vins embarquaient, par Seltz, sur le Rhin. Replanté dès 1942 en cépages nobles, la législation allemande interdisant l'usage des hybrides, il bénéficia, en 1945, du premier remembrement viticole de France. Créée l'année suivante, la coopérative locale s'adjugeait spontanément le monopole de la production. Sa taille et son enracinement lui permettent aujourd'hui de mener une existence quasi autonome, servie par une clientèle assidue... des deux côtés de la frontière.

Wissembourg la belle

Aux portes du vignoble de Cleebourg, l'adorable cité frontalière de Wissembourg – ancienne ville de la Décapole – mérite une longue flânerie à travers ses rues et ruelles, ou au fil des quais de la Lauter. Le pittoresque alsacien – dans sa meilleure définition – transpire dans les altières maisons du quai Anselman (ci-contre), ou le long de l'inchangé faubourg de Bitche.

Wissembourg vit surtout dans l'ombre imposante de Saint-Pierre-et-Saint-Paul, majestueux vaisseau de grès rouge du XIIIe siècle, la plus grande église gothique d'Alsace (après la cathédrale de Strasbourg), quoiqu'elle conserve plusieurs parties romanes. Elle appartenait à un puissant monastère bénédictin, fondé au VIIe siècle. L'abbaye de Wissembourg fut à l'origine du vignoble de Cleebourg et, déjà au VIIIe siècle, elle exploitait des vignes jusqu'à Marlenheim, Wolxheim et Blienschwiller.

Cave vinicole de Cleebourg

Située au bord d'une charmante route forestière, dont les châtaigniers effleurent les premiers rangs de vigne, la Cave vinicole de Cleebourg surveille nonchalamment, mais de haut, les deux clochers de sa paisible localité de rattachement. Fondée en 1946, grâce aux indemnités que perçurent les vignerons locaux pour perte de récolte durant les hostilités, aidée par le remembrement d'après guerre, elle donna corps à la renaissance viticole de ce joli coin d'Alsace, tout proche de l'Allemagne et déjà si loin du vignoble mère.

La région ne comprenant plus aucun viticulteur indépendant, la cave détient aujourd'hui un monopole de fait sur le vignoble. Elle l'assume d'ailleurs avec responsabilité, faisant office de syndicat viticole et insufflant chez ses adhérents un esprit de discipline professionnelle. Regroupant 200 coopérateurs, elle exploite 155 hectares de vignes, sur le territoire de Cleebourg et des trois autres communes viticoles, Oberhoffen, Rott et Steinseltz. Les hommes, toujours du cru, assurent une réelle permanence : ainsi Frédéric Orth, ancien de la cave depuis 1979, directeur depuis 1989, et Richard Junker, maître de chai depuis 1980, tous deux natifs de Cleebourg, lui apportent ce supplément d'authenticité trop souvent absent des instances coopératives. L'établissement vit sereinement son originalité, animé journellement par le passage d'une nombreuse clientèle particulière, notamment allemande, en aucun cas complexé par sa situation fortement excentrée, dont il tire au contraire le meilleur profit.

Protégées par les premiers contreforts vosgiens, les vignes de Cleebourg et des environs recherchent systématiquement les expositions sud-est à sud. Les sols, argilo-limoneux et argilo-sableux, sont ici particulièrement propices à la famille des pinots. Le pinot auxerrois est la grande spécialité de la cave, dont il représente près du tiers de l'encépagement. Il est talonné par le pinot gris (25 %), l'autre fleuron de Cleebourg, à nouveau développé dans une variété à petits grains qui donnait autrefois d'excellents résultats. Quant au pinot noir, favorisé par les terres lourdes de la région, qui conservent de la fraîcheur même en année de sécheresse, il confirme sa progression. L'auxerrois entre également, à 100 %, dans la composition d'un Crémant d'Alsace dont la cave sort annuellement, depuis 1989, quelque 200 000 cols.

Les installations vinaires ont été largement agrandies en 1992. L'aile nouvelle abrite le vendangeoir, où officient deux pressoirs pneumatiques et un pressoir mécanique ; l'arsenal des sélections y est complet, autorisant de multiples variantes, du grain entier jusqu'au raisin foulé-égrappé. Les moûts fermentent dans d'énormes cuves inox, hautes de 13 mètres, thermorégulées. Les pinots noirs sont de leur côté vinifiés en cuves autovidantes (macération de 4 à 5 jours). Le bâtiment principal conserve son ancienne cuverie carrelée, utilisée essentiellement pour le stockage. On y trouve les deux salles de prise de mousse et la performante chaîne d'embouteillage, à laquelle aboutissent des vins sévèrement filtrés (préfiltrations sur terre – blanche et rose – et deux filtrations sur membrane).

Entre deux rangs de vigne, le village de Cleebourg.

Toujours vêtus de leur délicieuse étiquette aquarellée (qui fut adoptée en 1973, au temps de la direction de Georges Rupp), les vins de base – abondamment médaillés – se donnent à découvrir dans leur simplicité fruitée. A remarquer, bien sûr, les pinots : Pinot blanc-Auxerrois 1990 rond, souple et friand, avec un soupçon de sucre ; Tokay-Pinot gris 1990 doré clair, élégant et puissant, bien équilibré, dégageant son tendre fumet ; Pinot noir 1990 de couleur rubis, à l'arôme de griotte, coulant et fruité, soutenu par une légère astringence. Les autres cépages ont néanmoins leur mot à dire : honorable Riesling, excellent Sylvaner (1989 souple, frais et solide, sur une bonne acidité de fond), Gewurztraminer de bon ton (1990 fleurant la rose, sec et bien construit).

Depuis peu, la cave de Cleebourg a mis en valeur plusieurs de ses lieux-dits, en créant une gamme de cinq cuvées de prestige, qui sont embouteillées dans d'élégantes flûtes de verre sombre, à col allongé, et habillées d'une sobre étiquette. Le Pinot blanc-Auxerrois *Keimberg* (Cleebourg) provient de 3 hectares au sud-ouest du village : vendangé une dizaine de jours après la récolte normale, subissant une courte macération pelliculaire, c'est un vin d'une certaine ampleur, apte à des usages gastronomiques variés (1989 exhalant la pêche blanche sous sa belle robe dorée, généreux, solide). Le Tokay-Pinot gris *Brandhof* (Steinseltz) est un vin plutôt charpenté, qu'on peut boire sur la viande (1990 généreux en bouquet, très goûteux, doté d'une astringence qui contrebalance parfaitement son fruit), tandis que le Tokay-Pinot gris *Karchweg* – 5 hectares sur Oberhoffen – apparaît plus délicat (1988 déployant une étoffe soyeuse et une jolie rondeur en bouche).

Balustres, géraniums et cave sous l'escalier : une demeure typiquement cleebourgeoise.

Récolté sur les 7 hectares d'un coteau qui surplombe Cleebourg, le Gewurztraminer *Reifenberg* se montre souvent riche et puissant (1990 ramassé à 100° Oechslé nature, séveux et aromatique, relevé par une légère amertume). Quant au Pinot noir *Huettgasse* – 2,5 ha sur Steinseltz –, c'est un rouge-rosé à l'agréable tannicité. Si l'on ajoute quelques belles vendanges tardives (Gewurztraminer 1988 VT aux arômes de figue et de fruits confits, long, doré, bien bâti), on appréciera à leur vraie mesure les efforts qualitatifs de cette cave du bout de l'Alsace, décidément sympathique et recommandable.

• **Cave vinicole de Cleebourg**, route du Vin, 67160 Cleebourg.

Marlenheim

P*uits à chaîne du* XVII*e siècle.*

Front nordiste du vignoble alsacien – si l'on excepte l'îlot de Cleebourg –, Marlenheim signe le début de la serpentueuse « route du vin », qui conduira le visiteur de vignes en caves jusqu'à Thann, à l'extrême sud. Long village-rue au débouché de la passe du Kronthal, fendu bruyamment par la passagère nationale 4, le bourg s'étire en bordure de la Mossig, au pied du Marlenberg. A l'époque mérovingienne, Marlenheim fut le siège d'une prospère villa royale : Grégoire de Tours nous apprend que déjà en 589, sous le règne de Childebert II, la vigne était cultivée sur ce domaine, puisqu'un conspirateur y fut condamné aux travaux viticoles. Les abbayes de Marmoutier, de Wissembourg et d'Andlau y détinrent plus tard leurs propres vignobles.

Ayant renoué avec l'ancienne tradition locale, le village est aujourd'hui spécialisé dans l'élaboration d'un vin de pinot noir, le *Rouge de Marlenheim*, obtenu par macération plus ou moins prolongée de raisins égrappés. Le *Vorlauf* désigne plus strictement le premier jus tiré de la cuve, c'est-à-dire un vin rosé. Les rouges sont généralement ronds, assez chauds et fortement aromatiques, tandis que les rosés, d'une couleur plutôt soutenue, cultivent un registre gouleyant et framboisé. Mais cela ne doit pas éclipser l'excellente production blanche du village, notamment en provenance du grand cru *Steinklotz*.

Le Steinklotz

Grand clu classé en 1992. Superficie : 24 hectares. Exposition : sud, sud-est. Premier cru à appartenir au champ de fractures de Saverne, le *Steinklotz* s'étage, entre 200 et 300 mètres, sur les flancs du Marlenberg, qui culmine à 368 mètres. Une mince couche de terre arable, souvent caillouteuse, tapisse le socle calcaire du Muschelkalk et du Keuper dolomitique. Les vignes du *Steinklotz* font une part équitablement belle à la triade gewurztraminer-riesling-pinot gris, avec peut-être une petite prime aux deux derniers : vins fermes, délicats, de bonne garde. Nombre de parcelles demeurent néanmoins plantées en pinot noir, et donc exclues de l'appellation grand cru. Depuis le bas du coteau, on accède à la petite chapelle baroque, à mi-côte, en gravissant un chemin de croix, dont les stations polychromes furent rénovées en 1772.

Serge Fend

Tapie derrière la fameuse Hostellerie du Cerf, précédée de boxes où logent plusieurs chevaux en pension, la cave de Serge Fend se montre tout à fait accueillante. Çà et là, des trophées de chevreuil évoquent le goût pour la chasse de ce gaillard vigneron. Serge Fend a repris très jeune, en 1976, le domaine paternel, juste au sortir de l'école de Rouffach. Il exploite aujourd'hui, aidé d'un étonnant vieil ouvrier, un vignoble de 6,5 ha.

Sa propriété comporte principalement 4 hectares en *Steinklotz*, mais moins de 2 hectares sont déclarés en grand cru, le reste étant planté en sylvaner (vieilles vignes), pinot noir et pinot blanc – cépages exclus de l'appellation. Figurent, en revanche, 1 hectare de riesling et 65 ares de gewurztraminer, dont une petite pièce de vignes presque quadragénaires. Les plantations sont écartées de 1,40 m – un rang sur trois étant supprimé dans les plus vieilles parcelles. Vigneron pragmatique, Serge Fend applique à équivalence toutes les méthodes de travail du sol : enherbement, labour, désherbage sur le rang. Les traitements sont effectués pour l'essentiel à la bouillie bordelaise.

Dans sa cave – foudres pour les fermentations, inox pour le stockage –, Serge Fend travaille à l'humeur, mais en liaison avec un œnologue. Pressurage sur Vaslin, en raisins entiers ou non, débourbage statique, sulfitage aux doses minimales, levurage facultatif, pas de contrôle systématique des températures : la méthode se veut empirique, à l'image du tempérament de joueur qu'avoue notre vigneron. La mise a lieu avant les vendanges, assurée par un embouteilleur extérieur.

Le pinot noir, spécialité de Marlenheim.

Arborant fièrement leur étiquette à fleur de lys – emblème de Marlenheim, jadis ville royale –, les vins de Serge Fend sont des vins solides et directs, qui ne négligent pas pour autant les contrastes. La gamme de base est variée, avec un excellent Sylvaner (1991 vif, coulant, plutôt charpenté) et un agréable Pinot blanc (1990 souple et fruité, sur une fringante acidité). Le *Steinklotz* affirme néanmoins sa primauté, à travers le grand duo : le Riesling (1991 au nez de champignons, rond, presque friand, sur un bon support acide ; 1990 accusant des notes de mousseron, plus viril, avec de la matière et de la persistance ; 1989 VT au grand bouquet fruité-floral, équilibré, plein, bien typé de son calcaire natal) et le Gewurztraminer (1990 au nez en fleurs, bien ficelé, charmeur ; 1989 SGN aux arômes confits, d'une généreuse nature – 14°6 d'alcool et 50 g de sucre restant – mais gardant de l'allant grâce à une constitution très équilibrée). Les vendanges tardives et grains nobles sont enfermés dans des bouteilles spéciales, de jolies flûtes colorées à l'antique.

Mais puisque nous sommes ici, il faut forcément achever sur le *Rouge de Marlenheim*, la spécialité locale. Serge Fend en produit de deux sortes, l'un et l'autre parmi les plus beaux Pinots noirs d'Alsace. L'un de courte macération, saigné sur cuve, aguiche par son formidable fruité (1988 habillé de rubis clair, convoquant la cerise et la framboise, délicieusement coulant malgré une note alcoolique prononcée). L'autre, produit seulement en année exceptionnelle à partir de rendements limités, est macéré une dizaine de jours, avec brassage des moûts, mais élevé classiquement (1990 à la robe intensément pourprée, aux arômes de noyau, de fruits rouges et de pêche, à la violente tannicité naturelle, à l'étoffe épaisse). L'avenir devrait appartenir à ce vin hors norme, que Serge Fend a logé également en bouteille spéciale.

• **Serge Fend**, 3, rue des Tilleuls, 67520 Marlenheim.

D'AUTRES BONS PRODUCTEURS

• **Mosbach**, 10, place Kaufhaus, 67520 Marlenheim *(grand cru Steinklotz, Rouge de Marlenheim).*
• **Romain Fritsch**, 49, rue du Général-de-Gaulle, 67520 Marlenheim *(grand cru Steinklotz, Rouge de Marlenheim).*

La maison Mosbach, réputée pour son « Vorlauf ».

Bergbieten Traenheim

Vieux village d'origine mérovingienne, Bergbieten est une tranquille localité au passé discret, résumé à quelques vestiges d'une enceinte fortifiée du XIVe siècle. Ses viticulteurs ont un peu tardivement pris conscience des vertus de leur plus beau joyau, l'*Altenberg*, pourtant entièrement situé sur leur finage, ce qui a paradoxalement donné l'avantage aux vignerons voisins mais plus entreprenants de Traenheim, aujourd'hui propriétaires majoritaires dans ce grand cru. Bâti autour d'une église du XIIe siècle, Traenheim est un village aimable et coquet, comme on en trouve tant dans cette basse vallée de la Mossig.

Roland Schmitt

A l'ombre du clocher de Bergbieten, derrière un porche avenant, Roland Schmitt est sans doute l'artisan le plus

L'Altenberg de Bergbieten

Grand cru classé en 1983. Superficie : 29 hectares. Exposition : sud-est. Situé entre les villages de Traenheim et de Bergbieten, mais sur le seul versant de ce dernier, l'*Altenberg de Bergbieten* occupe un monticule étiré en longueur, de pente assez douce (210 à 265 mètres d'altitude). Le sol, lourd, est un mélange argilo-marneux du Keuper, à intercalations de gypse, mais parsemé de cailloutis dolomitiques qui aident à son réchauffement ainsi qu'à la pénétration des eaux. Bien qu'éloigné de la montagne vosgienne, ce cru bénéficie d'un microclimat très favorable, grâce au couloir de protection qu'assure, depuis le massif, le fossé de Balbronn et à l'abri que lui fournit également, vers l'est, le Scharrach. A peine 600 mm d'eau et près de 2 000 heures d'ensoleillement par an en sont la résultante. Les évêques de Strasbourg furent jadis propriétaires sur l'*Altenberg* – dont le nom même (« vieux coteau »), cité dès le XIe siècle, signalait en soi la notoriété déjà ancienne.

Ce cru produit de délicieux Riesling et Gewurztraminer : des vins floraux, assez corpulents et corsés, mais aiguisés par une remarquable fraîcheur.

Le village de Bergbieten.

actif du renouveau des vins du village. Quadragénaire rieur, il s'est formé tôt dans le métier et a repris la succession paternelle en 1982. Il possède aujourd'hui 8 hectares de vignes, en totalité sur la commune, dont 2,5 ha en grand cru, sur les marnes argileuses de l'*Altenberg de Bergbieten* : le riesling y prédomine (1,2 ha), avec de vieilles vignes, suivi du gewurztraminer (80 ares) et du pinot gris (40 ares), le mince solde étant assuré par une parcelle âgée de sylvaner, une vigne de 40 ans que Roland Schmitt répugne – justement – à arracher. Quelques autres bons terroirs s'y ajoutent, comme le *Glintzberg*, revêtu, comme l'Altenberg, d'un cailloutis dolomitique qui réchauffe bien le sol.

Viticulteur fort scrupuleux, Roland Schmitt s'applique à pratiquer une taille courte, des traitements à base de produits doux, des éclaircissements importants (jusqu'à 40 % en 1992). Les vignes sont enherbées un rang sur deux, de façon à brider leur vigueur et à assurer un apport d'humus. Les installations vinaires sont modernes, dans un décor traditionnel : il faut notamment apprécier la théâtrale descente vers la cave, où les formes « design » de petites cuves inox s'encadrent dans l'arrondi d'une belle voûte de pierre. La vendange, peu triturée, est pressurée sur un Vaslin à cage inclinée, puis écoulée dans les cuves. Les températures de fermentation – contrôlées par ruissellement d'eau – oscillent entre 22 et 24 °C, car Roland Schmitt se méfie des températures trop basses, génératrices, à son sens, d'arômes d'agrumes trop appuyés. Les mises ont lieu en mai pour le Sylvaner et les Pinots, en septembre pour les autres vins, après filtration sur plaques.

Les vins du domaine – que l'on retrouve sur plusieurs des grandes tables d'Alsace – se caractérisent par une réelle élégance, une harmonie fondée sur l'équilibre. A cet égard, Roland Schmitt, s'il cherche à faire des vins secs, ne dédaigne point, si leur équilibre s'y prête, de laisser quelques sucres résiduels, qu'il préfère aux éventuels goûts de levures. Son Sylvaner, qui recueille le précieux héritage de ses vieilles vignes, a de la classe (1991 aromatique et très frais ; 1988 solide, dense et compact), ses cuvées de Pinot blanc – de pur auxerrois – sont attrayantes (1991 souple et intensément fruité).

C'est néanmoins avec les cuvées de l'*Altenberg* que la cave marque sa différence, à travers les trois grands cépages, à commencer par le Riesling : 1991 *Sélection vieilles vignes* au nez citronné, de registre exotique, gras, conservant un peu de sucre ; 1990 évoquant des zestes d'agrumes, sec, charnu, soyeux, d'expression précoce ; 1988 *Sélection vieilles vignes* laissant transparaître un début de minéralisation derrière sa générosité première ; 1985 accouché d'une récolte assez tardive, fin, minéral, de forme longiligne, sur un fond très sec. Le Tokay-Pinot gris du cru est opulent (1991 plein, velouté, de forme sphérique) et le Gewurztraminer révèle la fine élégance de son terroir (1991 au nez floral, à la bouche satinée, issu d'une vendange n'ayant guère excédé 25 hl/ha).

Roland Schmitt récolte parfois son Gewurztraminer en surmaturation (1990 *Cuvée Lucile*, originaire du Glintzberg, très flatteur en haut de ses 110° Oechslé). Quant à ses vendanges tardives et sélections de grains nobles, elles ne recherchent pas l'effet spectaculaire, mais veulent approfondir les sensations de finesse et de subtilité : Gewurztraminer 1989 VT plein de joliesse florale et de délicatesse insinueuse ; Gewurztraminer *Altenberg* 1990 SGN harmonieux et concentré, pareil à de la dentelle parfumée.

• **Roland Schmitt**, 35, rue des Vosges, 67310 Bergbieten.

Geste de l'automne.

De vieux fûts, toujours en service, chez Frédéric Mochel.

Frédéric Mochel

Au cœur du village de Traenheim, la vieille et pimpante maison des Mochel, scrupuleusement restaurée, s'ordonne autour d'une petite cour fleurie, que remplit un considérable pressoir à vis, datant de 1669. Premier magistrat de sa commune, Frédéric Mochel en est aussi l'un des tout premiers vignerons. Héritier d'une lignée familiale installée dans la vigne depuis 1560, il a repris lui-même la succession en 1969 et règne sur 8 hectares de ceps. Le riesling (25 %) et le gewurztraminer (20 %) occupent les premières places, 10 % revenant à chacun des autres cépages. Comme d'autres producteurs de Traenheim, Frédéric Mochel possède une bonne partie de son domaine (5 hectares) sur l'*Altenberg de Bergbieten* : riesling et gewurztraminer y prédominent également, flanqués de muscat. Exposées plein sud, les vignes sont écartées de 2 mètres, conduites en hauteur, enherbées un rang sur deux.

Les caves sont disposées en rez-de-chaussée, tout autour de la cour. La « vieille cave » est équipée de fûts (25 à 30 hectolitres chacun) et accueille exclusivement les grands crus. Une autre cave, plus spacieuse, abrite de grands foudres, souvent anciens : le plus vénérable a fêté ses 180 ans de bons et loyaux services. Contiguë, la cuverie inox reçoit les jus à débourber (raisin égrappé, pressurage sur Vaslin, écoulage par gravité), mais les vinifications se font entièrement sous le bois. Un autre local dans le village est réservé aux Crémants. Salle de stockage, local de mise en bouteilles (effectuée entre juillet et septembre) et d'expédition complètent ce chai, harmonieusement inséré dans le vieux décor de la maison.

Dégustés dans le coquet caveau, les vins de Frédéric Mochel révèlent finesse et arômes, avec une grâce qui leur semble naturelle. Bonnes cuvées de base en Sylvaner (1989 au bouquet herbeux, frais, souple, fruité), Tokay-Pinot gris (1991 à l'arôme de poire, rond, soyeux, vivace) et Pinot noir (1990 bien odorant, avec des notes de groseille, cerise et framboise, friand en bouche, des tanins légers relevant le fruit). C'est cependant avec les grands crus que le domaine donne sa réelle dimension.

Le Muscat *Altenberg* a beaucoup de charme (1991 issu du seul muscat ottonel, à l'arôme délicat de raisin, élégant, sec ; 1990 évoluant sur la menthe, souple, fin, avec une belle finale), mais la palme revient aux deux seigneurs du cru : Riesling *Altenberg* (1991 mariant la fleur de vigne et le chèvrefeuille, fringant, fruité, plutôt léger ; 1990 *Cuvée Henriette*, issu d'une vigne de 40 ans, au nez de fleurs et de compote de fruits, charnu, structuré, long, avec beaucoup de prestance), Gewurztraminer *Altenberg* (1990 plantureux, 107° Oechslé potentiels, riche, gras et soyeux, sur des consonances de rose ; 1989 VT au nez datté et confit, au corps onctueux et velouté, parfaitement dessiné en bouche, nectar généreux à la frontière du grain noble). Voilà des vins que produit avec constance et régularité Frédéric Mochel, un vigneron dont le sérieux n'a d'égal que l'affabilité souriante.

- **Frédéric Mochel**, 56, rue Principale, 67310 Traenheim.

D'AUTRES BONS PRODUCTEURS

- **Mochel-Lorentz**, 19, rue Principale, 67310 Traenheim *(grand cru Altenberg de Bergbieten).*
- **Cave du Roi Dagobert**, 1, rue du Scharrach, 67310 Traenheim *(grand cru Altenberg de Bergbieten).*

Voir aussi :

- **Cave vinicole d'Obernai** *(grand cru Altenberg de Bergbieten).*

Dahlenheim

L'Engelberg

Grand cru classé en 1992. Superficie : 15 hectares. Exposition : sud. Sur le flanc méridional du Scharrach, colline hardie coiffée de pins sylvestres, l'*Engelberg* forme une bande de vignes assez étroite (entre 250 et 300 mètres), mais à la dénivellation importante. Une ancienne carrière à chaux l'éventre en plein milieu. Le sol est marno-calcaire, caillouteux ; sous la mince couche de terre arable, on trouve un sous-sol de calcaire fissuré de la grande oolithe. Ce « mont des anges » – cité dès 884 – fournissait en vins le chapitre de la cathédrale de Strasbourg, laquelle, par temps clair, pointe sa haute flèche à l'horizon. Il est aujourd'hui réputé pour son Riesling et son Gewurztraminer : vins charpentés, séveux, très harmonieux avec le temps. Quelques parcelles appartiennent au village voisin de Scharrachbergheim.

Montant la garde à l'entrée du défilé que forme le Scharrach avec la hauteur boisée qui lui fait face, Dahlenheim est un village à l'écart, desservi par une petite route buissonnière qui fait la jonction entre les étendues agricoles du Kochersberg et la riante vallée de la Mossig. Ici point de vitrines à bouteilles ou de pancartes accrocheuses pour retenir l'œil du (rare) touriste, mais seulement les travaux et les jours d'une poignée de vignerons, cultivant une centaine d'hectares de bonnes vignes dans un bucolique paysage d'Alsace.

André Pfister

Dans ce village assez retiré qu'est Dahlenheim, André Pfister poursuit paisiblement l'œuvre vigneronne de ses aïeux. Incarnant la sixième génération dans le métier, il a repris l'exploitation familiale en 1972, après des études au lycée d'Avize. Son vignoble couvre 7 hectares, avec une majorité de riesling (30 %), de gewurztraminer et de pinot gris (15 % chacun), dans de bons terroirs comme le *Silberberg*.

La perle du domaine est le grand cru *Engelberg*, sur le versant méridional du Scharrach, ce mont qui s'élève à mi-distance des deux Altenberg, celui de Bergbieten et celui de Wolxheim. Là, près de l'énorme crevasse que forme l'ancienne carrière qui alimentait l'usine de chaux, André Pfister bichonne 60 ares de vignes (riesling et gewurztraminer à équivalence), dont les racines plongent profondément dans le calcaire fissuré du coteau. Le lieu est beau, un peu secret, presque isolé du monde, et tout à fait accordé au tempérament de ce viticulteur serein, heureux de son métier, qui prend plaisir à vous faire gravir sa pente hardie.

Les vignes de la propriété sont plantées à 2 mètres d'écart, systématiquement enherbées – hormis dans leurs premières années –, taillées court, peu traitées. La

***D**ahlenheim, village aux confins du Kochesberg.*

cave abrite des cuves en inox et en acier émaillé, toutes équipées d'un système de contrôle des températures, et de dimensions suffisamment variées pour s'adapter à des lots très disparates. André Pfister y a ajouté, en 1987, un vaste bâtiment arrière, invisible depuis le porche d'entrée, où il loge ses pressoirs et son matériel d'embouteillage. Cet espace, en réalité tout à fait surdimensionné par rapport à la surface du domaine, comprend aussi un local de stockage climatisé, dont la température épouse les variations saisonnières (entre 7 et 14 °C).

On y note le souci décoratif et l'amour de la belle ouvrage d'André Pfister, qui a fait poser là de magnifiques portes menuisées, à grand motif solaire. Un caveau, agrémenté de tableaux illustrant les quatre saisons de la vigne et où des fûts subsistent pour la décoration, complète cette spacieuse installation. Dans ces lieux, André Pfister applique des méthodes de vinification classiques, d'où il a exclu néanmoins la centrifugation.

Les vins d'André Pfister – comment s'en étonner – sont des vins rigoureux, sans outrance, discrets à leurs débuts, mais sachant délier leur caractère avec le temps. Le grand cru *Engelberg* donne le ton de la cave. Le Riesling se découvre lentement : 1991 aux arômes vifs et végétaux, avec une touche fumée et une belle acidité ; 1990 au nez vertical, aux évocations de verdure et de fougère, à la bouche généreuse et veloutée, terminant sur une finale incisive ; 1985 *Réserve particulière* au nez minéral, à la bouche opulente mais ferme, à l'acidité bien fondue. Le Gewurztraminer est aussi à juger sur la durée : 1990 au nez floral et agrumique, laissant transparaître une certaine surmaturité, vif, velouté, mais retournant rapidement à sa réserve naturelle ; 1983 *Réserve particulière* aux reflets de bronze doré, voluptueusement aromatique, un vin complet, homogène et totalement uni, n'atteignant pas 1 g de sucre résiduel.

A côté d'un estimable Tokay-Pinot gris générique (1990 rond et plein, flatteur, avec une bonne résolution acide), il faut évoquer l'excellent Crémant d'Alsace qu'André Pfister tire de ses terrains calcaires. Constitué surtout de pinot blanc, avec un appoint d'auxerrois, laissé sur lies au minimum 15 mois, mais souvent jusqu'à 2 ans, ce dernier est faiblement dosé : bulles fines, cordon persistant, grande fraîcheur de bouche. A ne pas oublier non plus, les eaux-de-vie de la maison, en particulier un remarquable Marc de gewurztraminer.

• **André Pfister**, 53, rue Principale, 67310 Dahlenheim.

D'AUTRES BONS PRODUCTEURS

• **Jean-Pierre Bechtold**, 49, rue Principale, 67310 Dahlenheim *(grand cru Engelberg)*.

Wolxheim

Le village de Wolxheim s'étire le long du canal de la Bruche, entre chemin de halage et rangs de vignes qui montent à l'assaut du Horn. Le sommet de cette puissante colline est coiffé d'un immense Sacré-Cœur, érigé en 1912 et dont la parure d'or irradie le « vieux coteau », les jours de grand soleil. Le vignoble de Wolxheim est de renommée très ancienne, puisque l'âge médiéval vit de nombreux établissements religieux – monastère du Hohenbourg, abbaye de Wissembourg, couvent de Saint-Étienne de Strasbourg, monastère de Lièpvre, hôpital de Strasbourg... – y exploiter leurs propres parcelles.

Au XVIe siècle, le vin de Wolxheim emplissait couramment le récipient d'intronisation de la Confrérie de la Corne (voir page 40). Il fut aussi le vin des empereurs, qu'on servit à Napoléon Ier, à Napoléon III et à Guillaume II. A la veille de 1914, la perspective de la guerre fit truffer le site d'ouvrages militaires... et raser une grande partie du vignoble, lequel recouvrait 180 hectares, sans discontinuer, depuis le milieu du XVIIe siècle. Aujourd'hui, une vingtaine d'exploitations se partagent les 150 hectares du vignoble retrouvé, autour d'un noyau de vignerons-récoltants très actifs.

A peine 1 kilomètre plus loin, toujours le long du canal, la tranquille bourgade d'**Ergersheim** renaît aujourd'hui à la viticulture indépendante. De nombreuses fondations qui eurent des vignes au Moyen Age : le couvent de Saint-Thomas de Strasbourg, l'abbaye d'Altorf, le couvent lorrain de Sturzelbronn, le couvent suisse de Saint-Gorgon, l'hospice de Strasbourg... En 1633, le village fut brûlé par les troupes suédoises, pendant la guerre de Trente Ans, et reconstruit – jusqu'aux caves – durant le XVIIIe siècle. Les habitants d'Ergersheim ont récemment restauré leur jolie petite chapelle Saint-Michel, au beau milieu des vignes.

Vignobles Muhlberger

Œnologue diplômé de Montpellier, Robert Muhlberger rejoignit son père, François, sur l'exploitation familiale en 1972. Il tient aujourd'hui les rênes de cette propriété, dont les origines remontent à 1777. Il est aussi, depuis 1987, l'actif président du Syndicat des vignerons-récoltants d'Alsace et, bien sûr, l'un des plus ardents défenseurs du terroir de Wolxheim.

Le vignoble des Muhlberger couvre 12 hectares sur la commune, dont le cœur est constitué par 3,5 ha sur l'*Altenberg de Wolxheim*, aux pieds du grand Christ d'or qui bénit l'océan des vignes : riesling (2,2 ha) et gewurztraminer (1,3 ha) exclusivement, sur terres marno-calcaires. Immédiatement à l'est de l'Altenberg, toujours aux pieds du Sacré-Cœur, la famille dispose de plusieurs parcelles dans les trois pinots, sur un sol limono-calcaire qui leur réussit particulièrement bien *(Horn de Wolxheim)*.

Au lieu-dit *Rothsteingrube*, sous l'abrupte falaise de grès rouge (voir encadré page 38), Robert Muhlberger exploite également une parcelle de 2,3 ha, intitulée *Clos Philippe Grass*, du nom du sculpteur natif de Wolxheim (1801-1876), qui s'illustra notamment dans la restauration du grand portail de la cathédrale de Strasbourg et s'approvisionnait ici même, dans la carrière que possédait sa famille. Là, le riesling – en compagnie d'un peu de

L'Altenberg de Wolxheim

Grand cru classé en 1992. Superficie : 31 hectares. Exposition : sud, sud-ouest. L'*Altenberg de Wolxheim* s'étage entre 200 et 250 mètres, jusqu'en lisière du sommet rocheux du Horn. Il repose sur un sous-sol de marnes grises et de calcaires argileux (Lias et Dogger), recouvert d'un cailloutis oolithique au bon pouvoir réchauffant. La pluviosité faible (540 mm par an) et l'absence de vents froids, cassés par les reliefs environnants, participent à sa rente climatique. L'*Altenberg* est voué essentiellement au riesling (20 hectares), encore que le gewurztraminer soit bien présent (5 hectares). Assez sévère au départ, dégageant une note citronnée ou des senteurs d'herbes méridionales, le Riesling développe par la suite un registre nettement minéral. C'est un vin puissant, généreux et de garde, qui « pétrole » pleinement lorsqu'il atteint l'âge de 10 ans.

muscat – s'épanouit parfaitement, sur des sols légers de sable gréseux. Les Muhlberger ont encore d'autres parcelles, comme celles plantées en riesling sur les flancs du Berg-Kastelberg, et disposent d'environ 2 hectares d'auxerrois, destiné à l'élaboration de leur Crémant.

La cave comporte une cuverie inox et des fûts en bois, destinés à recevoir les petits lots, d'une capacité totale de 1 500 hectolitres. Robert Muhlberger a récemment creusé une cave souterraine, qui passe sous le chemin mitoyen et est enterrée à 8 mètres de profondeur, dont la climatisation naturelle lui permet d'y stocker ses bouteilles et de manipuler ses méthodes champenoises. Les vinifications sont classiques, les filtrations légères.

Les vins du domaine se caractérisent par leur vivacité, leur allure fringante, la race s'imposant avec les grands crus. Gamme piquante du *Horn de Wolxheim* : Pinot blanc 1991 au nez fruité, assorti d'une touche de noisette, à l'acidité fine, vif et alerte ; Tokay-Pinot gris 1991 associant odeurs fruitées et léger fumet, vif en bouche, avec une agréable mâche... Élégant Riesling *Rothstein* du *Clos Philippe Grass* : 1990 au nez floral et agrumique, délicat en bouche, vif et tendre à la fois. Grande personnalité enfin des vins de l'*Altenberg de Wolxheim*, revêtus de leur originale étiquette verte à petit ruban bleu-blanc-rouge : remarquable Riesling 1989, au bouquet végétal, déjà légèrement hydrocarburé, plein, rectiligne, homogène, sur un beau support acide ; Gewurztraminer 1989 fleurant le miel, la rose et la violette, opulent et généreux.

Il faut noter encore le délicieux Pinot noir que Robert Muhlberger confectionne au sein de sa trilogie du *Horn de Wolxheim*. Issu de vignes âgées, égrappé, celui-ci subit une macération à froid, avec des remontages réguliers, est ensuite décuvé et pressuré, avant d'achever sa fermentation normale. C'est un vin direct et expressif, ne cherchant pas le maniérisme mais collant parfaitement à l'image de son tonique propriétaire (1990 à la jolie couleur cerise, au nez intense de petits fruits rouges, frais et débordant de fruit, sur des tanins en sourdine).

• **Vignobles François Muhlberger**, 1, rue de Strasbourg, 67120 Wolxheim.

A Ergersheim :

Lucien Brand

Village mi-viticole mi-agricole, ronronnant au bord du canal de la Bruche, Ergersheim, dont les vins ne firent longtemps qu'alimenter le négoce, revoit de nos jours éclore une viticulture indépendante. Les Brand sont loin d'être étrangers à ce renouveau, où ils occupent une place de choix. Lucien Brand se lança « dans la bouteille » en 1968. Dix ans plus tard, il était rejoint par son fils Charles, frais émoulu d'études de géologie à Strasbourg. Fortement ancré au terroir natal, féru d'histoire locale, le jovial et entier Charles Brand veille aujourd'hui jalousement sur les 8 hectares du domaine paternel et s'applique, comme maints confrères bas-rhinois, à hisser haut la barre de la qualité.

Le vignoble familial épouse en réalité la configuration du terroir d'Ergersheim, à la frontière du fertile Kochersberg et de la vallée de la Bruche, juste au-dessus de la faille rhénane. Les pentes à l'ouest du village, ainsi que le plateau qui les prolonge, sont faits de terres légères, à base de lœss éolien. A l'est, on rencontre des marnes calcaires (dépôts marins du tertiaire), qui donnent des sols plus lourds, retenant bien l'eau et permettant de surmonter d'éventuelles sécheresses. Ce sont elles qui composent le coteau du *Kefferberg*, le meilleur lieu-dit du village, formant une véritable cuvette, facilement surchauffée par son exposition plein sud et le balayage régulier des vents du nord. Le domaine des Brand est planté en majorité de gewurztraminer (30 %), de riesling et d'auxerrois (20 % chacun). Pinot gris, pinot noir et sylvaner participent chacun à raison de 10 %, le muscat assurant le solde (5 %).

La pierre et le vin

Nettement à l'écart du village, le *Rothsteingrube* (« carrière de pierre rouge ») est un lieu tout à fait inattendu. Au pied d'une impressionnante falaise de grès bigarré (25 mètres de haut), blottis au fond d'une sorte de ravin coupant radicalement le vent, des rangs de vignes sont alignés à la parade, leurs pieds enracinés dans un sol gréseux, de texture légère. Là étaient jadis exploitées les « Carrières royales » de Wolxheim, qui connurent leur plus belle activité lorsque Vauban fit creuser, en 1682, le canal de la Bruche, permettant ainsi d'acheminer la pierre rouge dont furent construites la citadelle et les fortifications de Strasbourg.

Louis XIV en personne visita ces carrières le 26 juin 1683. Plus tard, le sculpteur Philippe Grass, auteur de la statue de Kléber à Strasbourg (sur la célèbre place du même nom) et dont la famille possédait l'exploitation, contribua au renom des vins de Wolxheim. Le lieu-dit est aujourd'hui planté d'une douzaine d'hectares de vigne : du riesling presque exclusivement, qui donne des vins tendres et floraux, aux caractères tout à fait différents de ceux de l'Altenberg.

Charles Brand est un vigneron scrupuleux, soucieux d'intégrer dans l'écosystème ses méthodes de culture et de traitement de la vigne. Il n'a recours à aucun amendement mais laisse au contraire la « mauvaise herbe », engrais naturel, envahir ses entre-rangs. Au printemps, il effectue un labourage et, une fois l'an, pratique un broyage-enfouissage de cette herbe sauvage. Estimant que « la nature doit régler elle-même ses problèmes », il réduit au minimum les traitements et recherhe un développement important du feuillage, nécessaire à la croissance harmonieuse de la plante. Au moment des vendanges, grâce à une équipe fidèle et rompue, il opère des sélections à la vigne. En cave, Charles Brand est resté largement attaché au bois, qu'il a transporté dans son nouveau chai, reconvertissant l'ancienne cave – datée de 1742 sur l'un de ses chapiteaux – en caveau de réception et de dégustation.

Sous leur étiquette fort singulière, à l'effigie d'un jeune Bacchus, les vins du domaine séduisent par leur équilibre toujours judicieux, leur fine acidité, leur parfaite digestibilité, qui est due à une charge alcoolique modérée. Muscat et Sylvaner s'offrent dans toute leur fraîcheur, et parfois avec originalité : Muscat 1990 éclatant de fruit, léger, très aromatique, sur des consonances de mangue et de citron ; Sylvaner 1989 *Cuvée Sainte-Cécile*, vendangé à surmaturité... le 22 novembre, caressant, légèrement minéral, à l'acidité contrebalançant bien le gras.

Dans son écrin de vignes, la chapelle Saint-Denis à Wolxheim.

C'est logiquement à travers les trois grands cépages que s'exprime le potentiel du *Kefferberg*. Son Riesling a de la race : 1990 mariant l'acacia et la pomme reinette, vif et étoffé, long en bouche ; 1989 aux arômes de pomme et de menthe, structuré mais charnu, en raison d'un début de pourriture noble ; 1985 au nez mentholé, merveilleusement équilibré entre l'alcool et l'acide, facile à boire ; 1983 approfondissant avec bonheur la veine du précédent.

Le Tokay-Pinot gris *Kefferberg* surprend agréablement : 1990 à la note d'orange, plutôt opulent ; remarquable 1987, long, soyeux, évoquant le pain d'épices, avec une bonne mâche en finale. Quant au Gewurztraminer *Kefferberg*, il affirme une classe incontestable : 1991 sec, équilibré, encore rentré ; 1989 chaleureux, rond et vineux, avec beaucoup de sève ; 1985 fondu, harmonieux, d'une élégance aérienne avec sa finale giroflée et poivrée ; exceptionnel 1983, à l'expression impérieuse, très long, encore plein de réserve.

Confiant dans l'avenir de ses vins, Charles Brand en a stocké d'importantes quantités, qui mûrissent au gré de plusieurs petites caves : difficile de mieux affirmer sa foi dans le terroir !

• **Lucien Brand et Fils**, 71, rue de Wolxheim, 67120 Ergersheim.

D'AUTRES BONS PRODUCTEURS

• **Jean-Bernard Siebert**, « Le Moulin », 8, rue de Molsheim, 67120 Wolxheim *(grand cru Altenberg de Wolxheim)*.
• **Laurent Vogt**, 4, rue des Vignerons, 67120 Wolxheim *(grand cru Altenberg de Wolxheim)*.
• **Charles et André Dischler**, 23, le Canal, 67120 Wolxheim *(grand cru Altenberg de Wolxheim)*.
• **Joseph Scharsch**, 12, rue de l'Église, 67120 Wolxheim *(grand cru Altenberg de Wolxheim)*.

Molsheim

La Metzig, ancienne maison des bouchers.

Malgré le développement d'une périphérie chaotique et le maillage serré de son tissu industriel, Molsheim, en sa vieille enceinte frôlée par les eaux de la Bruche, a su préserver son charme d'antan. La Metzig, délicat édifice Renaissance de la corporation des bouchers, l'église des Jésuites, élégant et monumental vaisseau du début du XVIIe siècle, et la Porte des Forgerons (XIVe siècle) dominent toujours rues et places de cette ancienne cité épiscopale.

Molsheim la catholique fut en effet possession des évêques de Strasbourg durant des siècles. Elle tint un rôle de premier plan lorsque l'évêque Jean de Manderscheid y installa, en 1580, les Jésuites, afin de contrebalancer le protestantisme strasbourgeois. Ceux-ci fondèrent un collège, transformé en académie en 1618, qui fut un ardent foyer de la Contre-Réforme en Alsace. Installés de leur côté en 1598, les Chartreux jouèrent également un rôle important dans ce mouvement doctrinal… et dans la viticulture locale.

Délaissé après le phylloxéra, le vignoble de Molsheim connut une désaffection définitive avec l'industrialisation automobile (création de l'usine Bugatti en 1911). La renaissance ne pointa qu'au lendemain de la dernière guerre. L'activité viticole est aujourd'hui redevenue réelle (70 hectares en production), grâce à un petit groupe de viticulteurs dynamiques, qui ont ressuscité nombre de vignes au pied du Molsheimer Berg. A retenir, à côté du grand cru *Bruderthal*, les vins des lieux-dits *Finkenberg* et *Schaefferstein*, où avaient planté les Chartreux de Molsheim.

Gérard Neumeyer

Dans sa coquette exploitation des hauts de Molsheim, au pied même du Bruderthal, Gérard Neumeyer, jeune président du syndicat viticole, incarne à merveille la renaissance d'une viticulture de qualité, dans une cité pourtant largement écornée par l'essor industriel. Son domaine, qui couvre 14 hectares (dévolus principalement au riesling et au sylvaner), compte 3,5 ha en grand cru *Bruderthal :* sur ces pentes caillouteuses qui descendent en douceur vers la ville cohabitent gewurztraminer (1 hectare), riesling (80 ares), pinot gris (50 ares) et muscat, s'y ajoutant des vieux pieds de sylvaner. Les vignes sont ici d'âge respectable, la plantation du gewurztraminer remontant à 1952.

> ### Corne à vin
>
> Grand protecteur de Molsheim et de ses institutions, l'évêque de Strasbourg Jean de Manderscheid – dans un esprit d'œcuménisme bachique qui voulait sans doute contraster avec l'ardeur des antagonismes religieux de l'époque – fonda, vers la fin du XVIe siècle, une association vineuse, la Confrérie de la Corne. Celle-ci se réunissait au château du Haut-Barr, près de Saverne. Pour être admis en son sein, l'impétrant devait vider une corne de vin de 4 litres. Les meilleurs crus de la contrée, tels ceux de Molsheim ou de Wolxheim, étaient bien entendu conviés à remplir l'impressionnant gobelet (une corne d'auroch ?).

Viticulteur averti, Gérard Neumeyer – qui a débuté avec son père en 1976, après une formation à Beaune – taille sur une seule arcure, enherbe raisonnablement, n'utilise pas d'antibotrytis, traite largement à base de cuivre. Dans sa cave de

Le Bruderthal

Grand cru classé en 1992. Superficie : 18 hectares. Exposition : sud-est. A moins de 300 mètres d'altitude, sous la lisière de la forêt qui coiffe le Molsheimer Berg, le *Bruderthal* occupe la partie la mieux exposée du vaste coteau qui domine Molsheim ; un coteau de faible pente, piqueté çà et là de vieux arbres fruitiers qui lui donnent l'allure d'un grand verger. Le sol est marno-calcaire, fortement caillouteux, peu profond, sur un soubassement de calcaire et de dolomies (Muschelkalk, Lettenkohle). Le *Bruderthal* (« vallon des frères ») doit vraisemblablement son nom à une ancienne implantation cistercienne ; on le citait en 1316 parmi les possessions de l'évêché de Strasbourg. Voué principalement au Riesling et au Gewurztraminer, il donne des vins charpentés, aromatiques, de belle évolution. Le Tokay-Pinot gris y puise également une expression très racée.

construction récente, il a conservé une part importante de fûts, dans lesquels passent tous ses grands crus, pour un séjour de 10 à 11 mois. Le reste de la cuverie est constitué d'inox et d'acier émaillé. Pressurage pneumatique (en grains entiers pour les vendanges tardives), fermentations à température contrôlée (autour de 20 °C), filtrations mesurées (sur terre et sur plaques), mise en bouteilles en septembre : la méthode, éprouvée, dégage de beaux produits, qu'une clientèle assidue vient découvrir chaque année, dans l'agréable pièce de dégustation où reçoivent les Neumeyer.

Enfermés dans leurs bouteilles teintées à l'antique et sérigraphiées à l'or, au nom du Bruderthal (un modèle adopté par tous les producteurs du cru), les grands crus de la propriété s'affirment comme des vins très secs, fermement acides, rigoureusement équilibrés, aptes à la garde – toutes vertus hautement revendiquées par le calme Gérard Neumeyer, vigneron de l'école classique.

Le *Bruderthal* exprime ici son réel potentiel. Riesling éclatant de vivacité : 1990 au nez floral sous sa robe d'or clair, solide, charnu et incisif ; 1986 fortement coloré, à la bouche minérale et miellée, évoquant l'empreinte du botrytis, dû aux conditions particulières de sa récolte ; remarquable 1985 VT, avec sa note de pétrole, lisse, soyeux, très sec, affirmant sa vigoureuse plénitude grâce à un équilibre accompli. Tokay-Pinot gris de belle venue : 1989 à la couleur appuyée, au fumet caractéristique, ample et gras, dans le genre somptueux ; mémorable 1985 à la riche vêture dorée, aux petites notes confites, opulent, très long, étayé par un remarquable support acide. Gewurztraminer enfin, de grande race : 1989 exhalant la rose sous sa robe jaune d'or, ample, épicé, persistant, avec une présence appuyée en bouche, qui rappelle les vieilles vignes d'origine.

Cette trilogie du grand cru est complétée par une carte *Grande Réserve*, dans laquelle Gérard Neumeyer propose notamment des sélections de grains nobles (Gewurztraminer 1988 SGN vêtu d'or profond, au nez ravageur de rose et de fruits secs et confits, élégant, puissant, d'une incontestable force d'expression).

- **Gérard Neumeyer**, 29, rue Ettore-Bugatti, 67120 Molsheim.

D'AUTRES BONS PRODUCTEURS

- **Bernard Weber**, 49, rue de Saverne, 67120 Molsheim *(grand cru Bruderthal)*.
- **Robert Klingenfus**, 60, rue de Saverne, 67120 Molsheim *(grand cru Bruderthal, Clos des Chartreux)*.
- **Philippe et Fernand Heitz**, 4, rue Ettore-Bugatti, 67120 Molsheim *(grand cru Bruderthal)*.

Obernai Ottrott

Le Clos Sainte-Odile.

Coquette et fleurie, presque théâtrale, avec sa profusion de colombages, d'encorbellements, d'oriels et de pignons pointus, Obernai s'offre volontiers au flot des touristes qui l'envahit aussi régulièrement qu'une marée. Réfugiée derrière des remparts quasi disparus, la cité natale de sainte Odile – qui fut membre de la Décapole alsacienne – conserve, il est vrai, bien des attraits, comme sa place du Marché, où le beffroi, l'hôtel de ville, la halle au blé, le puits aux six seaux et de gracieuses maisons plantent un vrai décor d'époque Renaissance.

Jadis important, le vignoble d'Obernai couvre, aujourd'hui, moins de 100 hectares. Il est réparti pour l'essentiel entre l'historique *Clos Sainte-Odile*, qui surplombe la ville, et l'énorme union coopérative locale, qui draine en réalité la production de plusieurs caves d'Alsace, jusque dans le Haut-Rhin.

Au-dessus d'Obernai, aux pieds mêmes du mont Sainte-Odile, Ottrott est un joli village, également très prisé des visiteurs. Son vignoble, qui court sous les châteaux de Lutzelbourg et de Rathsamhausen, s'est depuis longtemps spécialisé dans la production d'un vin de pinot noir, le fameux *Rouge d'Ottrott*. L'actuel succès de cette couleur en Alsace n'a pu que renforcer sa position, déjà confortable. Tables locales et particuliers de passage suffisent d'ailleurs à éponger ce vin rubis et parfumé, que l'on consomme plutôt jeune, dans l'éclat de son fruit premier.

Clos Sainte-Odile

Étayé par de puissants murs en grès rose, le *Clos Sainte-Odile* dresse sa masse imposante au-dessus de la pimpante Obernai, tel un vignoble tutélaire. Si l'on grimpe à son sommet, au pied de la grande croix dressée à la mémoire des incorporés de force, on découvre d'ailleurs une admirable vue sur les toits d'Obernai, la plaine rhénane et le mont Sainte-Odile.

Ancienne propriété de la famille Weissenburger, le clos appartient aujourd'hui à Michel Weiss, qui l'hérita de sa mère mais dut, pour faire face aux frais de succession, se séparer de la cave. Aussi, depuis 1980,

sa récolte suit-elle un parcours singulier : cultivée et vendangée au domaine, elle est ensuite vendue à la société de Sainte-Odile, une filiale de la Cave vinicole d'Obernai, laquelle se charge ensuite de la vinifier et de la distribuer. Michel Weiss se retrouve donc viticulteur à part entière, en même temps qu'il poursuit une activité de distillateur.

Issu de la réunion de nombreuses parcelles à partir du XVIIe siècle, le Clos Sainte-Odile a vu ses derniers murs de soutènement construits entre 1920 et 1922. Recouvrant au total 11 hectares, il regarde droit le plein sud, sur des formations argilo-calcaires qui, localement, représentent un véritable accident géologique : la vigne, après avoir traversé une mince couche de terre arable (30 centimètres à peine), plonge en plein socle du Muschelkalk. Le clos est aménagé en trois terrasses principales. La terrasse inférieure est plantée en pinot gris (replanté en 1991, dans le sens de la pente, à des fins de mécanisation), celle du milieu en riesling, et la terrasse supérieure à nouveau en pinot gris. Le sommet du coteau est prolongé par un plateau, voué surtout au gewurztraminer. S'intercalent encore, entre côte et plateau, quelques pièces, récemment défrichées, de pinot noir. Les vieilles vignes du clos affichent un âge moyen de 30 ans. Sur la ligne de coteaux qui suit au nord d'Obernai, un vignoble de pinot blanc – à terme 4 hectares d'un seul tenant – complète maintenant la propriété, dans des conditions similaires de sol et d'exposition.

A cet ensemble viticole homogène, le scrupuleux Michel Weiss s'efforce d'appliquer une culture saine et soignée. Plantée en grand écartement (2 mètres), la jeune vigne, entre ses rangs, est d'abord ensemencée de seigle, puis enherbée totalement dès sa sixième ou septième année (régulation hydrique, lutte contre l'érosion, apport d'azote). Michel Weiss ne recourt à aucun désherbant, n'emploie que de la seule fumure organique, limite son intervention à trois ou quatre traitements par an, et vise à des rendements très serrés, de l'ordre de 35 à 40 hl/ha.

Les vendanges sont entièrement manuelles et pratiquées «à la carte». Une fois pressurés (1 pressoir pneumatique, 2 pressoirs mécaniques), les moûts sont livrés bruts à la Cave vinicole d'Obernai, qui les vinifie en fûts. Il arrive même à cette dernière – ce fut le cas pour les grains nobles du Tokay-Pinot gris 1988 – d'utiliser les vieux foudres de la propriété.

Toujours habillés de la superbe étiquette que dessina autrefois Charles Spindler, les vins du *Clos Sainte-Odile* offrent un profil net et racé – comme la sainte de la vignette, posant un œil protecteur sur sa ville natale. Les trois grands cépages s'y expriment sans détours mais avec du caractère. Version rigoureusement exemplaire que le millésime 1990 : Riesling ample et vif, avec son nez herbeux, sa bouche pleine, vigoureuse, plutôt minérale, relevée par une légère pointe muscatée, due à la variété du cépage; Tokay-Pinot gris goûteux et généreux, mêlant à l'odeur de raisin des nuances fumées, d'une maturité appuyée; Gewurztraminer fortement aromatique, évoquant fleurs et raisin frais, puissant, corsé, éclatant de fruit, une sorte d'archétype du cépage. Les années fastes dégagent leur petit lot de cuvées rares, tels le Tokay SGN cité plus haut, ou le Gewurztraminer VT 1989.

Place du Marché, à Obernai.

Jour d'orage à Ottrott-le-Haut.

- **Société vinicole de Sainte-Odile**, 3, rue de la Gare, 67210 Obernai.

D'AUTRES BONS PRODUCTEURS

- **Cave vinicole d'Obernai (Divinal)**, 30, rue du Général-Leclerc, 67210 Obernai *(grand cru Altenberg de Bergbieten, Rouge d'Ottrott, Klevener de Heiligenstein).*
- **Jean-Charles Vonville**, 4, place des Tilleuls, 67530 Ottrott *(Rouge d'Ottrott).*

Voir aussi :

- **Cave vinicole d'Andlau et ses environs**, à Barr *(Rouge d'Ottrott).*
- **Charles Wantz**, à Barr *(Rouge d'Ottrott).*

Heiligenstein

Juché sur un coteau, sous les premières pentes du mont Sainte-Odile, Heiligenstein se blottit autour de son église, coiffée d'un dôme à sommité pointue. Si l'abbaye Sainte-Odile y possédait déjà des vignes au VIIIe siècle, la réputation viticole du village date du XVIIIe siècle. En 1742, son bourgmestre, Ehrhard (ou Ehret) Wantz, obtenait en effet du conseil échevinal de Strasbourg l'autorisation de planter, exclusivement sur son finage, un cépage rapporté d'Italie (voir encadré). Devant le succès du vin qu'on y récoltait, l'aire viticole fut même étendue en 1753.

Le *Klevener de Heiligenstein*, qui ne couvrait plus que 2 hectares au début des années 70, a retrouvé droit de cité et maintenant décuplé de surface. Une commission de délimitation travaille actuellement à répertorier ses sols de prédilection, des terrains argilo-siliceux dits *Auboden*. A terme, environ 80 hectares seront concernés, dont la moitié sur Heiligenstein et le reste sur 5 communes voisines : Gertwiller, Bourgheim, Goxwiller, Bernardswiller et Obernai.

Albert Heywang et Successeurs

Ancien responsable de la cave de l'INRA à Colmar, Marc Heywang s'est définitivement installé sur l'exploitation familiale en 1990. Ce vigneron jovial et décontracté lui a rapidement conféré une certaine notoriété, en produisant des vins qui s'écartent volontiers des normes habituelles, et en participant activement à la renaissance du *Klevener de Heiligenstein*. Son vignoble couvre actuellement 5 hectares, au sein duquel le klevener (1 hectare) et le pinot noir (80 ares) occupent les

Émergeant du verger, le clocher de Heiligenstein.

Le Klevener de Heiligenstein

Officiellement reconnu depuis le décret du 30 juin 1971, le *Klevener de Heiligenstein* n'est autre que l'ancien *Traminer* alsacien, qui est le vin du savagnin rose. La tradition locale veut que le bourgmestre Wantz – dont la statue orne en reconnaissance la façade de la mairie – ait le premier introduit ce cépage, originaire de la région de Chiavenna, en Lombardie.

Plus probablement, ce plant fut répandu par des colons autrichiens, installés ici après la guerre de Trente Ans (n'oublions pas que le terme de *Traminer* dérive lui-même de Tramin, vieux nom d'une localité du Tyrol italien). Il pourrait même avoir été cultivé en Alsace dès avant le XVIe siècle, notamment sous le vocable allemand d'*Edeltraube*, mais il n'empêche que son essor et sa notoriété se sont bien concentrés sur Heiligenstein au XVIIIe siècle. Il affectionne les couches géologiques du type *Au*, formations sablo-argileuses parsemées de galets qu'on trouve sur le village et sur plusieurs bans voisins, entre 200 et 300 mètres d'altitude.

Le *Klevener de Heiligenstein* a d'incontestables qualités de séduction. Riche en fruit, délicatement velouté, il exhale un pénétrant bouquet floral, très subtil, rappelant sans l'exubérance celui du Gewurztraminer. Généralement sec et charpenté, il a une réelle profondeur de goût. Ne pas le confondre, bien sûr, avec le *Klevner*, nom alsacien du Pinot blanc.

premières places, suivis du gewurztraminer, du pinot gris et du chardonnay (60 ares chacun).

Marc Heywang, qui n'oublie pas ses origines professionnelles, a particulièrement innové en adoptant la taille en lyre, dérivée d'ailleurs de certaines expériences de système en V conduites dans les années 60 par Pierre Huglin, ancien directeur de la station colmarienne. Cette méthode, fondée sur un dédoublement du plan de palissage et des écartements de 3 mètres, vise à augmenter sensiblement la surface foliaire de la vigne et à favoriser ainsi la photosynthèse. Selon Marc Heywang, qui tailla ses premières vignes de la sorte en 1982, le système s'avère particulièrement intéressant dans les années de météorologie médiocre.

Récoltée à la main, la vendange est livrée entière à la cave. Pressurée sur Vaslin, elle est ensuite descendue en sous-sol pour un débourbage statique (36 à 48 heures), suivi d'une fermentation en foudres traditionnels (quelques petites cuves inox, pour les faibles volumes, complètent la cuverie en bois). Collage à la bentonite, soutirage et repos sur lies fines, de 3 à 4 mois, précéderont des mises échelonnées (filtration sur plaques cellulosiques).

Marc Heywang a su tirer adroitement parti de la particularité et de la relative exiguïté de son encépagement pour vinifier des cuvées souvent assez spectaculaires. Klevener, Pinot noir et sélections tardives semblent être ses vins fétiches. Honneur, donc, au roi du lieu, le *Klevener de Heiligenstein*, ici proposé dans une excellente version traditionnelle (1989 au nez délicat d'aubépine et de fleurs printanières, sec, équilibré et soyeux, doté d'une belle matière et d'une longue finale) et dans une *Cuvée exceptionnelle*, produite en surmaturation (1990 au nez d'orange et de mandarine, puissant, dominé par l'alcool).

Au-delà d'un très recommandable rosé de saignée (1991 généreusement fruité, sous sa jolie couleur cerise), Marc Heywang obtient en rouge un Pinot noir de grand caractère. Vinifié en macération froide, ce *Rouge d'Alsace* impressionne par sa couleur et sa concentration : 1990 à robe grenat, mêlant odeurs de feuille de cassis et de grillé, dense, puissant, tannique – en fait le résultat logique d'un rendement de 35 hl/ha et d'un séjour de 25 mois sous bois, sans fermentation malolactique. A mentionner la même cuvée passée 13 mois en foudres et 6 mois en pièces neuves (1990 au nez de cacao et de banane flambée, au boisé peut-être un peu trop appuyé).

Marc Heywang s'adonne volontiers au plaisir des vendanges surmûries, ainsi qu'en témoignent plusieurs de ses cuvées, dans la grande triade : Riesling 1990 VT aux notes de kumquat et d'abricot au sirop, riche, long, bien acide ; Tokay-Pinot gris 1989 VT évoquant la pêche abricotée, étoffé, goûteux ; Gewurztraminer *Cuvée Morgane* 1988, issu d'une parcelle de plus de 40 ans, dont l'énorme intensité aromatique – coing, figue, poire – trahit le potentiel initial de 128° Oechslé. Signalons encore des grains nobles de grande allure (Tokay 1989 SGN, opulente liqueur donnant l'impression de croquer du raisin mûr sous la treille).

● **Albert Heywang et Successeurs**, 16, rue Ehret-Wantz, 67140 Heiligenstein

D'AUTRES BONS PRODUCTEURS

● **Jean Heywang**, 7, rue Principale, 67140 Heiligenstein *(grand cru Kirchberg de Barr, Klevener de Heiligenstein).*

Voir aussi :

● **Cave vinicole d'Andlau et ses environs**, à Barr *(Klevener de Heiligenstein).*

● **Charles Wantz**, à Barr *(Klevener de Heiligenstein).*

● **Domaine Klipfel**, à Barr *(Klevener de Heiligenstein).*

● **Cave vinicole d'Obernai** *(Klevener de Heiligenstein).*

Barr

Allongée dessous la masse importante du Kirchberg, Barr est une petite cité alsacienne au charme attachant. Ses rues sinueuses, ses ruelles cachées, sa ravissante place de l'hôtel de ville (XVIIe siècle), les sentiers sillonnant le coteau depuis le pied de l'église Saint-Martin composent un délicieux décor-labyrinthe, où il fait bon vagabonder. Le vignoble, de tradition bourgeoise, se concentre entre quelques maisons et domaines, peu nombreux.

Barr s'honore de trois clos. Outre le *Clos de la Folie Marco* (voir encadré page 48), il faut évoquer les deux autres célébrités locales. Le *Clos Gaensbroennel* (« fontaine aux oies ») tire son nom d'une petite source jaillissant en ville – devant la Folie Marco – et que surmonte, sculpté au-dessus de la fontaine, un enfant à califourchon sur une oie. Ses vignes couvrent 6,5 ha dans la partie basse du *Kirchberg*, le grand cru local, non loin du cimetière. En dehors de la parcelle appartenant à la famille Hering (voir notice ci-après), ce clos était détenu pour l'essentiel par la maison Willm, qui fut un négociant de haute qualité dans les années 20 à 60, mais a été récemment absorbée par la Cave vinicole d'Eguisheim (voir page 147).

Quant au *Clos Zisser* – 5 hectares ceints de murs sur le Kirchberg, en cœur de coteau, exposés plein sud –, il reste propriété de la famille Klipfel, qui l'exploite avec un soin particulier (voir notice ci-après).

Domaine Hering

La maison de Pierre et Liliane Hering plonge au plus profond du vieux tissu urbain de Barr, en regroupant plusieurs maisons mitoyennes, aux sous-sols patiemment reliés entre eux. Passé le boyau d'entrée qui transperce sa façade ocrée, le dédale des bâtiments apparaît dans son réel enchevêtrement. Lui répond sous terre un labyrinthe de caves, car chaque génération s'est employée à repousser les murs du dessous.

Le noyau d'origine est une cave de 1652 (épargnée par les Suédois, lors du sac de la ville en 1658), qui fut acquise par l'arrière-grand-père de Pierre Hering, Émile Gustave, héritier d'une lignée de pasteurs et de pharmaciens, et fondateur du domaine en 1850. Son successeur, Édouard Hering, la prolongea par une nouvelle cave et fut à son tour imité par son propre fils, Louis, qui creusa avec peine, en pleine glaise, une troisième cave. Pierre Hering, enfin, a percé une galerie entre cette dernière et un ancien bâtiment agricole, acquis récemment et reconverti pour le stockage des bouteilles. A noter que le mur extérieur est ici un ancien rempart de la ville et que, par un jardinet, on communique avec les premières vignes du Kirchberg.

Comme leur cave s'incruste profondément dans la chair de la ville, le vignoble du Hering s'inscrit intimement dans le patrimoine barrois. Il recouvre actuellement 10 hectares, dont près de 5 hectares sont situés en grand cru *Kirchberg* (gewurztraminer 45%, riesling 35%, pinot gris 20%). Au sein du Kirchberg, les Hering possèdent une partie du fameux *Clos Gaensbroennel*, dont ils sont les derniers propriétaires locaux : gewurztraminer et pinot gris se partagent 50 ares du clos, plantés sur « Barr 503 ». Ce porte-greffe particulièrement résistant au calcaire a été sélectionné par Édouard Hering lui-même, qui fut un pépiniériste renommé en même temps qu'un artisan du renouveau viticole après 1918.

Le domaine familial comprend encore le lieu-dit *Mairehiesel*, complanté en sylvaner et riesling, et étendu sur 1 hectare dans la partie haute du Kirchberg (autour

Le Kirchberg de Barr

Grand cru classé en 1983. Superficie : 40 hectares. Exposition : sud-est. S'élevant au-dessus de l'église Saint-Martin, qui lui a donné son nom («coteau de l'église»), le *Kirchberg de Barr* dresse sa robuste masse au-dessus de la ville, ses vignes s'étageant entre 215 et 315 mètres d'altitude. Appartenant au champ de failles de Barr, c'est un terroir complexe, quoique largement argilo-calcaire (conglomérats de l'Oligocène, calcaires du Jurassique moyen...), donnant des sols variés et caillouteux, de faible profondeur. Favorable surtout au Riesling et au Gewurztraminer, le *Kirchberg de Barr* engendre des vins peu précoces, d'une expression plutôt contenue à leurs débuts, mais qui révèlent ensuite corps, race et grands arômes.

de la petite maison blanche que fit construire, au milieu du XIXᵉ siècle, un maire de Barr à l'intention de ses filles). Il est également présent sur le *Feyel*, un lieu-dit situé à la sortie nord de la ville et réputé pour son muscat. Enfin, les Hering sont fermiers du célèbre *Clos de la Folie Marco* (1,3 ha), qui appartient à la ville de Barr : enchâssé en pleine cité, ce terroir argilo-calcaire est dévolu au sylvaner (70 ares), au gewurztraminer et au riesling.

Pierre Hering, qui a repris la succession de son père en 1976, continue de cultiver des vignes en terrasses sur le Kirchberg. Il pratique l'enherbement alterné, et la récolte se fait à la main. Aussitôt après le pressurage (sur Vaslin à cage inclinée), il abandonne la vendange aux soins éclairés de sa femme Liliane, qui assure les opérations de bentonitage et de départ en fermentation. C'est seulement la récolte achevée qu'il revient au chevet de ses cuves : il mène alors les fermentations jusqu'à leur aboutissement complet, traquant impitoyablement les sucres résiduels. La cave privilégie le bois, l'inox ne servant qu'au débourbage initial et à la phase dernière d'élevage. La mise en bouteilles, au moins pour les grands crus et cuvées spéciales, se fait en septembre.

Les vins du Domaine Hering sont de grands vins secs, sans concessions immédiates, d'une sévérité qu'on a pu qualifier de protestante, mais qui révèlent, par la grâce du temps, la profonde intimité du terroir. Le Sylvaner est une spécialité de la maison : *Mairehiesel* dans le registre charmeur (1990 très floral, harmonieux, bien enrobé ; 1989 odorant comme un bouquet de fleurs champêtres, au gras délicat, à la bouche finement ciselée), *Clos de la Folie Marco* dans un style plus rigoureux (1990 fin, retenu, équilibré, typé par le calcaire, d'une minéralité précoce). Composé à parts égales de muscat d'Alsace et d'ottonel, le Muscat *Feyel* est par excellence un vin de fruit (expressif 1991, avec sa longue suite muscatée).

Le grand cru *Kirchberg* imprime ses vins au fer. Riesling élégant et hautain : 1990 aux accents minéraux et végétaux, élancé, solidement charpenté, discrètement enveloppé ; 1988 dont la minéralité laisse place à des notes de pomme et de coing, long, charnu, laissant paraître une amertume de classe. Tokay-Pinot gris de race, se gardant des mièvreries du jour : 1990 aux arômes épanouis mais encore réservé en bouche, combinant subtilement fruité et pierre à fusil ; rare 1987, pur vin de terroir, d'une grande finesse mais d'une austérité absolue.

Quant au Gewurztraminer *Clos Gaensbroennel*, s'il manifeste plus volontiers son caractère exubérant, il conserve la fraîcheur de son origine calcaire : 1990 au nez ultra-floral, un peu éthéré, puissant, épicé, attestant la richesse du millésime ; magnifique 1986 VT laissant affleurer le terroir, onctueux, long en bouche, de grand avenir.

Il faut hautement apprécier les Alsaces de la maison Hering, car ceux-ci sont fidèles à eux-mêmes, mais surtout illustrent un style classique que les vignerons alsaciens ont trop souvent oublié.

• **Édouard Hering et Successeurs**, 6-8, rue Sultzer, 67140 Barr.

La Folie Marco et son clos

Entre 1760 et 1763, Louis Félix Marco, avocat au Conseil souverain d'Alsace et bailli de la seigneurie de Barr, se fit construire, aux portes de la petite cité, une luxueuse gentilhommière avec son parc – une « folie » au sens du XVIIIe siècle. Léguée à la ville en 1960 par les derniers propriétaires, celle-ci est devenue un musée, abritant mobilier alsacien (XVIIe-XIXe siècle), collections de faïences, porcelaines et étains, rayons d'alsatiques.

La Folie Marco conserve, sous ses fenêtres, son vieux clos de vignes, intégré au domaine en 1792, après qu'il eut appartenu au chapitre de la cathédrale de Strasbourg. Ce clos est aujourd'hui enclavé dans la ville. Protégé du vent par les constructions environnantes, efficacement rafraîchi par la proche fontaine du Gaensbroennel, il continue à produire des vins de caractère. La municipalité barroise l'a confié en fermage à la famille Hering.

La vieille cave du Domaine Hering.

Domaine Klipfel

C'est l'un des rares domaines méthodiquement organisé pour l'accueil touristique. Chaque année, 25000 personnes se succèdent ici pour visiter la cave aux grands foudres de chêne, de 200 hectolitres chacun, et le petit musée d'outils du vigneron et du tonnelier, avant de se retrouver au caveau Lorentz-Klipfel et d'emporter un carton de bouteilles : ceux-là iront grossir le fichier des particuliers, qui constituent le contingent majeur de la clientèle des Klipfel.

La maison, dont les origines remontent à 1824, a été vigoureusement développée après guerre par Louis Klipfel, une haute figure du vignoble, qui porta le domaine familial à 20 hectares. L'affaire a été reprise par André Lorentz, qui a épousé la fille de Louis Klipfel et doublé depuis la superficie du domaine, notamment grâce au rachat de 6 hectares à la maison Willm. André Lorentz est aujourd'hui assisté de ses deux fils : l'aîné, Jean-Louis, formé à Beaune, responsable de la partie œnologique, et Guy, responsable commercial. Quant au caveau Lorentz-Klipfel, il est administré par sa femme Andrée. La maison se porte bien : elle emploie une trentaine de salariés et commercialise entre 1,5 et 2 millions de bouteilles par an, domaine et négoce confondus.

Le Domaine Klipfel couvre 40 hectares, dont une bonne part en grands crus. C'est avant tout le *Kirchberg de Barr*, où les Klipfel possèdent maintenant 15 hectares (riesling, gewurztraminer et pinot gris) et détiennent toujours le fameux *Clos Zisser*, entièrement muré et planté essentiellement de gewurztraminer (3,5 ha). Ce sont aussi, sur Andlau, le *Kastelberg* (1,2 ha) et le *Wiebelsberg* (40 ares), deux grands terroirs à riesling. Sur Barr, la famille possède encore des vignes de gewurztraminer et de pinot gris sur l'excellent lieu-dit *Freiberg*, un coteau qui fait face au Kirchberg. Le reste de la production du domaine est principalement étiqueté *Côtes de Barr*.

Tous ces vins, mais plus particulièrement le Gewurztraminer et le Tokay-Pinot gris, sont vinifiés et élevés dans la grande cuverie de chêne déjà citée. Le conditionnement s'effectue dans un grand bâtiment moderne, à l'écart de la maison mère, où sont regroupés embouteillage, stockage et cuverie ciment. Les bouteilles de prestige sont entreposées dans le vieux caveau du domaine, où l'on peut découvrir, patinés derrière des grilles, une formidable collection de vieux millésimes de la maison. Souvent issus de récoltes surmaturées, ceux-ci furent amassés par Louis Klipfel, grand amateur de vins doux et liquoreux : ainsi défilent des 1919, 1921, 1929, 1937, 1943, 1949, 1953...

Parmi les spécialités de la maison, notons le *Klevener de Heiligenstein* (1989 aux discrètes notes de rose, à la bouche expressive mais fortement chargée en sucre), ainsi que les vins du *Freiberg* (Tokay-Pinot gris 1989 corsé, richement constitué ; Gewurztraminer 1989 VT *Cuvée Louis Klipfel*, 14° et 35 g de sucre, au ton nettement botrytisé, à la bouche florale, volumineuse et violemment parfumée). Le *Kirchberg* domine l'ensemble : plantureux Riesling, qui marque bien le style assez massif de la maison (1989 riche mais pesant ; 1988 aux arômes terreux, corpulent, sur des angles encore vifs), et surtout illustre Gewurztraminer *Clos Zisser*, qui accueille admirablement la pourriture noble (1989 SGN, 19° en puissance, au nez de fruits confits, d'épices et d'essences capiteuses, plein, concentré, de grand avenir, fait pour rejoindre le caveau).

- **Domaine Klipfel**, 6, avenue de la Gare, 67140 Barr.

D'AUTRES BONS PRODUCTEURS

- **Alsace Willm**, 32, rue du Docteur-Sultzer, 67140 Barr *(grand cru Kirchberg, Clos Gaensbroennel)*. Voir Cave vinicole d'Eguisheim.
- **Cave vinicole d'Andlau et ses environs**, 15, avenue des Vosges, 67140 Barr *(grand cru Kastelberg, Klevener de Heiligenstein, Rouge d'Ottrott)*.
- **Charles Wantz**, 36, rue Saint-Marc, 67140 Barr *(grand cru Wiebelsberg, Klevener de Heiligenstein, Rouge d'Ottrott)*.

Voir aussi :

- **Jean Heywang,** à Heiligenstein *(grand cru Kirchberg de Barr)*.
- **Émile Boeckel,** à Mittelbergheim *(grand cru Kirchberg de Barr)*.

Le Mairehiesel, sur les flancs du Kirchberg.

Mittelbergheim

Légèrement écarté de la route qui conduit de Barr à Andlau, Mittelbergheim – une ancienne dépendance de l'abbaye d'Andlau – est l'un des plus ravissants villages d'Alsace. Perché à flanc de coteau, piqué de ses deux clochers pointus, il a fortement conservé sa physionomie viticole d'autrefois : enfilade de vieilles courées vigneronnes, le long de deux rues se croisant à angle droit au centre du village. Mittelbergheim a bâti sa réputation sur son Sylvaner – ainsi qu'en attestent toujours certains flacons miraculeux (voir page 184). Mais ce cépage, évincé de l'appellation grand cru, a malheureusement tendance à reculer, arraché notamment de son plus sublime coteau, le *Zotzenberg* (classé grand cru). A retenir, sur la commune, le lieu-dit *Brandluft*.

Émile Boeckel

Au cœur du village, là où se croisent les deux rues principales, la vénérable maison Boeckel porte solidement enseigne depuis le milieu du siècle dernier. L'affaire fut fondée en 1853 par Frédéric Boeckel, lui-même descendant d'une longue lignée de vignerons de Mittelbergheim. C'est à son fils, Émile, qu'il revint de la développer activement : dès 1900, ce dernier commercialisait 4000 hectolitres de vin, en comptant d'ailleurs parmi les pionniers de la bouteille d'Alsace. Suivi dans cette voie par ses deux fils, Frédéric et André, il contribua également à asseoir l'image des vins d'Alsace par la qualité de ses étiquettes.

Il faut dire que leur création fut confiée à des artistes de vrai talent. Moments forts de cette aventure iconographique : l'étiquette de Paul Schmitthenner (1900), modèle de pureté graphique sur le thème du village viticole alsacien ; l'étiquette de Henri Loux (1904), composition bucolique d'un couple trinquant sur l'herbe ; la fameuse étiquette de Charles Spindler enfin (1920), figurant une Alsacienne en coiffe à côté du village de Mittelbergheim – aquarelle fraîche et champêtre, réellement indémodable. Tellement indémodable en vérité qu'elle est devenue et restée l'étiquette fétiche de la maison (les deux précédentes ont été depuis exhumées, pour recouvrir respectivement le *Zotzenberg* et les sélections de grains nobles).

Étiquette de Charles Spindler (1920).

Le Zotzenberg

Grand cru classé en 1992. Superficie : 36 hectares. Exposition : sud, sud-est. Guetté au loin par l'altière silhouette du château d'Andlau, le *Zotzenberg* forme une vaste cuvette, descendant en pente douce jusqu'en contrebas du village et offrant largement ses flancs à un ensoleillement prolongé. Les sols sont marno-calcaires, constitués d'éléments de l'Oligocène et du Jurassique. Cité à partir du XIVe siècle, ce cru eut une notoriété précoce puisque son nom, dès 1900, apparaissait expressément sur les étiquettes de vin (entre autres celles de la maison Boeckel). Sa renommée s'attacha particulièrement au sylvaner, donnant ici des vins solides, corpulents et racés, mais que la législation des grands crus – qui aurait pu déroger, en l'occurrence – incite désormais à abandonner. Reste la trilogie classique, notamment à travers le Gewurztraminer, riche, expressif et de garde très sérieuse.

A André Boeckel succéda, en 1962, Émile Boeckel, qui dirige actuellement l'affaire familiale en compagnie de son cousin Jean-Pierre Heyler. Lui aussi a considérablement agrandi l'exploitation viticole, qui couvre aujourd'hui 20 hectares, et développé largement l'exportation de ses vins (75% des ventes). Des achats de raisins dans la proche région – pour une vingtaine d'hectares – alimentent le versant négoce de la maison.

Le domaine Boeckel dispose d'un magnifique patrimoine de grands crus, dont les fleurons sont le *Zotzenberg* à Mittelbergheim, et le *Wiebelsberg* à Andlau. Le premier, sur 3 hectares, est planté en riesling, gewurztraminer, pinot gris et, bien sûr, recèle de vieux pieds de sylvaner (hélas écarté de l'appellation grand cru). Le second, exclusivement planté en riesling, fait l'objet, depuis longtemps, d'une singulière attention.

C'est à partir de 1957 que Frédéric et André Boeckel rachetèrent leurs premières parcelles en Wiebelsberg, sur un terroir alors très délaissé, et les remirent en valeur par divers travaux d'infrastructure (chemins, murs de soutènement, replantations). Dès 1964, la surface était suffisante pour que les traitements – difficiles sur cette pente abrupte – puissent être assurés par hélicoptère, méthode désormais généralisée. La superficie en production atteint aujourd'hui 3,5 ha, mais Émile Boeckel n'en continue pas moins d'acheter de nouvelles vignes.

A ces deux grandes unités, il faut ajouter le *Kirchberg de Barr* (50 ares, gewurztraminer) et le *Moenchberg* à Eichhoffen (50 ares, riesling), ainsi que des vignes sur le réputé lieu-dit *Brandluft*, à Mittelbergheim (2,5 ha, riesling). L'encépagement global de la propriété consacre surtout le riesling, le gewurztraminer et le pinot blanc. Grâce à ce dernier, la maison s'est lancée, depuis 1981, dans une production croissante de Crémant d'Alsace.

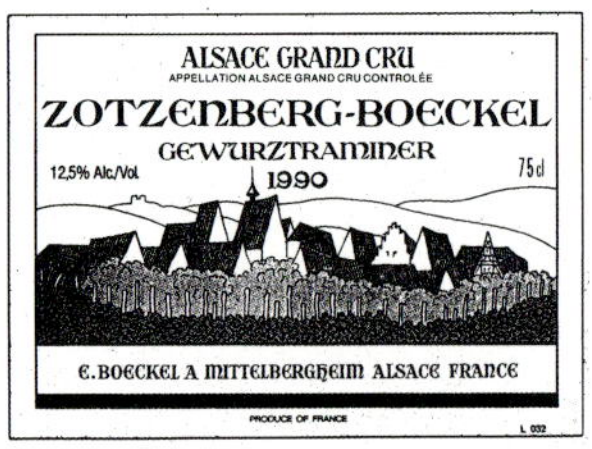

Liage de la vigne à Mittelbergheim.

Enterrées sous un pâté de maisons du XVIe siècle, les caves constituent un véritable dédale souterrain, agrandi au fil des besoins. On y a notamment aménagé, dans les années 50, un ingénieux système de transport des bouteilles, par rail suspendu, tout à fait unique en son genre. Quatre par quatre, les bouteilles se déplacent ainsi d'un poste à un autre, ce qui permet de sauvegarder un stockage en piles très dispersé. Parcours total, près de 300 mètres!

Dans ce labyrinthe où dorment encore des Riesling de 1911, Émile Boeckel dispose d'une importante cuverie en bois, aux volumes très variés. La vendange est généralement pressée sur pneumatique (2 pressoirs Bucher, 1 pressoir mécanique) et centrifugée avant fermentation.

Le discret Émile Boeckel reste un traditionaliste, auquel il faut savoir gré de cultiver le registre classique, avec des vins souvent irréprochables, qui chassent au maximum le sucre résiduel et sont voués à la garde. La sagesse de leurs prix, en outre, ne peut qu'en renforcer l'intérêt. Priorité, donc, à la célébrité du lieu, le *Zotzenberg* : le Riesling (1990 frais et fringant, sentant la pêche) et le Gewurztraminer (1990 rond, délicieux et surmûri) encadrent un Sylvaner de grande allure (1990 puissant, réservé, très sec). Le Riesling *Wibelsberg* (orthographe originale, sans e) affirme tranquillement sa race (1990 plein, haut en goût, avec sa finale minérale; 1990 VT nerveux, étoffé, débordant de fruit), tandis que le Riesling *Moenchberg* reste en mineur (1990 équilibré, encore retenu, oscillant entre végétal et minéral).

Émile Boeckel produit également de belles récoltes tardives en Gewurztraminer (1989 VT aux arômes de violette et de fruits secs, à la bouche soyeuse et très parfumée; 1989 SGN, nectar onctueux et glissant, judicieusement fondé sur 14°5 d'alcool et 30 g de sucre restant). Son Crémant d'Alsace est, enfin, plus que recommandable, particulièrement dans sa version *Brut extra blancs et noirs* : absence de dosage et équivalence de chardonnay et pinot noir pour un Crémant millésimé, dont la vinosité, la finesse de bulle et la stature le destinent à la table plus qu'à l'apéritif.

• **Maison E. Boeckel**, 1, rue des Vosges, 67140 Mittelbergheim.

Albert Seltz

Précédée de son enseigne allégorique inspirée de Hansi, la maison a pignon sur rue en plein centre du village. Elle gagna sa renommée avant guerre, grâce à Albert Seltz, rameau d'une généalogie vigneronne remontant jusqu'en 1576. C'est son actif petit-fils, doté du même prénom, qui dirige aujourd'hui l'exploitation, après avoir assuré ses premières vinifications en 1980 et repris récemment la succession de son père, Pierre Seltz.

La propriété compte une dizaine d'hectares, auxquels s'ajoute un petit négoce de complément, notamment tourné vers le Crémant. Sylvaner (2,8 ha) et riesling (1,9 ha, en particulier sur le *Brandluft*)

dominent l'encépagement hors grand cru, suivis des trois pinots : pinot blanc (1,6 ha), pinot gris (1,2 ha) et pinot noir (70 ares). Le gewurztraminer occupe, en revanche, la première place en grand cru *Zotzenberg* (1 hectare), devant le riesling (40 ares). Le pugnace Albert Seltz junior a pourtant gagné ses galons de vigneron en dorlotant particulièrement ses 2 hectares de sylvaner sur le Zotzenberg, même si ce cépage n'ouvre pas à l'appellation grand cru. Ses vignes font alterner rangées larges (enherbées) et étroites (désherbées), et elles subissent des traitements modérés.

Albert Seltz vinifie dans un esprit pragmatique, à partir d'un raisin soigneusement trié. Pressurage sur pneumatique, descente en cave fraîche où l'inox l'emporte sur le bois, fermentations démarrées sur un levurage léger, premier sulfitage opéré seulement en janvier. Sous la maison et les bâtiments attenants, des caves ont été creusées en plein roc. Parachevées par un bel appareillage de pierre, elles découvrent notamment un vieux puits souterrain, haut de 22 mètres. Elles abritent les vins en vieillissement et le caveau de dégustation.

Issu de vignes parvenues à pleine maturité, le Sylvaner *Zotzenberg* est un peu l'étendard de la propriété. Né de rendements limités, il s'éloigne résolument des sentiers battus, à travers un vin d'une richesse appuyée, présenté dans une bouteille blanche qui flatte sa couleur (1990 *Sélection de vieilles vignes*, approchant les 14°5 et élevé 18 mois en cuve, plein, volumineux et frais, avec son nez surmûri de fruits exotiques). Le Pinot noir est une autre spécialité d'Albert Seltz, là aussi dans un registre peu coutumier (1990 *Cuvée spéciale*, pesant sans crier gare la bagatelle de 15°4, un vin rubis vif, poivré, concentré, tirant sa générosité naturelle d'un rendement qui n'excédait pas 30 hl/ha).

Richesse et exubérance aromatique marquent d'ailleurs souvent les autres productions du domaine : ainsi le Tokay-Pinot gris (1990 *Réserve particulière* combinant le miel, la poire et le coing, opulent, violemment fruité, sur une finale un peu sucrée ; 1983 *Cuvée spéciale* souple, bien sec, sur des notes butyreuses) ou le Gewurztraminer (*Zotzenberg* 1989 mariant la violette, le muguet et le coing, ample, parfumé et séveux). Ce sont là des vins qui plaisent volontiers à l'étranger, particulièrement aux États-Unis, avec lesquels le domaine a tissé des liens familiaux.

• **Albert Seltz**, 21, rue Principale, 67140 Mittelbergheim.

Enseignes vigneronnes dans la rue Principale.

D'AUTRES BONS PRODUCTEURS

• **Armand Gilg et Fils**, 2-4, rue Rotland, 67140 Mittelbergheim *(grands crus Zotzenberg et Moenchberg)*.

• **André Wittmann et Fils**, 7-9, rue Principale, 67140 Mittelbergheim *(grand cru Zotzenberg)*.

Andlau

Sainte Richarde, protectrice d'Andlau.

Le village est blotti à l'entrée du val d'Eléon, là où débouche de la montagne la fougueuse rivière Andlau. Son noyau se développa autour d'une puissante abbaye de moniales, fondée vers 880 par sainte Richarde, femme de l'empereur Charles le Gros, plus tard répudiée. Établissement aristocratique – le recrutement s'effectuait parmi les filles de la noblesse, et ses abbesses avaient rang de princesses d'Empire –, l'abbaye devint une importante propriétaire, notamment dans le vignoble de Blienschwiller et celui de Marlenheim.

De cette période fastueuse, Andlau conserve son église abbatiale, vaisseau majestueux amarré au centre du village, dont le portail sculpté et la frise extérieure sont un chant de pierre, l'un des plus émouvants de l'art roman alsacien. Le village de-

Le Kastelberg

Grand cru classé en 1983. Superficie : très exactement 5,82 ha. Exposition : sud. Le *Kastelberg* s'élève directement à l'aplomb du cœur historique d'Andlau. C'est un petit mont très abrupt, dont la pente dévale vertigineusement – entre 300 et 240 mètres d'altitude, pour ce qui concerne la partie grand cru – jusqu'à l'Andlau, qui coule bruyamment à ses pieds. Un vieux kiosque, juché à son sommet, lui donne sa note pittoresque.

Le *Kastelberg* repose sur un substrat tout à fait unique en Alsace, le schiste de Steige, une formation de l'époque primaire (Silurien), constituée principalement de lamelles de mica, de grains de quartz et de chlorite. La pauvreté du sol, sa particulière résistance à la sécheresse, l'orientation et la déclivité du coteau, l'étroit encadrement montagneux, le rafraîchissement qu'apporte la rivière, tous ces facteurs se conjuguent admirablement pour donner un terroir réellement exceptionnel.

Le *Kastelberg*, qui fut probablement viticole dès l'époque romaine, était vanté pour la qualité de son vin dès 1064. Voué depuis longtemps au riesling (Stoltz lui-même en planta), il est, aujourd'hui, entièrement planté dans ce cépage.

Le vin du *Kastelberg* est le type achevé du grand Riesling minéral : sobre et austère à ses débuts, royalement charpenté, d'une fraîcheur tranchante, il restitue peu à peu l'essence de son schiste natal en une matière et un bouquet d'une pénétrante minéralité. Bien évidemment, c'est un vin de longue garde.

Le Wiebelsberg

Grand cru classé en 1983. Superficie : 12 hectares. Exposition : sud, sud-ouest. Juste à l'est du Kastelberg, le *Wiebelsberg* forme un mont élancé, d'une harmonieuse convexité, dont les vignes s'étagent entre 250 et 300 mètres d'altitude. Forte dans sa partie haute, la pente s'adoucit vers le bas. Le sol est constitué de sables de grès vosgien, auxquels se sont mêlés des matériaux de solifluxion du quaternaire, sur un sous-sol de schiste de Villé, une formation primaire répandue sur Andlau. Mitoyen du Kastelberg, dont il n'est séparé que par un petit chemin, le *Wiebelsberg* en est un peu la réplique : modelé du coteau, exposition largement méridionale, sol pauvre, pente accusée, influence de la rivière en contrebas, tout contribue à créer ici de remarquables conditions microclimatiques. Si sa notoriété émerga plus tardivement que celle des deux autres grands crus d'Andlau, il n'en engendre pas moins un Riesling de race : équilibré, élégant, réservé au départ, mêlant côté floral et minéralité de fond. C'est, tout comme son voisin, un vin à attendre patiemment.

vint ensuite actif et florissant, grâce à la protection des sires d'Andlau, juchés sur leur forteresse montagnarde du Haut-Andlau.

Vraisemblablement implanté dès l'époque romaine, le vignoble local s'est largement épanoui au Moyen Age, les meilleurs terroirs émergeant précocement. L'actuelle classification des grands crus n'a fait qu'entériner des réputations lointaines : le *Kastelberg,* le *Moenchberg* et le *Wiebelsberg* sont trois superbes coteaux à riesling. Jean-Louis Stoltz, auteur d'une magistrale *Ampélographie rhénane* (1852), plaçait déjà cette trilogie au sommet de la hiérarchie andlauvienne, et parmi les meilleurs crus d'Alsace.

Il faut également mentionner, parmi les lieux-dits notables, le *Brandhof,* coteau méridional au-delà de la chapelle Saint-André, et le *Kritt,* qui, bien qu'appartenant à la commune voisine d'Eichhoffen, rassemble aussi de nombreux propriétaires d'Andlau.

S'y ajoutent les deux clos du village : le clos historique du *Rebgarten* – une vingtaine d'ares murés au cœur de l'agglomération – et le clos du *Val d'Eléon,* vieux vignoble abandonné et remis en valeur récemment (voir page 57).

Le Moenchberg

Grand cru classé en 1983. Superficie : 12 hectares. Exposition : sud, sud-ouest. A cheval sur Andlau et Eichhoffen, ce « mont des moines » doit son nom aux Bénédictins de l'abbaye d'Altorf, qui le mirent en valeur dès le XIe siècle. C'est un long coteau dont le versant méridional, seul classé, descend en pente douce – 260 à 230 mètres – vers le village d'Eichhoffen. Son sol est un mélange argilo-limoneux, de texture fine, qui devient marno-calcaire vers la crête et franchement argileux en bas de côte. La forme légèrement incurvée du coteau, son orientation se prêtent à un ensoleillement important. Dans sa partie supérieure, le *Moenchberg* produit surtout du Riesling, au style très distinct de celui de ses deux pairs : fruité, chaleureux, plus immédiatement expressif mais de moins longue garde. Tokay-Pinot gris et Gewurztraminer sont minoritaires : récoltés dans le bas du coteau, ils montrent généralement une bonne richesse.

Domaine Marc Kreydenweiss

Au bas du Kastelberg, les pieds trempant quasiment dans la bouillonnante rivière Andlau, la vieille et belle maison de Marc Kreydenweiss pourrait suggérer un point de rencontre idéal entre la terre et l'eau, les deux éléments nourriciers de la vigne et du vin. La vocation vineuse de l'endroit ne surprendra donc pas.

Marc Kreydenweiss a succédé en 1971 à son père, lequel avait repris la succession de son beau-père, Fernand Gresser, lui-même héritier d'une dynastie de vignerons « faisant de la bouteille » depuis 1850. Il poursuivit d'abord dans le sillage paternel, reprenant à son compte les techniques courantes, puis modifia peu à peu son approche du vin, pour en venir, en 1982, à changer radicalement ses méthodes de viticulture et de vinification. Plus récemment, il a reconverti son vignoble à la culture en biodynamie, dont il se veut un adepte raisonné.

A l'évidence passionné, mais de manière intériorisée, le doux Marc Kreydenweiss a le débit mesuré, économe, qui trahit de profondes convictions. Il dispose maintenant d'un beau patrimoine de vignes (10,5 ha), entièrement situé sur Andlau, où, en orfèvre accompli des terroirs, il collectionne les crus, clos et lieux-dits. D'abord, il est propriétaire dans les trois grands crus : le *Kastelberg* (1 hectare, riesling) le *Wiebelsberg* (1 hectare, riesling) et le *Moenchberg* (0,80 ha, pinot gris). Il possède ensuite le *Clos Rebgarten*, un clos de 20 ares, situé au cœur du village, ayant appartenu aux religieuses d'Andlau : derrière le mur en pierre du XIIIe ou du XIVe siècle se plaît le muscat, sur des sables de grès vosgien.

Un autre clos s'y ajoute désormais, cette fois-ci créé de toutes pièces, dans une petite vallée cachée à l'écart du village. C'est le *Clos du Val d'Eléon*, une pièce de 1,20 ha défrichée sur un site autrefois viticole, et reposant sur le rare schiste de Villé, une formation qui remonte au Précambrien. Complanté de riesling (70 %) et de pinot gris (30 %), ce vignoble ressuscité est conduit en vignes larges et totalement enherbé, contre les risques de ravinement. Exploité par un groupement financier agricole (qui rassemble, autour de Marc Kreydenweiss, plusieurs amateurs étrangers), il a donné sa première récolte en 1990, dès la quatrième feuille, les deux cépages étant vinifiés ensemble. Et sur l'autre versant de ce vallon enchanteur, où s'égosillent les oiseaux, attend un autre hectare du Précambrien, à conquérir bientôt sur la forêt...

Marc Kreydenweiss dispose encore de 4 hectares – le plus gros morceau du vignoble – sur le *Kritt*, terroir constitué de divers dépôts de solifluxion, où il cultive conjointement le pinot blanc et le gewurztraminer. Le *Lerchenberg* (80 ares), fait de moraines argileuses, est consacré au pinot gris, tandis que les granites d'Andlau se partagent riesling et pinot noir (1,5 ha). Taillées court, en semi-arcure, les vignes du domaine sont traitées de façon homéopathique, selon le délicat calendrier qui régit la culture biodynamique. La maturité maximale est recherchée lors de la vendange, et les tries sont systématiques. Les vieux ceps sont précieusement épargnés : ainsi les vignes cinquantenaires du Wiebelsberg semblent-elles parties, selon leur propriétaire, pour doubler leur âge.

Le méticuleux Marc Kreydenweiss conclut sa démarche à la cave, par une vinification simple et soignée : pressurage doux, en grains entiers, sur pressoir pneumatique – qui évite notamment les arômes fortement pétrolés du riesling, dus, selon lui, à la conjonction de la maturité et du broyage excessif des baies –, écoulage direct, fermentations conduites entre 18 et 20 °C, en foudres de bois, repos sur lies fines, préfiltration, mise en bouteilles à la fin juin, après aération et filtration sur plaques. Pour les rouges, Marc Kreydenweiss, revenu des vins trop colorés et serrés, emploie une méthode originale : maintien au froid (8-10 °C), pendant une dizaine de jours, des raisins égrappés avant de démarrer la fermentation, macération seulement sur la durée de la fermentation, afin d'éviter trop d'extraction tannique.

Les vins du domaine se caractérisent par leur finesse, leur maturité, leur persistance. Sur leurs étiquettes – toutes rehaussées par une composition originale, signée d'artistes aussi variés que Ungerer, Kaminski ou Ruhlmann –, le nom du terroir apparaît sur le même pied d'égalité que le cépage, la préséance étant néanmoins accordée au premier.

Le *Kritt Pinot blanc* montre l'attention que Marc Kreydenweiss prête à ce cépage, toujours vendangé à pleine maturité (1991 ample, souple et rond ; 1990 au nez de fleurs et de fruits exotiques, riche, velouté, d'une grande douceur parfumée). Le *Kritt Klevner*, lui, est issu du même cépage, mais récolté à vraie surmaturité. Cela fut un parti pris pour les millésimes 1985, 1988, 1989 et 1990, et montre les capacités du pinot blanc dans le temps (1990, vendangé avec 50 % de botrytis, aux arômes exubérants de pamplemousse, d'abricot sec et de pêche mûre, assortis d'une pointe de café ; 1985 au bouquet pénétrant, très uni en bouche, distingué et toujours athlétique).

Le Muscat du *Clos Rebgarten* est un séducteur, quoique sur un mode réservé (1991 au nez subtil mais retenu, dévoilant son petit croquant à l'attaque, avant une bouche linéaire et solidement structurée ; 1989 cueilli à légère surmaturité, délicatement muscaté, bien tenu en bouche, une fine acidité soulignant la longue finale).

L'*Andlau Pinot noir* traduit bien son style de vinification et en retire un surcroît d'élégance (1991 au fruité bien présent, avec des relents de griotte et de poivre, fringant et étoffé sous sa robe légère).

Dans la cave de Marc Kreydenweiss.

Le *Clos du Val d'Eléon* ne porte bien sûr aucune indication de cépage. Le riesling lui apporte sa tenue, le pinot gris sa touche de rondeur et de gras, en le rapprochant peut-être d'un Savennières, sans doute grâce à l'identité du sol schisteux (1991 plein, long et frais, sur une délicate amertume et des senteurs de tilleul ; 1990 au nez pierreux relevé d'une touche fruitée, consistant, velouté, avec une belle astringence). Un grand vin sec à suivre.

Le Riesling, chez Marc Kreydenweiss, est naturellement à la fête. La finesse ici prédomine, recherchée d'ailleurs par le biais d'une maturité sensible, laissant souvent 5 à 6 g de sucre résiduel : *Andlau Riesling* d'abord (1991 ferme, plein, de bonne longueur ; 1990 au nez agrumeux, très vertical, à la bouche harmonieuse, assez grasse, avec une belle finale acide) ; *Wiebelsberg Riesling* ensuite, plutôt féminin (1991, tri de vieilles vignes, dense, soyeux et fin ; 1988 tendre et voluptueux, quoique parfaitement rectiligne) ; *Kastelberg Riesling* enfin, grand vin lent à se faire (1991 issu de vignes d'environ 20 ans, encore sur le fruit et la fraîcheur de la prime jeunesse ; 1983 en pleine maturité, ajoutant à son nez minéral des nuances de tilleul, de miel et de cannelle, droit, profond, rigoureux dans une texture combinant souplesse et astringence).

Le Tokay-Pinot gris, fort agréable sur le *Lerchenberg* (1991 joliment ficelé avec sa touche fumée) gagne une réelle distinction sur le *Moenchberg* (1991 subtil et frais, à la bouche très friande ; 1990 VT, 16 ° naturels, ample et développant un puissant arôme d'ananas ; 1990 SGN, 20° naturels, chatoyant, sans lourdeurs malgré 150 g de sucre résiduel). Le Gewurztraminer, de son côté, provient exclusivement du *Kritt* et se distingue par sa netteté et sa prestance (1991 floral et aérien ; 1988 SGN aux senteurs de rose, de litchis et de bois exotique, tout en extrême finesse et délicates rémanences).

Quoi de plus probant que ces vins pour encourager la démarche de Marc Kreydenweiss, vigneron contemplatif et efficient, qui a su, avec quelques autres, redonner au village d'Andlau son rang de haut lieu de l'Alsace.

• **Domaine Marc Kreydenweiss**, 12, rue Deharbe, 67140 Andlau.

Les Hospitaliers du Haut d'Andlau

Le chef garni d'un large bonnet rouge, les épaules recouvertes d'une ample cape de même couleur, à parements d'or, les membres de la *Confrérie des Hospitaliers du Haut d'Andlau* ont ressuscité depuis 1980 les traditions d'hospitalité et de bon vin dont s'honoraient déjà leurs devanciers médiévaux. Sainte Richarde, fondatrice de l'abbaye d'Andlau, avait en effet assigné à son établissement un rôle hospitalier – accueil des pauvres et soins aux malades –, que reprirent plus tard les confréries d'entraide de quartier, dont celle du Haut d'Andlau, qui participèrent à la fondation de l'hôpital communal, en 1308.

A partir du XVe siècle, l'abbesse nomma au sein de ces confréries des « goûteurs et porteurs » de vin, chargés de garantir la qualité dans les transactions. Ce service des gourmets persista jusqu'au XIXe siècle. Aujourd'hui, c'est surtout à la défense des crus d'Andlau que se vouent leurs modernes successeurs. La confrérie, qui se veut « hospitalière, vinique et gastronomique », est conduite par l'indéfectible duo que forment le comte Roland d'Andlau, grand hospitalier, et Rémy Gresser, grand chancelier.

Domaine André et Rémy Gresser

La cave d'André et de Rémy Gresser – qui tous deux ont présidé le syndicat viticole d'Andlau – se tapit au fond d'une discrète ruelle, derrière l'école du village. C'est là qu'élut domicile, en 1667, leur ancêtre, qui venait de Fribourg, en Suisse, et qui épousa une fille Spinner, dont la famille résidait à Andlau depuis le XIIe siècle.

Solide chaînon de cette longue lignée, Rémy Gresser, qui tient désormais les rênes du domaine familial, est une forte personnalité du vignoble, au roboratif franc-parler. Scrupuleux gardien de l'orthodoxie des terroirs, impétueux défenseur d'une éthique professionnelle, portant haut sa culture alémanique, ce vigoureux dialecticien s'emporte vite contre les égarements de l'heure, de l'abus des récoltes tardives à la non-vérité des prix. Il prône volontiers un idéal du vigneron alsacien, fait à la fois de probité, d'identité culturelle assumée, de respect et d'humilité devant la nature. Rémy Gresser, en tout cas, ne laisse pas indifférent : la forme peut sembler parfois rugueuse, mais les idées retiennent.

Le vignoble familial compte 10 hectares, dont un quart dans la trilogie des grands crus andlauviens : *Kastelberg* (40 ares), *Wiebelsberg* (1 hectare) et *Moenchberg* (1 hectare), tous trois plantés exclusivement en riesling. Le riesling domine d'ailleurs l'encépagement du domaine (40 %), le reste étant composé surtout de gewurztraminer (25 %) et de pinot gris (20 %). La propriété est également présente sur deux lieux-dits réputés : le *Brandhof* (Andlau), au sol très calcaire, favorable aux pinots gris et noir ainsi qu'au muscat, et le *Kritt* (Eichhoffen), terroir gravelo-argileux propice au gewurztraminer. Il est à souligner que 60 % de l'ensemble des parcelles atteint ou dépasse 35 ans.

L'écartement des vignes varie de 1,50 m, en coteau, à 1,80 m, dans les autres situations. Rémy Gresser s'attache à leur prodiguer des soins adaptés : enherbement un rang sur deux, le premier rang étant travaillé, le second planté de seigle l'hiver, éclaircissage en cas de surcharge des pieds... Avec ses confrères propriétaires en Kastelberg et Wiebelsberg, il fait procéder sur ces secteurs à des traitements par hélicoptère. Soucieux d'une lutte raisonnée contre les parasites, en limitant les insecticides, il participe depuis 1988 à un programme – très prometteur – d'essais contre le ver de la grappe, grâce à une guêpe (« trichogramme ») dévoreuse des œufs du ver ; parallèlement, il expérimente un produit antiver de la grappe biologique.

Rentrée à la main, la vendange passe sur un pressoir pneumatique programmé (Diemme), que Rémy Gresser qualifie d'« intelligent », car doté d'un logiciel exclusif, qu'il a spécialement conçu avec le constructeur et un œnologue. Ce programme – à travers tout un réseau de sondes – pemet notamment des infléchissements instantanés du cycle de pressurage, en fonction de la structure de la baie, et réduit au minimum les déchets de presse. Un micropressoir, de conception identique, le double, pour procéder à des cuvées-échantillons.

Les locaux vinaires sont traditionnels : cave ancienne avec ses foudres de bois et cuverie attenante, où cohabitent l'inox, l'acier émaillé et le ciment revêtu. Une cave de stockage (fûts et bouteilles), située à la périphérie du village, complète la propriété. Rémy Gresser, qui pratique volontiers une macération pelliculaire sur ses muscats, ne recourt pas aux fermentations à basse température, bien qu'il assure une sévère thermorégulation de ses cuves. Les pinots noirs subissent une macération. Les mises en bouteilles sont échelonnées entre juin et septembre.

A l'instar de leur fougueux propriétaire, les vins du domaine ne recherchent pas délibérément le côté commercial. Ce sont plutôt des vins de connaisseurs, ambitieux, sérieusement construits, surtout dans la catégorie des Riesling, dont Rémy Gresser est un incontestable spécialiste. Sur l'étiquette, ils déclinent prioritairement le nom du cru, du lieu-dit ou du village, avant l'indication du cépage (on notera au passage les analogies entre les deux domaines Gresser).

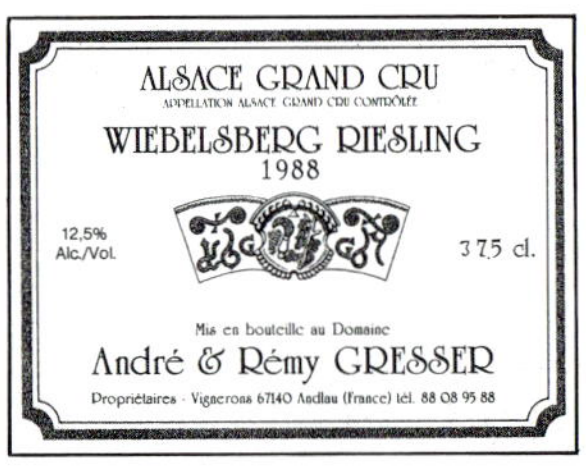

La haute stature du Riesling domine la cave : *Moenchberg Riesling,* que son origine marno-calcaire rend précocement savoureux (1989 à consonances florales, nerveux, friand, avenant) ; *Kastelberg Riesling* sévère et racé, véritablement taillé dans son schiste natal (1990 au nez de pierre à fusil, vigoureux, d'un abord encore austère) ; *Wiebelsberg Riesling* puisant dans le

Andlau en sa vallée. Au premier plan, la chapelle Saint-André ; au fond, l'église abbatiale.

grès sa profondeur et son élégance (1988 aux délicieux accents fruités et végétaux, frais, charnu, plein de finesse). Ces deux derniers vieillissent avec infiniment de noblesse, ainsi qu'en témoigne une *Sélection vieilles vignes* (70 ans) du *Wiebelsberg Riesling* : 1985 puissant, concentré, parfaitement sec, malgré sa grosse richesse naturelle, relevé d'une fine amertume, sa finale minérale marquant la résurgence du terroir ; somptueux 1983, or bronze, sentant le fossile et le tilleul, ample, soyeux, long et impérieux en bouche, sur des notes amères de gentiane et des odeurs de terre. Rémy Gresser, qui se flatte d'avoir produit, en 1983, les premières vendanges tardives d'Andlau, vinifie parfois de la sorte ce prestigieux cépage : *Moenchberg Riesling* 1989 VT aux arômes de fruits exotiques, à l'acidité incisive, laquelle contrebalance avec tact l'opulence du corps.

Le Brandhof, dans sa partie où les calcaires se mêlent aux schistes de Villé, peut être un grand terroir à Pinot gris. Le *Brandhof Tokay-Pinot gris* de Rémy Gresser se range, en l'occurrence, dans la meilleure catégorie (1991 au beau nez fumé, assorti de quelques touches viandées, plein et long en bouche, très équilibré). En outre, il vieillit à merveille et fait alors de superbes flacons (1983 aux fragrances de raisin mûr et de noisette grillée, aux riches arômes de bouche, volumineux, très corsé, d'une réjouissante opulence). La partie purement calcaire du Brandhof accouche, elle, de jolis muscats (*Brandhof Muscat d'Alsace* 1990 au nez fleuri, souligné par une courte macération pelliculaire, fin, léger, très sec).

L'*Andlau Gewurztraminer*, s'il ne se recommande d'aucun lieu-dit d'origine, n'en est pas moins un vin attractif (1989 à la richesse d'une vendange tardive, mais non déclaré comme tel, précis, aromatique, élégamment fondu), auquel la pourriture noble confère une dimension supplémentaire (1990 surmonté d'un beau complexe floral, rigoureux, harmonieux et long en bouche, sans empâtement ni effet superflu).

Voilà une gamme de vins qui ne concèdent pas volontiers au spectacle mais, comme l'entend Rémy Gresser, prétendent offrir une « aventure organoleptique » dans chaque verre.

• **Domaine André et Rémy Gresser**, 2, rue de l'École, 67140 Andlau.

D'AUTRES BONS PRODUCTEURS

• **André Durrmann**, 11, rue des Forgerons, 67140 Andlau *(grands crus Kastelberg et Wiebelsberg)*.
• **Guy Wach (Domaine des Marronniers)**, 5, rue de la Commanderie, 67140 Andlau *(grands crus Kastelberg et Moenchberg)*.
• **Marcel Schlosser (Domaine du Vieux Pressoir)**, 7, rue des Forgerons, 67140 Andlau *(grands crus Wiebelsberg et Moenchberg)*.
Voir aussi :
• **Émile Boeckel**, à Mittelbergheim *(grands crus Wiebelsberg et Moenchberg)*.
• **Armand Gilg et Fils**, à Mittelbergheim *(grand cru Moenchberg)*.
• **Charles Wantz**, à Barr *(grand cru Wiebelsberg)*.

Nothalten Epfig

Le village de Nothalten.

Long village-rue, uniquement ponctué par deux placettes avec leurs fontaines Renaissance, Nothalten cache derrière son apparente indolence une importante activité viticole : plus de 200 hectares exploités. La commune se flatte surtout de posséder, dans un discret vallon auquel on accède par une petite route buissonnière, le grand cru *Muenchberg*, tout près duquel se situe un autre lieu-dit réputé, le *Heissenberg*.

A quelques kilomètres, Epfig montre une allure aussi quiète, troublée seulement par le bruyant passage de la nationale 422. Quoique délaissée par la « route du vin », c'est pourtant l'une des communes les plus viticoles d'Alsace (350 hectares en production) : la deuxième du Bas-Rhin, derrière Dambach-la-Ville. Epfig et son vignoble étaient dans la mouvance des évêques de Strasbourg et maints établissements religieux - la proche abbaye de Baumgarten, l'abbaye de Marbach, le monastère d'Ebersheimmünster en pays badois - y eurent leurs vignes. Ici, point de grand cru, mais un remarquable lieu-dit, le *Fronholz*, éminence solitaire au milieu de la plaine du Rhin.

Il faut citer également, dans le voisinage, le village perché d'**Itterswiller**, qui cultive des vignes autant qu'une profusion d'auberges à l'endroit des touristes, et les villages de **Bernardvillé** et de **Reichsfeld**, logeant dans une petite vallée encaissée de la montagne et dont les vins, déjà légèrement marqués par l'altitude, ont beaucoup de fraîcheur et de tonus.

Domaine Ostertag

Epfig est une bourgade viticole quelque peu assoupie, dont le prince est un jeune homme devenu vigneron. Ame vive d'un domaine en lisière de village, André Ostertag a réellement choisi d'être vigneron : d'abord par vague nécessité - lycée de Beaune infléchissant une trajectoire scolaire engagée différemment, débuts hésitants sur l'exploitation de son père, Adolphe Ostertag -, puis peu à peu par vocation réelle. Aujourd'hui, la passion de la vigne et du vin le cheville à sa terre, aussi sûrement que plusieurs mètres de racines soudent un cep au sol.

Résidant à Strasbourg - tout près de la cathédrale aimée, à laquelle il a dédié un poème-vidéo titré *Déclaration d'amour* - et prenant chaque jour le chemin de sa cave, André Ostertag, vigneron de la ville et des champs, n'est pas tout à fait un producteur comme les autres. Coulé dans le vif-argent, doué d'un sens poétique certain et d'un instinct non moins sûr de la communication, ce tempérament de braise a incontestablement apporté au domaine familial une forte valeur ajoutée dans l'ordre de l'image et de la reconnaissance.

Non-conformiste méthodique, il a bousculé les habitudes anciennes, les choix œnologiques, et surtout le discours du vin, domaine où il excelle. Il fut ainsi le premier, avant que beaucoup d'autres ne s'y engouffrent, à avoir instauré une pertinente distinction entre les « vins de fruit » - vins exhalant le cépage, dans la tradition rhénane - et les « vins de pierre » - vins cristallisant le terroir d'origine, dans une inspiration plus française. Il y a ajouté depuis les « vins de temps » - vendanges tardives et de grains nobles, vins sachant se transmuer au contact du temps, temps climatique et temps-durée.

Depuis des années également, il rédige et publie lui-même, à l'intention de ses clients, une *Lettre du Vigneron*, délicatement illustrée par Christine Colin : feuille hautement personnalisée, sans nul doute la mieux écrite de France, où défilent les multiples facettes de son enthousiasme créatif. Là, dans un style volontiers porté à l'emphase, circulent ses thèmes favoris, et notamment celui de l'Alsace comme lieu de jonction culturelle du Nord et du Sud, de fusion des traditions germanique et latine.

Le Muenchberg

Grand cru classé en 1992. Superficie : 18 hectares. Exposition : sud. Ce « mont des moines » tire son nom d'une ancienne implantation cistercienne, celle de l'abbaye de Baumgarten, autrefois sise à Bernardvillé et dont les frères convers défrichèrent le coteau au XIIe siècle. Dominé à l'ouest par la masse de l'Ungersberg, qui culmine à 901 mètres et l'abrite des pluies, le *Muenchberg* se déploie en croissant jusqu'à un étranglement naturel de la vallée, qui le clôt pratiquement à l'est. Le site, dérobé aux yeux des passagers de la « route du vin », est d'une grande beauté. Sol et sous-sol sont riches en matériaux volcaniques et sédiments primaires ; le grès rose, dominant, donne une terre pauvre et sableuse, se réchauffant rapidement. La forme en amphithéâtre du coteau, son orientation plein sud, la protection des reliefs circonvoisins déterminent en outre un microclimat chaud, d'allure méridionale. Le Riesling a toujours été privilégié sur le *Muenchberg :* vins élégants, équilibrés, pétrolant finement.

André Ostertag aime aussi mêler le vin à ses préoccupations esthétiques. A preuve les multiples métamorphoses de l'agneau pascal sur l'étiquette (son nom signifie «jour de Pâques» en alsacien), depuis le délicieux animal portant bannière du début jusqu'au troupeau d'aujourd'hui, moutonnant tel un chaos de pierre (une composition de l'artiste catalan Marcel Gili). A preuve aussi les collaborations renouvelées, comme celle du peintre et musicien Daniel Humair, qui a signé le graphisme de *Terres à vins*, un coffret d'art et de vin sorti pour le millésime 1989, dans lequel des flacons de grains nobles sont habillés de leur terre d'origine.

« Dix hectares éclatés en plus de cinquante jardins de vignes reliés entre eux par un même esprit » : ainsi André Ostertag présente-t-il son vignoble dans un « petit glossaire à l'usage des... inconditionnels du Domaine ». Faisons donc le tour du propriétaire, en nous référant aux propos de son meilleur guide. La propriété ne comptait encore qu'un seul hectare, dans les années 60, quand Adolphe Ostertag décida de l'exploiter réellement. Multipliée aujourd'hui par dix, elle s'étend sur Epfig, berceau du père, et Nothalten, village maternel. On y recense trois coteaux majeurs.

Le *Fronholz* occupe le sommet sud et le flanc sud-ouest de la colline d'Epfig. Détaché des contreforts vosgiens, c'est une sorte d'« île dans la plaine », que rafraîchissent les vents de la vallée du Rhin. Marno-argileux sur son flanc (gewurztraminer), il est composé, sur sa partie supérieure (riesling), de sables et cailloux de quartz – « pierre masculine, blanche et dure que l'on trouve sous forme de galets au Fronholz et dans le Rhin ». Ses vins sont minéraux, racés, quoique peu loquaces à leurs débuts. Dissimulant sa courbe gracieuse dans une combe secrète de Nothalten, le *Muenchberg*, classé grand cru, est un terroir propice au riesling, où domine le grès rose des Vosges – « pierre féminine au grain soyeux et chaud, dont sont faits la cathédrale de Strasbourg et le Muenchberg ». Ses vins jouent d'abord l'élégance et l'harmonie. Non loin, le *Heissenberg* (« montagne chaude ») est un autre coteau gréseux, très pentu, exposé plein sud, au microclimat brûlant, qui donne des raisins souvent surmaturés et des rieslings naturellement riches.

Ces trois crus, et le reste du vignoble familial, sont cultivés avec un réel souci de limiter les rendements – « maladie alsacienne en voie de guérison » –, de disposer d'une matière première saine, qu'on récolte à son équilibre optimal, et de préserver un patrimoine de vieilles vignes. Encombrée de fûts, la cave d'Epfig est aujourd'hui exiguë, car conçue à l'échelle d'un vignoble qui fut naguère modeste. Équipée, depuis 1986, d'un pressoir pneumatique (Willmes), elle abrite une cuverie inox et surtout une collection, toujours agrandie, de barriques. Car l'état des lieux reflète l'état d'esprit de leur maître.

André Ostertag s'est en effet distingué par quelques principes personnels de vinification, du moins dans le contexte alsacien. Depuis 1984, il utilise des barriques de 228 litres, où il passe ses pinots blanc et gris, en utilisant du bois neuf pour le second, et parfois le riesling du Heissenberg. Il est également un adepte des macérations pré-fermentaires, de la fermentation malolactique sur le pinot blanc, et ne pratique plus aucune filtration, exception faite des vendanges tardives. Cette non-filtration « permet de sauvegarder l'épiderme du vin, et lui assure une plus grande complexité aromatique et tactile » : il ne sera pas démenti sur ce point.

La manière et le style, logiquement, se retrouvent dans les vins. Ceux d'André Ostertag cultivent un ton élégant, varient leurs registres au gré des cuvées, passant de certains profils aguichants à des formes beaucoup plus épurées. D'une carte déjà vaste, on peut extraire plusieurs « vins de fruit » : le remarquable Sylvaner *Vieilles Vignes* (1990 aux accents de fruits verts, vigoureux, nerveux, richesse et fraîcheur se contrebalançant avec tact, par la grâce d'un rendement de 50 hl/ha) ; le Pinot blanc *Barriques*, dont la filiation bourguignonne est manifeste (1990 rond, gras et beurré) ; l'excellent Riesling *Vignoble d'Epfig* (1990 droit, homogène et incisif, l'acidité ajustant un ensemble bien charnu) ; le Pinot gris *Barriques* (1986 jaune-vert, aux arômes végétaux et toastés, tendre et vif à la fois, avec une bouche ronde et gracieuse, clignant à nouveau de l'œil vers la Bourgogne) ; le Muscat, récolté sur le Fronholz (1990 à l'odeur éclatante du raisin croquant, enjôleur au nez, équilibré, fin, d'une fraîcheur intacte ; 1979 aux arômes de menthe et de jasmin,

Le village d'Epfig.

joliment dessiné, soutenu par une belle acidité et venant rappeler l'ancienne manière de la maison, tout comme les capacités de vieillissement du muscat).

Les « vins de pierre », eux, savent rendre palpables les nuances de leur terre natale. Le Riesling *Fronholz,* avec la réserve qui lui est coutumière (1985 solide, corpulent, large d'épaules). Le Riesling *Muenchberg,* avec son panache habituel et ses promesses d'évolution (1989 au nez opulent, à la bouche crémeuse, très sec malgré des sensations moelleuses dues à la richesse du millésime et à l'absence de filtration ; 1985 pétrolant délicatement, vif, souple et enveloppé ; 1983 minéral en diable, ferme, étoffé, d'une rectitude sans faille). Le Riesling *Heissenberg* enfin, avec sa générosité un peu facile (1989, passé en barriques, gras et aromatique, au bois nettement perceptible).

Excepté quelques précédents (Gewurztraminer 1983), André Ostertag est venu assez récemment aux vendanges tardives, qu'il récolte avant toute atteinte du botrytis et vinifie en appuyant peu la note alcoolique, afin d'obtenir légèreté et digestibilité. Habillés d'une étiquette originale, dont le bandeau de couleur différencie chaque cépage, ces « vins de temps » surprennent effectivement par la pureté de leur caractère et leur facilité à être bus : Riesling *Muenchberg Vieilles Vignes* 1989 VT, élégant, caressant, dans un registre aérien ; Gewurztraminer *Fronholz* 1989 VT, 11°9 et 33 g de sucre résiduel, fin, onctueux, ayant bien digéré sa sucrosité, exprimant avec pudeur son cépage ; Tokay-pinot gris *Muenchberg* 1989 VT, vinifié en barriques aux deux tiers neuves, à la bouche pleine et épaisse, au boisé appuyé.

Les premières sélections de grains nobles ont été obtenues en 1989, sur des raisins entièrement botrytisés et cueillis baie à baie. Cela a donné le trio précédent, mais avec des vins annonçant de 18°5 à 26° naturels : des nectars majestueux, d'une longueur extrême, commercialisés exclusivement en demi-bouteilles et dans le coffret déjà cité.

Il serait injuste d'oublier le Crémant du domaine, un extra-brut millésimé, conservé sur lie près de 30 mois, non dosé, et dont l'intitulé en forme d'incipit – « L'Autre jour, les étoiles » – souligne qu'il entend s'écarter des voies banales de la bulle. En fait quelques étoiles de plus à accrocher à l'entrée de la cave d'André, dont la geste impétueuse – nourrie de références surréalistes – a su réveiller (un peu) Epfig l'endormie, mais surtout distraire salutairement l'Alsace d'une quiétude parfois ronronnante.

• **Domaine Ostertag**, 87, rue Finkwiller, 67680 Epfig.

Domaine Julien Meyer

Donnant sur la longue artère du village, ce domaine vit sa réputation bâtie grâce à Julien Meyer, qui, dès avant-guerre, pratiquait la mise en bouteilles *in situ*. A sa disparition, en 1967, son épouse poursuivit l'exploitation, avant que leur fils Patrick ne reprenne à son tour, en 1985, les rênes de la propriété, avec sa sœur Marie-José, et n'en double quasiment la superficie, qui atteint maintenant 8 hectares.

L'orgueil du vignoble familial, ce sont bien sûr les parcelles du grand cru *Muenchberg* : 30 ares de vignes approchant 20 ans, auxquelles s'ajoutent 30 ares de toutes jeunes vignes, que Patrick Meyer taille en Guyot simple, avec petite arcure. Mais d'autres lieux-dits le composent. Le *Zellberg* (60 ares), terroir argilo-calcaire exposé sud/sud-est, planté en riesling et surtout en sylvaner. Le *Heissenstein* (80 ares) – que Patrick Meyer intitule sur l'étiquette *Les Pierres Chaudes* –, un coteau d'arène volcanique qui fait face au Muenchberg, et donc expose au nord une pente où se mélangent sables gréseux et argiles blanches schisteuses (y réussissent fort bien les trois pinots). Le *Heissenberg* (70 ares), sur le revers du précédent, brûlant coteau sablo-limoneux qui regarde le sud dans les yeux et où le gewurztraminer tient compagnie au pinot noir et à de vieux sylvaners. Le *Fronholz* d'Epfig enfin (50 ares), dévolu au gewurztraminer.

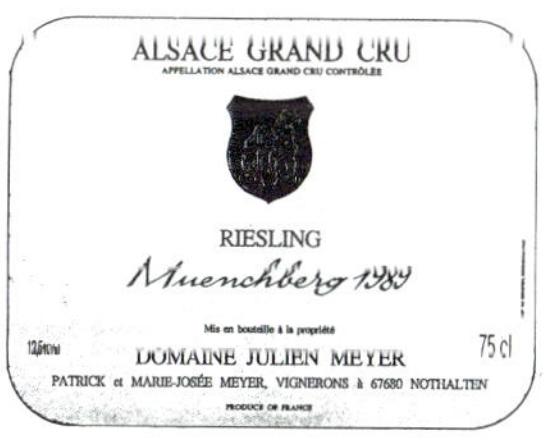

Les vignes, généralement écartées de 2 mètres, sont taillées court, une bonne partie faisant encore l'objet d'une conduite spéciale, en parasol, mise au point par Julien Meyer. Les entrerangs sont enherbés de façon naturelle, avec un labour au printemps. Résolument opposé aux insecticides, Patrick Meyer recourt essentiellement à la bouillie bordelaise et au soufre. Les vendanges sont étalées au maximum, engendrant un grand nombre de lots, et un travail fractionné en cave. Dans le bâtiment récent (qui abrite le vendangeoir et les stocks de bouteilles), la récolte est pressurée en raisins entiers, puis débourbée avec soin, par gravitation. Les moûts prennent ensuite le chemin d'une cuverie inox, où les petits volumes d'accueil correspondent à la volonté de vinifier par lots séparés.

Les fermentations sont conduites à basse température (16 à 12 °C en fin de cycle) et se prolongent souvent plusieurs semaines. La vieille cave mitoyenne – datant de 1705 et conservant son plafond d'époque, en châtaignier – abrite des cuves en béton verré et des fûts en bois, dans lesquels Patrick Meyer loge ses vins à rotation rapide, qui y évoluent plus vite. Les mises en bouteilles sont relativement précoces – mars pour les vins de consommation immédiate, mai-juin pour le gros de la cave –, mais, en revanche, les vins de terroir sont conservés au minimum 1 an avant leur mise en vente. Dans le prolongement de ses deux caves, Patrick Meyer s'est réservé un espace destiné à l'accrochage de toiles contemporaines, dont est friand ce jeune vigneron (l'art et le vin font décidément bon ménage dans ce secteur du Bas-Rhin...).

Les vins de Patrick Meyer cultivent rondeur et élégance, mais leur profil fin n'exclut pas de réelles capacités de vieillissement. Grands crus, vendanges tardives et cuvées spéciales de Tokay-Pinot gris sont proposés en flaconnages particuliers. Le Sylvaner *Zellberg* montre beaucoup d'ampleur, notamment dans une cuvée malicieusement baptisée *92°5 en Novembre* (1989 au nez fumé, résolument sec malgré son opulence naturelle, proche d'une vendange tardive, frais, équilibré, persistant). Le Riesling *Zellberg* joue un registre voisin (1989 aux arômes végétaux, riche, puissant, légèrement amer, à l'avenir garanti), mais c'est dans le grand cru que ce cépage dévoile ses vrais quartiers de noblesse : Riesling *Muenchberg* 1990 marqué par le botrytis, capiteux et flatteur ; 1989 au nez minéral et sévère, à la bouche harmonieuse, pleine et épicée, à l'arrière-bouche très aromatique, sur une note plus fruitée ; 1983 à son optimum, pétrolant avec délicatesse, homogène, subtil et suave en bouche.

Sur ses pinots gris, Patrick Meyer pratique éventuellement une sélection sur pieds, en effectuant, dans les vignes du Heissenstein et du Heissenberg, une première trie des raisins les moins volumineux et des raisins botrytisés (Tokay-Pinot gris *Cuvée Fanny Élisabeth* 1991 aux arômes de poire et de miel, un vin expressif et séduisant, idéal pour accompagner une selle de chevreuil aux airelles, cuite tout juste rose). Il opère de même avec son muscat ottonel, dont il tire une autre cuvée de trie. Les *Pierres Chaudes*, quant à elles, fournissent un fringant Pinot blanc (1991 au nez de pomme, enlevé et bien fini en bouche) et un non moins alerte Pinot noir, vinifié en rouge léger (1991 à la robe cerise, au fruité incisif, relevé de fraîches notes de cassis-framboise).

Si le Gewurztraminer du *Fronholz* traduit bien le côté introverti de son terroir (1989 fin, retenu, sans exubérance immédiate), le Gewurztraminer récolté tardivement ne manque pas de volubilité (1989 VT, ramassé à 125° Oechslé sur une vigne de Saint-Pierre âgée de 60 ans, caressant, soyeux, parfumé, sur des notes de rose, de caramel et de fruits secs, supérieurement équilibré par sa belle acidité naturelle). L'équilibre – celui du vin, celui des prix, celui du vigneron... –, voilà peut-être le maître mot pour résumer cette agréable et très sérieuse propriété.

• **Domaine Julien Meyer**, 14, route du Vin, 67680 Nothalten.

D'AUTRES BONS PRODUCTEURS

Voir :

• **Willy Gisselbrecht**, à Dambach-la-Ville *(grand cru Muenchberg)*.

Blienschwiller

Noyé au milieu des vignes, qui escaladent les coteaux de toutes parts, Blienschwiller est une délicieuse bourgade viticole, où les caves s'alignent côte à côte. Ici, presque tout le monde est vigneron, et une cinquantaine d'exploitations se partagent un vignoble qui dépasse nettement les 200 hectares. Arrondissant ses flancs ensoleillés au-dessus du village, le grand cru *Winzenberg* est la fierté de Blienschwiller, ancienne possession de l'évêque de Strasbourg, où eurent également des vignes les abbayes de Wissembourg et d'Andlau.

Hubert Metz

Face à l'adorable fontaine qui égaye la principale intersection du village, Hubert Metz officie en sa vénérable *Cave de la Dîme*. La propriété s'ordonne en effet autour d'une belle cave dîmière datant de 1728, aux voûtes maçonnées et le long de laquelle s'alignent deux rangées de foudres, tous ornés de remarquables *fassriegel* (verrous de fûts).

Formé à Rouffach, Hubert Metz a repris la succession de son père René en 1972. Depuis lors, ce sympathique et décidé vigneron n'a cessé de faire progresser le domaine familial et de déployer l'éventail de ses vins. Une activité dont il ébrèche quelque temps pour tenir l'orgue paroissial – un instrument de 1737 du facteur Roerer, de la même période que les fameux Silbermann – et travailler le grand répertoire. Son vignoble couvre actuelle-

Le Winzenberg

Grand cru classé en 1992. Superficie : 19 hectares. Exposition : sud, sud-est. S'étageant entre 240 et 320 mètres d'altitude, le *Winzenberg* dresse au-dessus du clocher pointu de Blienschwiller sa forme légèrement bombée. Son sol est composé d'un granite désagrégé, à deux micas, particulièrement vinifère. La longue durée d'insolation du coteau et sa pente accusée se prêtent à la parfaite maturation des raisins, voire à leur surmaturation. Riesling et Gewurztraminer ont la primauté : ce sont des vins aromatiques, volontiers plantureux, d'acidité plutôt basse.

ment 9 hectares, sur Blienschwiller et les bans voisins d'Itterswiller et de Dambach-la-Ville. Plus de 2 hectares sont dévolus au riesling, tandis que gewurztraminer et pinot blanc occupent chacun 1,5 ha, et pinot noir et sylvaner chacun 1 hectare.

Hubert Metz est particulièrement fier de ses vignes de gewurztraminer sur les sables granitiques du grand cru *Winzenberg* (1 hectare), dont certaines parcelles atteignent 40 ans. Sur la même côte, il possède un terroir de composition presque identique, l'*Oberberg*, voué au riesling. Les vignes sont enherbées un rang sur deux, les traitements font la part belle à la traditionnelle « bouillie bordelaise » et Hubert Metz accorde une place grandissante aux vendanges en surmaturité.

Depuis 1985, les raisins passent sur pressoir pneumatique (Willmes), puis les jus sont débourbés statiquement et vinifiés dans les fûts de la cave historique. Ces derniers sont équipés d'un système de drapeaux, qui permet le contrôle des températures de fermentation. Les Crémants, qui représentent 20 % du volume de la cave, sont travaillés à part : le remuage s'effectue dans une dépendance du pavillon familial, en lisière de village.

Sous leur étiquette à l'originale découpe, les vins d'Hubert Metz sont des Alsaces corsés, souples et généreux, qui ne dédaignent point l'appui d'un puissant support alcoolique. Tel est plutôt le registre du Riesling, proposé en trois versions : Riesling de réserve (1991 aux arômes herbeux, de structure assez grasse en dépit de son acidité ; 1990 souple, fruité, typé du cépage) ; Riesling *Oberberg* (1990 issu d'une vendange retardée de 15 jours et mis en bouteilles seulement en mai 1992, à la bouche ronde et suave, aux notes confites, sur un léger fond de sucre résiduel) ; Riesling *Cuvée Saint-Hubert* (1989 plein et gras, bourré de fruit, ne dissimulant pas son évidente richesse).

Le rouge provient pour partie d'une pièce de vigne de 25 ans, dont Hubert Metz tire une cuvée particulière : vendange égrappée, cuvaison d'une semaine en foudres avec pigeage, ajout d'une barrique neuve pour condimenter l'ensemble, pas de filtration, tout cela pour un vin robuste et flatteur (Pinot noir *Vieilles Vignes* 1990 à la robe foncée, au nez surmûri de griotte et de kirsch, bien charpenté, assez alcooleux).

La Cave de la Dîme.

C'est cependant avec le Gewurztraminer qu'Hubert Metz atteint ses meilleurs sommets. Dans ce cépage – exclusif en ce qui concerne la propriété –, le *Winzenberg* donne sa pleine mesure et dévoile son potentiel d'évolution : 1989 embaumant la rose, puissant et expressif en bouche, sur une intense persistance aromatique ; 1988 au nez mêlant le jasmin, la pêche blanche et de fines épices, large de carrure, complexe, d'une grande longueur parfumée ; 1987 très réussi, issu de l'assemblage de deux vendanges successives – la seconde étant botrytisée –, délicat, équilibré, aromatique à souhait, la surmaturation se rappelant en fin de bouche ; touchant 1967, couleur or citron, fleurant la menthe, chatoyant, très fondu, sur une acidité discrète mais efficace.

Néanmoins, Hubert Metz n'en reste pas là et, depuis 1989, il s'adonne au plaisir épicé des récoltes tardives : Gewurztraminer *Winzenberg* 1989 VT aux arômes très purs, à l'étoffe soyeuse, au fruit intense ; 1990 SGN, soit 500 litres au total d'un nectar à 130° Oechslé, venu de la parcelle entière, une quintessence suprêmement harmonieuse de fleurs et de fruits, le raisin même sous sa forme liquide. Voilà des vins plus que recommandables... et tout à fait capables d'inspirer des toccatas à notre vigneron-organiste.

• **Hubert Metz**, 57, route du Vin, 67650 Blienschwiller.

D'AUTRES BONS PRODUCTEURS

• **René Bohn et Fils**, 162, route du Vin, 67650 Blienschwiller *(grand cru Winzenberg)*.
• **François Meyer**, 55, route du Vin, 67650 Blienschwiller *(grand cru Winzenberg)*.
• **Pierre Sperry et Fils**, 3a, route du Vin, 67650 Blienschwiller *(grand cru Winzenberg)*.

Dambach-la-Ville

La chapelle Saint-Sébastien.

Corsetée dans des remparts que fit édifier, en 1340, l'évêque de Strasbourg, la petite cité de Dambach s'ouvre par trois portes-tours sur un vignoble très profus, puisque, avec près de 500 hectares en production, elle est la première localité viticole d'Alsace. A l'intérieur de l'enceinte médiévale, le long de rues étroites, abondent les vieilles maisons vigneronnes à colombages, avec loggias, galeries et encorbellements – notamment autour de la place du Marché, où se dresse un fier hôtel de ville du XVIe siècle, au pignon à redents.

La ville se love au pied d'un important massif boisé (ruines du château de Bernstein), sur le versant duquel s'étage le *Frankstein*, le grand cru de Dambach. A visiter, au sortir de la porte de Blienschwiller, la petite chapelle Saint-Sébastien, au beau milieu des vignes : l'entretien de cet oratoire campagnard, qui renferme un luxuriant maître-autel baroque (fin XVIIe siècle), est assuré par la confrérie locale, dont les parts se transmettent de père en fils.

A quelques kilomètres, l'important vignoble de **Scherwiller** – au pied des forteresses de Ramstein et d'Ortenbourg – est surtout connu pour son Riesling.

Willy Gisselbrecht

Bien éloignée de tout exotisme du vin, la moderne façade de la maison Gisselbrecht se dresse hors les murs de la vieille bourgade médiévale. Cette institution dambachoise fut fondée en 1936 par Willy Gisselbrecht, viticulteur de son état, qui, dans les années 50, y associa ses trois enfants. La maison est aujourd'hui conduite par Léon Gisselbrecht et son frère Jean, rejoints depuis par Philippe, le fils du premier, jeune technicien formé à Beaune.

Le domaine propre de la maison couvre 17 hectares, sur Dambach et les communes avoisinantes (Dieffenthal, Scherwiller, Nothalten, Epfig), tandis que l'activité de négoce correspond à l'apport d'environ 160 hectares. Réparti de façon équivalente entre plaine et coteaux, le vignoble familial recouvre deux grands crus : le *Frankstein* à Dambach (1,5 ha, riesling, pinot gris et gewurztraminer)

Le Frankstein

Grand cru classé en 1992. Superficie : 56 hectares. Exposition : est, sud-est. Vaste côte à plusieurs mamelons, le *Frankstein* – 220 à 310 mètres d'altitude – bénéficie des premiers rayons matinaux, qui viennent réchauffer son sol d'arène granitique (granite à deux micas), aux bonnes capacités drainantes. Sur ces pentes où l'évêché de Strasbourg récoltait dès le XIVe siècle réussissent particulièrement le Riesling et le Gewurztraminer : vins floraux, amples en bouquet, développés en bouche.

et, depuis peu, le *Muenchberg* à Nothalten (1,7 ha, riesling exclusivement).

La vendange est prise en charge par une batterie de 5 pressoirs Vaslin, auxquels s'ajoute un pressoir pneumatique, puis est descendue en cave, laquelle s'étage sur deux sous-sols. Construite en quatre tranches chronologiques - de 1962, pour les premières cuves en béton verré, jusqu'à 1984, pour les cuves inox -, la cuverie comporte également des foudres traditionnels, ainsi que des microcuves en inox ; les rouges sont vinifiés en cuves Vinimatic. L'embouteillage s'effectue sur du matériel performant et le stockage est très fonctionnel. La maison conserve effectivement une année de vin d'avance, ce qui n'est nullement négligeable lorsqu'on sait que 1,8 million de cols sortent annuellement de ses caves.

Les Alsaces Willy Gisselbrecht sont des vins secs, d'une facture toute classique. La maison est une bonne spécialiste du Riesling, qu'elle décline, à la manière du négoce, en de multiples cuvées : générique, réserve, réserve spéciale, sigillée (Riesling *Sigille Confrérie* 1985 élégant, harmonieux, discrètement hydrocarburé). Triomphent naturellement dans ce cépage les deux grands crus (Riesling *Frankstein* 1989 aux arômes de terre et de pêche, avec du fruit et de l'allonge ; Riesling *Muenchberg* 1989 au nez minéral, marqué d'une pointe exotique, au corps racé et bien équilibré).

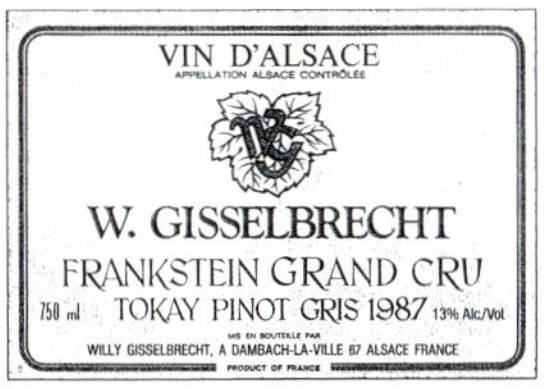

Le *Frankstein* révèle également ses qualités en Tokay-Pinot gris (1989 miellé, puissant, riche en bouche) et en Gewurztraminer (1989 au nez à dominante de rose, à la bouche poivrée, au corps bien enrobé). A souligner que les cuvées sigillées vieillissent souvent avantageusement (Gewurztraminer *Sigille Confrérie* 1986 joliment coulant et parfumé, avec ses notes de violette ; 1979 au nez de caramel et de fleurs, soyeux et fondu, très agréable en bouche).

• **Willy Gisselbrecht**, 3a, route du Vin, 67650 Dambach-la-Ville.

D'AUTRES BONS PRODUCTEURS

• **Jean-Claude Beck**, 16, rue Irma-Mersiol, 67650 Dambach-la-Ville *(grand cru Frankstein)*.
• **Schaeffer-Woerly**, 3, place du Marché, 67650 Dambach-la-Ville *(grand cru Frankstein)*.
• **Ruhlmann-Dirringer**, 3, impasse de Mullenheim, 67650 Dambach-la-Ville *(grand cru Frankstein)*.
• **Beck-Hartweg**, 5, rue Clemenceau, 67650 Dambach-la-Ville *(grand cru Frankstein)*.
• **Cave vinicole de Dambach-la-Ville**, 2, rue de la Gare, 67650 Dambach-la-Ville *(grand cru Frankstein)*. Voir Cave vinicole d'Eguisheim.

A Dambach comme ailleurs, le petit tracteur vigneron, silhouette familière des vignes alsaciennes.

Kintzheim Orschwiller

Tous deux aux pieds du château du Haut-Kœnigsbourg, qui les toise de sa superbe hauteur, ces deux villages voisins bouclent le parcours en Bas-Rhin de la « route du vin » : Kintzheim, avec son enfilade de maisons anciennes, le long de sa rue montante, Orschwiller, avec son église baroque au milieu des vignes. L'activité viticole les réunit d'ailleurs, notamment à travers le grand cru *Praelatenberg* : si celui-ci dépend entièrement du finage de Kintzheim, il est exploité en très large majorité par les viticulteurs d'Orschwiller.

En 1988 naissait la *Confrérie Haut-Kœnigsbourg*, qui étend son ressort sur Kintzheim, Orschwiller, Châtenois et la commune haut-rhinoise de Saint-Hippolyte. Cette société bachique – qui siège dans le château même de Guillaume II – entend revitaliser la tradition de l'ancienne « Côte du Haut-Kœnigsbourg », dénomination sous laquelle s'affichaient autrefois les vins locaux : chaque année, à l'issue d'une dégustation comparée, elle décerne des prix d'excellence aux meilleures cuvées de sa « juridiction ».

Domaine Siffert

La cave, récente, borde la « route du vin » à la sortie du village, à quelque 250 mètres de la borne qui marque le passage en Haut-Rhin. La famille Siffert n'en est pas moins vigneronne à Orschwiller depuis 1792, Maurice ayant aujourd'hui repris la succession de son père Louis. Ancien de Rouffach, ex-président du syndicat viticole communal, grand amateur de Bordeaux, Maurice Siffert exploite un vignoble de 9 hectares, réparti entre Orschwiller et les communes avoisinantes (Kintzheim, Châtenois, Rodern, Saint-Hippolyte).

Ce vigneron consciencieux, malicieux aussi, est depuis l'origine un défenseur convaincu du grand cru *Praelatenberg*, qu'il déclarait comme tel dès 1966. Il y détient 1,5 ha, composé aux deux tiers de riesling et pour le tiers restant de vieilles vignes de gewurztraminer, plantées en 1959. Le reste de sa production, comme il est d'usage sur la commune, est étiqueté *Coteaux du Haut-Kœnigsbourg*.

L'église d'Orschwiller. Au fond, le Haut-Kœnigsbourg.

Le Praelatenberg

Grand cru classé en 1992. Superficie : 19 hectares. Exposition est, sud-est. Bien que situé entièrement sur Kintzheim, le *Praelatenberg* est détenu et exploité en quasi-monopole par les vignerons d'Orschwiller. Il doit son nom à son ancienne possession par l'abbaye d'Ebersmunster (dont la munificente abbatiale baroque dresse toujours ses trois clochers bulbeux au large de Sélestat). Avec sa courbe majestueuse et la toile de fond du Haut-Kœnigsbourg, c'est l'un des plus beaux coteaux d'Alsace. Montant entre 250 et 350 mètres (20 à 30 % de pente), il est composé de sols bruns colluviaux, d'origine granitique et gneissique, recouverts d'un abondant cailloutis : ce sont des terrains limoneux, sableux à sablo-argileux, laissant apparaître de rares plaques calcaires. Riesling, gewurztraminer et pinot gris s'y accommodent parfaitement, donnant des vins très expressifs à leur apogée.

D'une densité moyenne de 4 400 à 4 500 pieds à l'hectare, les vignes du domaine donnent la primauté au riesling (35 %) et au gewurztraminer (25 %). Elles sont pour moitié désherbées, pour moitié enherbées, alternativement un rang sur deux. La taille est courte (les vieilles vignes de gewurztraminer dépassent rarement 40 hl/ha), les vendanges sont manuelles et échelonnées, de façon à obtenir une maturité biologique optimale.

Les raisins sont pressurés sur Vaslin et, dans la cave souterraine construite en 1981, les fermentations réalisées de préférence en fûts, malgré un volume majoritaire de cuves inox. De la même manière, pendant la phase d'élevage, Maurice Siffert organise une rotation maximale de ses vins dans le bois. Une unité d'embouteillage et un local de stockage sont contigus au cuvier : les mises sont effectuées pour partie à la mi-mai, le reste l'étant fin septembre (crus et meilleures qualités).

Les vins de Maurice Siffert, en reflétant bien les nuances des millésimes, font preuve d'une appréciable diversité. En témoigne la gamme des *Coteaux du Haut-Kœnigsbourg*, à travers le Riesling (1990 gras, minéral, avec une pointe de pêche), le Tokay-Pinot gris (1991 finement fruité, nerveux, déjà épanoui ; 1988 souple, friand, bien évolué) ou encore le remarquable Muscat, récolté sur sol argilo-calcaire et d'une belle longévité (1991 distillant quelques effluves floraux sur un ensemble encore replié ; 1987 mariant au nez la mandarine et les fleurs séchées, très homogène, superbement fondu).

Le grand cru *Praelatenberg*, lui, fournit des vins rarement expressifs avant leur quatrième année mais, en revanche, promis à la garde. Le terroir imprime nettement sa marque au Riesling, pourtant issu de vignes encore adolescentes (moins de 15 ans) : 1991 vif, encore fermé ; 1990 corpulent, minéral, légèrement astringent en finale, demandant à s'unifier : 1988 généreux, opulent, glissant des notes botrytisées au milieu d'une bouche amplement fruitée, relevée d'un peu d'amertume ; superbe 1983 aux senteurs de terre et d'épices, long, charpenté, délicat, petit miracle d'équilibre et de concentration. Quant au Gewurztraminer, il sait tirer profit de ses vignes d'âge mûr : 1990 séveux, corsé (14°8 d'alcool et 13 g de sucre), offrant une matière riche et fondue.

• **Domaine Siffert**, 16, route du Vin, 67600 Orschwiller.

D'AUTRES BONS PRODUCTEURS

• **Raymond Engel et Fils**, 1, route du Vin, 67600 Orschwiller *(grand cru Praelatenberg)*.
• **Claude Bleger**, 23, Grand-Rue, 67600 Orschwiller *(grand cru Praelatenberg)*.
• **Domaine Zimmermann**, 3, Grand-Rue, 67600 Orschwiller *(grand cru Praelatenberg)*.
Voir aussi :
• **Jean Becker**, à Zellenberg *(grand cru Praelatenberg)*.

VILLAGES, CRUS ET VIGNERONS

Entre vergers et plaine d'Alsace, l'église fortifiée de Hunawihr, inamovible sentinelle du vignoble haut-rhinois.

DU HAUT-RHIN

Rodern Saint-Hippolyte

Veillées par la silhouette du Haut-Kœnigsbourg, ces deux localités inaugurent, en venant du nord, l'entrée de la «route du vin» dans le Haut-Rhin. Globalement, le paysage viticole va maintenant s'élargir, l'ordonnance des coteaux se diversifier, en épousant les infinies nuances géologiques du piémont vosgien (ici même commence le richissime champ de fractures de Ribeauvillé).

Rodern est un charmant village vigneron, blotti au creux des vignes, au pied de son fameux grand cru *Gloeckelberg*. Il fut possession de plusieurs grandes familles d'Alsace, en particulier des Ribeaupierre (XIVe siècle) et des Rathsamhausen (XVe siècle). En contrebas, Saint-Hippolyte est une bourgade étirée en longueur, conservant quelques rares vestiges de fortification (Tour des Cigognes) ainsi qu'une grande église gothique remaniée. Elle acquit son nom au VIIe siècle, lorsque Fulrad, abbé de Saint-Denis et fondateur du monastère de Lièpvre, y fit transférer les restes du martyr Hippolyte et établir un second couvent. A partir du XIe siècle, elle appartint aux ducs de Lorraine.

Ces deux villages, totalisant près de 400 hectares de vignes, sont depuis longtemps réputés pour leur vin de pinot noir

Le Gloeckelberg

Grand cru classé en 1983. Superficie : 23 hectares. Exposition : sud, sud-est. Situé essentiellement sur Rodern, avec quelques parcelles sur Saint-Hippolyte, le *Gloeckelberg* jouit d'un microclimat dû à son orientation, à sa pente (forte vers le haut, adoucie vers le bas), à l'abri montagneux et à l'aération que crée l'entonnoir de Rodern. Des aptitudes vinicoles qui n'avaient échappé ni à l'Œuvre Notre-Dame, ni au chapitre de Saint-Thomas de Strasbourg, ni au couvent Sainte-Catherine de Colmar, qui y exploitaient des vignes dès le XIVe siècle. Entre 250 et 360 mètres d'altitude, le terroir est composé de sables granitiques (granite de Thannenkirch), devenant argileux au contact des schistes houillers et des grès du Bunsandstein moyen qui coiffent le coteau. Sur ces sols bruns et acides réussissent particulièrement le Tokay-Pinot gris et le Gewurztraminer : vins harmonieux, nerveux, complexes, évoluant avec bonheur.

Fin de vendanges à Saint-Hippolyte (à droite, la Tour des Cigognes).

(Rouge de Rodern et *Rouge de Saint-Hippolyte)*. Il s'en produit de bonnes cuvées, trapues et fruitées, fleurant la prune, la cerise et le fumé, notamment sur le *Geissberg* de Saint-Hippolyte, et bien entendu sur le *Gloeckelberg* de Rodern.

Charles Koehly et Fils

Christian Koehly, qui a repris la succession de son père Charles, est le troisième du nom sur la propriété de Rodern. Réduite à moins de 2 hectares en 1968, l'exploitation familiale – sur laquelle lui-même travaille depuis 1972 – regroupe aujourd'hui 8 hectares, et s'est imposée comme une spécialiste des crus.

Tempérament de battant, le volontaire Christian Koehly fait partie de ces hussards de l'Alsace qui ont œuvré pour une révolution culturelle du vignoble. Il fut notamment, en 1988, le jeune président du CIVA (Comité interprofessionnel des vins d'Alsace), marquant son passage dans l'instance interprofessionnelle par une politique de communication novatrice (rappelez-vous les « grains de génie »), et rêve aujourd'hui de la mise en place d'une « banque de données » des terroirs. De réelles dispositions au changement qui ne l'empêchent pas, dans son village, de demeurer un vigneron amoureusement penché sur ses vignes et ses cuves.

Le domaine recouvre deux grands crus : 2 hectares sur le *Gloeckelberg* (pinot gris, gewurztraminer) et 1,2 ha sur l'*Altenberg de Bergheim* (riesling, gewurztraminer). Christian Koehly, là comme dans ses autres vignes, pratique l'enherbement alterné et adopte maintenant la taille Guyot simple, un mode de conduite qui, selon lui, aide au développement de la surface foliaire, concourant ainsi à l'augmentation du degré et de l'acidité du vin. Pour ses vendanges tardives, il ne pratique aucune trie, se méfiant des vins purement botrytisés – qu'il qualifie de « platoniques », en perdant leur relation charnelle avec le terroir. Sa cave fait parts égales entre de gros fûts de chêne et de petites cuves de 40 hectolitres en inox, installées en 1981 et conçues pour des vinifications parcellaires.

Dans les vignes de Rodern.

Les vins de Christian Koehly veulent exalter d'abord la personnalité de leur lieu natal. Venu d'un terroir pauvre et acide, le Tokay-Pinot gris *Gloeckelberg* surprend par ses capacités d'évolution : 1988 au nez réservé, à la bouche aromatique et grasse, évoquant des fruits secs ; 1986 ample, fumé, persistant, belle envergure avec quelques notes botrytisées, résultant des effets restrictifs d'un orage de grêle ; remarquable 1983, volumineux, concentré, avec des arômes de fougère, puis de miel et de figue, ramassé sur lui-même, encore jeune ; 1980 floral, élégant, très friand, juvénile ; 1979 surmonté d'un beau nez truffé, joliment présent en bouche, l'alcool se détachant néanmoins quelque peu.

Le Riesling *Altenberg*, lui aussi, est un coureur de fond : 1988 au nez de bonbon mentholé, structuré, équilibré, avec une heureuse finale minérale ; 1987 net, solide, développant perceptiblement son goût de fossile ; 1986 issu d'une vigne de plus de 25 ans (échangée depuis lors, à la suite d'une restructuration du domaine), développant des arômes de fruits verts et de menthe, vif, rémanent, avec une touche rôtie due à la grêle déjà évoquée ; 1985 au grand nez terreux, prolongé par une pointe de miel, vigoureux, droit, au formidable potentiel.

Les vendanges tardives livrent une traduction fidèle du terroir : Riesling *Altenberg* 1989 VT, ramassé lors d'un seul passage, élégant, sans lourdeur (12°5 et 15 g de sucre) ; Tokay-Pinot gris *Gloeckelberg* 1989 VT aux délicieux accents miellés, finement botrytisés (13°8 et 25 g de sucre), harmonieux, digeste.

Christian Koehly soigne ses autres productions, et notamment les rouges de pinot noir, dont il sait bien que Rodern est l'un des terroirs d'élection. Issu de vignes d'une dizaine d'années, à la productivité mesurée, son *Pinot noir de Rodern* macère une quinzaine de jours et passe une année complète en fûts (1990 issu d'un rendement de 45 hl/ha, soutenu en couleur, avec ce nez caractéristique de cerise et de terre brûlée, bâti sur une bonne astringence et une acidité fine).

De nouveaux terrains sont à conquérir, des barrières sont encore à bousculer... Le champ expérimental de l'Alsace, heureusement, reste fort vaste, et donc propre à satisfaire le goût d'agir de vignerons entreprenants comme Christian Koehly.

• **Charles Koehly et Fils**, 36, rue du Pinot-Noir, 68590 Rodern.

D'AUTRES BONS PRODUCTEURS

• **Koeberlé-Kreyer**, 28, rue du Pinot-Noir, 68590 Rodern *(grand cru Gloeckelberg, Rouge de Rodern)*.
• **Georges Klein et Fils**, 10, route du Vin, 68590 Saint-Hippolyte *(Rouge de Saint-Hippolyte)*.
• **Muller-Koeberlé**, 22, route du Vin, 68590 Saint-Hippolyte *(Rouge de Saint-Hippolyte)*.
• **Klein aux Vieux Remparts**, route du Haut-Kœnigsbourg, 68590 Saint-Hippolyte *(Rouge de Saint-Hippolyte)*.
Voir aussi :
• **Cave coopérative de Ribeauvillé** *(grand cru Gloeckelberg)*.

Bergheim

Cruche à vin du XVIIIe siècle, originaire de Bergheim (musée de Kientzheim).

Sertie dans ses remparts, si bien conservés du côté nord qu'on pourrait la croire directement sortie du Moyen Age, mitrée comme un évêque sous son grand clocher solennel, Bergheim est une cité à découvrir. Plusieurs lieux vénérables jalonnent cette ancienne ville libre, émancipée au début du XIVe siècle : la Porte Haute, datée de 1300 (non loin d'un tilleul du même âge), l'église mi-gothique mi-classique, aux dimensions de petite cathédrale, la promenade des remparts, la vieille synagogue...

C'est aussi une ville un peu secrète. Boutiques rares et discrètes, caveaux soigneusement soustraits aux yeux du passant, vignerons retranchés au fond de leurs cours, Bergheim cultive un certain goût de l'effacement et de la tranquillité. Bref, elle est l'antithèse parfaite de ses proches voisines, Ribeauvillé et surtout Riquewihr – ce qui n'est pas sans agrément après tout. La viticulture n'en est pas moins très active : 280 hectares en production. Les dernières maisons de Bergheim touchent le bas de la pente de

L'Altenberg de Bergheim

Grand cru classé en 1983. Superficie : 35 hectares. Exposition : sud. L'*Altenberg de Bergheim* étage ses vignes entre 220 et 320 mètres d'altitude, sur la face pleinement méridionale du Grasberg, qui s'avance comme une sorte d'éperon au-dessus de la plaine d'Alsace. Il est composé de sols marno-calcaires rouges, de faible profondeur, issus de la superposition de calcaires et de marnes du Jurassique moyen et inférieur (Aalénien, Bajocien, Latdorfien) à forte teneur en fer. Les conditions naturelles sont ici particulièrement avantageuses : dualité pente-exposition, protection de la montagne du Taennchel et de la vallée fermée de Thannenkirch, hygrométrie entretenue par le ruisseau du Bergenbach qui coule à ses pieds. Appréciés dès le XIIe siècle, les vins de l'*Altenberg* – Riesling et Gewurztraminer – semblent puiser leur caractère dans la majesté de leur coteau : vins puissants, volumineux et virils, conçus pour la garde.

l'*Altenberg*, son coteau le plus fameux, classé grand cru en compagnie du coteau adjacent, le *Kanzlerberg*. On recense également plusieurs lieux-dits de renom : le *Burlenberg*, le *Grasberg*, le *Burg*, le *Rotenberg*, l'*Engelgarten*, le *Goldesh* et le *Pflaenzer*.

Tout à côté, le petit village de **Rorschwihr** vit presque exclusivement de la vigne. Son finage – où s'approvisionnait jadis l'abbaye d'Ebersmunster, le couvent Silo de Sélestat ou encore les sires de Ribeaupierre – compte quelques bons terroirs, mais aucun grand cru.

Domaine Marcel Deiss

Bergheim est à équidistance du nord et du sud du vignoble, Bergheim est donc le cœur de l'Alsace viticole : difficile de rêver meilleure position pour le plus bouillonnant défenseur des terroirs alsaciens. Jean-Michel Deiss siège donc à Bergheim, à la tête d'un beau et grand vignoble, généreusement dispersé sur 20 kilomètres de coteaux à la ronde. Ce domaine, il le doit d'abord à la pugnacité de son grand-père, Marcel Deiss, militaire, qui le créa au retour de la dernière guerre, bien que sa famille – sans doute originaire du Palatinat – fût déjà installée à Bergheim depuis 1744. Avec l'aide de son fils André, ce dernier arrondit rapidement les 6 ares de son petit patrimoine initial, l'ouverture d'un restaurant aidant à financer les achats de vignes.

Fort aujourd'hui de 20 hectares, le domaine est depuis revenu à Jean-Michel Deiss et à son épouse Clarisse, tous deux animés par le même goût violent de la vigne. Formé à l'école de Beaune mais surtout à celle de Léonard Humbrecht, l'incisif Jean-Michel déborde en effet d'une énergie vitale pour convaincre quiconque de l'incontestable primauté du terroir dans la genèse d'un grand vin, et en conséquence de la non moins évidente supériorité des grands crus sur les autres vins. Et le visiteur de se laisser emporter par ce discours impérieux, dont une bonne dose

Linteau daté, rosier grimpant et porte soleil : une ancienne maison vigneronne de Bergheim.

de malice tempère heureusement l'incandescence, et d'adhérer sans résistance à ce fougueux plaidoyer pour les grands terroirs d'Alsace...

«Plus un vin est grand, c'est-à-dire produit dans des conditions restrictives, plus les caractères gustatifs liés au terroir et à sa permanence prennent le pas sur la typicité liée aux cépages ou aux millésimes», affirme Jean-Michel Deiss. Cette forme d'adage peut servir de guide à la présentation des différents terroirs de son domaine.

C'est d'abord un vignoble de 2 hectares au-dessus du village de Saint-Hippolyte, assis sur des arènes granitiques très filtrantes, où le gewurztraminer et le riesling donnent des vins racés et austères, d'acidité prononcée. Jean-Michel Deiss vient d'y aménager en gradins une magnifique parcelle de riesling et pinot noir, très pentue, jusqu'à la lisière de la forêt *(Langelberg)*. A une dizaine de kilomètres de là, à Mittelwihr et Beblenheim, c'est un autre vignoble de 2 hectares, dont le terrain léger et calcaire – une succession d'anciennes plages marines – engendre un Gewurztraminer charmeur, aromatique et facile à boire. C'est aussi, juste au sud, à cheval sur les villages de Bennwihr et de Sigolsheim, un vignoble de 4 hectares, établi sur les alluvions caillouteuses de la Weiss. Ce terroir s'avère particulièrement propice au riesling et au pinot blanc, qui donnent là des vins tendres, parfumés et très engageants.

C'est enfin, sur les finages de Riquewihr, Ribeauvillé, Bergheim et Rorschwihr, le plus gros morceau du domaine

Le Kanzlerberg

Grand cru classé en 1983. Superficie : 3,23 ha. Exposition : sud, sud-ouest. Situé dans le prolongement de l'Altenberg, c'est le plus exigu des grands crus d'Alsace. Le *Kanzlerberg* surplombe le Tempelhof, une lointaine fondation des Hospitaliers de Saint-Jean de Jérusalem, qui récoltaient déjà sur le coteau. Son terroir est un lourd sol marno-calcaire, sur un substrat combinant des calcaires et marnes gypsifères du Keuper et des calcaires du Muschelkalk. Son altitude tourne autour de 250 mètres, avec une pente assez accusée. Planté dans les trois grands cépages, le *Kanzlerberg* réussit tout particulièrement au riesling, qui donne ici un vin ample, typé, à dominante florale.

(12 hectares), entièrement inclus dans le champ de fractures de Ribeauvillé, où le recoupement de quatre grandes failles nord-sud par une multitude de failles est-ouest a engendré un foisonnement de terroirs, d'une fabuleuse complexité. Là s'émeut la fibre sensible de Jean-Michel Deiss, à dérouler la litanie de ces terres aux aptitudes viniques exceptionnelles. On retiendra bien sûr celles de Bergheim : graves de l'*Engelgarten*, marnes du Keuper composant le *Burg*, calcaire pur du *Grasberg*, superbe crête de calcaire oolithique du *Burlenberg*, ou encore le *Rotenberg*, une dalle de calcaire rouge s'élevant légèrement puis tombant à pic, comme posée sur la plaine au large du village.

Deux grands crus couronnent le vignoble Deiss : l'*Altenberg de Bergheim*, majestueux coteau enflant son ample courbe au-dessus de l'eau vive du petit Bergenbach, et mêlant en un sol rougeâtre des marnes et des calcaires ferrugineux, d'où naissent un Riesling et un Gewurztraminer de haute stature (2,7 hectares) ; le *Schoenenbourg* de Riquewihr, non moins splendide monument naturel au-dessus de la « perle du vignoble », avec ses marnes sous champ d'épandage gréseux si propices au riesling – lequel fournit là un vin de référence, minéral et corpulent (1 hectare).

Sur ces terroirs d'élite, qui « détournent le cépage de leur objet », Jean-Michel Deiss pratique une viticulture scrupuleuse : enherbement alterné – permanent sur un rang, partiel sur l'autre –, rendements assagis par la taille et l'éclaircissement au moment de la véraison... Par-

Surmontée de son clocher monumental, Bergheim, ville tout juste échappée du Moyen Age.

dessus tout, il recherche la maturité physiologique du raisin, estimant à raison qu'elle doit prendre le pas sur la maturité technique, qui ne fait qu'exalter les caractères variétaux. En récolte tardive, il ne pratique pas les tries car, selon lui, elles gomment les caractères du terroir.

A la cave, ses vinifications s'adaptent aux nuances des crus. La vendange parvient au pressoir en grains ronds et entiers, d'où l'on s'emploie, par un pressurage doux et lent, à extraire des jus clairs qui ne seront ni débourbés ni levurés. Une importante batterie de cuves en acier émaillé accueille les vins issus de sols légers, tandis que les foudres sont réservés aux vins de sols lourds, tels ceux de l'Altenberg. Les mises en bouteilles ont lieu en septembre, avant la récolte suivante.

Les vins du domaine, qui veulent convaincre de la suprématie et de la diversité des terroirs, offrent un éventail d'expressions optimal. Le Riesling se prête avec bonheur à la démonstration. Ainsi l'on compare celui de Bennwihr (1991 souple, franc, plutôt gras), celui de Saint-Hippolyte (1991 beaucoup plus strict, assez astringent, avec un arôme de pomme blette) et ceux de Bergheim (*Engelgarten* 1990 de couleur appuyée, net, vigoureux, puissant, avec ses notes citronnées ; goût plus profond et soupçon d'amertume dans sa version *Vieilles Vignes* ; *Grasberg* 1990 au nez conjuguant fruits secs et zeste d'orange, gras et charnu, exhibant violemment son caractère de surmaturité).

C'est néanmoins devant l'éclat du Riesling *Altenberg de Bergheim* qu'il faut régulièrement s'incliner : 1990 riche, étoffé, élégant dans le registre surmûri ; 1989 SGN, 13° et 50 g de sucre restant, à la robe jaune d'or, aux grands arômes de botrytisation, un vin net, complet, très compact, dont la minéralité sous-jacente contrebalance la sucrosité ; 1988 VT, 13° et 30 g de sucre restant, aux accents puissamment minéraux, sur un corps opulent et fruité ; 1987 aux impressions végétales, à la bouche sérieuse, aiguisée par une excellente acidité ; 1983 scintillant d'or vert, au nez de badiane et bois des îles, vigoureux, charnel, regorgeant d'extrait sec, avec ce « goût de fossile » caractéristique de son terroir natal. Mais l'*Altenberg de Bergheim* fait également exulter le Gewurztraminer, qui sait puiser dans le calcaire son fruit et dans la marne sa profondeur de goût : 1988 SGN récolté sans aucune trie, fort néanmoins de 14° et 80 g de sucre résiduel, plein, concentré, très structuré, son tempérament réservé ne faisant qu'accentuer sa race.

Chez Jean-Michel Deiss, il faut accorder une mention spéciale au Pinot noir du *Burlenberg*. De cet altier coteau qui surplombe l'Altenberg – une partie de jeunes vignes, une partie de vignes plantées en 1950, rendant souvent moins de 25 hl/ha –, il tire deux cuvées, l'une élevée en cuves (pour les premières), l'autre en barriques (pour les secondes). Celles-ci sont toujours d'un grand caractère (1990 première version, au ton grenat, aux odeurs de mûre, de cerise noire et de suie, à la bouche légèrement kirschée, longue, pleine et savoureuse, sur un support acide qui la soutient sans défaut).

Comment ne pas évoquer non plus son confidentiel *vin de paille*, qui renoue avec une vieille tradition alsacienne, celle du *strohwein*, qui triompha au XVIIIe siècle. Obtenu par séchage hivernal de grains passerillés, qu'on disposait sur des claies ou suspendait à des crochets, puis qu'on pressurait vers la mi-mars, ces vins de liqueur étaient réservés aux grandes occasions. Plus profondément, dans la mentalité populaire, ils étaient conçus comme des « vins de passage », qu'on dispensait au nouveau-né ou, comme viatique, au mourant. Ceux-ci se vendaient fort cher : Thomas Jefferson, de passage à Strasbourg, s'étonnait de payer une bouteille de vin de paille le prix du salaire annuel d'une servante.

A l'automne 1989, Jean-Michel Deiss, avec des grappes de riesling, de gewurztraminer et de pinot gris ramassées tardivement sur le Burg et l'Altenberg, accrocha 1,5 t de raisin sur les fils d'un vieux séchoir à tabac, dans le village voisin de Guémar. Pressée le 5 mars suivant, la vendange accoucha de 42 litres d'un jus de 36° potentiels, qui fermente toujours, titrant aujourd'hui aux environs de 9°, pour 350 g de sucre résiduel. Cette exceptionnelle liqueur livre à la méditation sa robe cognac, ses fragrances de vieille prune, de noix et de marmelade d'orange, son pur sirop qui n'empâte aucunement tant l'équilibre du vin paraît miraculeux, son infinie longueur en bouche, où s'attarde l'amertume d'une peau de cerneau de noix. Un vin réellement hors du commun, que Jean-Michel Deiss, avec son goût de l'hyperbole, range dans la catégorie des « vins messianiques ».

On le voit, les pièces à conviction ne manquent pas pour nourrir la vibrante plaidoirie de l'inlassable Jean-Michel, l'avocat peut-être le plus bouillant des grands terroirs d'Alsace.

• **Domaine Marcel Deiss**, 15, route du Vin, 68750 Bergheim.

Gustave Lorentz

Nichée au cœur de la vieille cité de Bergheim, presque aussi discrète que la ville elle-même, la maison Gustave Lorentz est une adresse de référence pour tout amateur d'Alsace digne de ce nom. L'arbre généalogique des Lorentz pose son tronc en 1750, date à laquelle les registres communaux de cette ancienne ville libre font apparaître le vigneron Jean-Georges Lorentz. Ses descendants, à côté de leurs vignes, seront aussi tonneliers. C'est en 1836 que Jacques Lorentz, gourmet de son état, créa l'affaire familiale, qui gagna vite en renommée. La maison est aujourd'hui aux mains de Charles Lorentz – qui abandonna ses études de pharmacie pour reprendre la succession qu'avait quittée son frère André – et maintenant de Georges, son fils, qui a été formé à Beaune. Depuis 1972, la maison cousine Jérôme Lorentz est entrée dans son giron, faisant office de seconde marque pour une entreprise maintenant très cossue, qui sort annuellement 1,8 million de bouteilles de ses caves.

La Porte Haute (1300).

Les Lorentz sont profondément ancrés dans le terroir de Bergheim. Ils y détiennent une trentaine d'hectares en propriété, dont 12 hectares sur le fameux *Altenberg*, 1,5 ha sur le *Kanzlerberg* et le reste sur différentes parcelles communales – avec prédominance du gewurztraminer et du riesling. En tant que négociants, ils effectuent leurs achats de raisins à 90% sur Bergheim, notamment depuis la reprise, en 1984, de la maison Jules Muller et Fils. Voilà de quoi typer fortement une production, en donnant la primeur aux sols argilo-calcaires, lourds et humides, qui font la particularité de ce ban. Retranchée derrière les murs d'un pâté de maisons entier, la cave mère s'ouvre sur une vaste cour fleurie, ornée d'un colossal pressoir vertical et sur laquelle donne un chaleureux salon de réception, meublé dans le goût alsacien le plus pur, brillant de tous ses cuivres, bois cirés et vitres colorées. Ici – ou plutôt sur le quai de déchargement, rue des Vignerons – est recueilli l'essentiel de chaque récolte. La cave Jérôme Lorentz, à la périphérie du village, reçoit de son côté les sylvaners et les pinots blancs.

Les vinifications sont conduites par Auguste Baffrey, l'œnologue de la maison. La vendange foulée passe sur une batterie de pressoirs (dont un pressoir pneumatique), puis est écoulée au sous-sol, en

Vendanges au pied de l'Altenberg.

cuves-tampons. Débourbés par centrifugation, les moûts fermentent soit en foudres de chêne, soit en cuves de béton verré, équipées en contrôle des températures. Dégrossissement sur kieselguhr en janvier-février, puis filtration et mise en bouteilles entre mars et septembre, sur une chaîne moderne et performante. La vinification des pinots noirs s'effectue en cuves autovidantes, avec macération de 3 à 4 jours. Les locaux de stockage (palettes) ont une capacité d'environ 2 millions de bouteilles, ce qui permet de débloquer tardivement grands crus et vendanges tardives, avec près de 10 ans de vieillissement pour les plus mûrs d'entre eux.

La carte de la maison Lorentz échelonne les vins en six qualités ascendantes : simples millésimés, réserve, cuvée particulière, cuvée des Trois Épis, sigillés (vins primés par la Confrérie Saint-Étienne), enfin vins de la « grande carte », où sont regroupés crus, vendanges tardives et grains nobles. La *Cuvée particulière* et le grand cru *Altenberg de Bergheim* expriment bien le niveau de qualité que se fixent les Lorentz.

Faisons ainsi la revue des quatre grands cépages. En Riesling : *Cuvée particulière* 1989, corsé, végétal, vendangé assez tôt, sa bonne acidité lui faisant bien passer le cap du millésime ; *Altenberg* 1988, gras, puissant, mais encore replié sur soi ; 1987, aux arômes d'acacia et de bergamote, fin, élégant, vigoureux, avec la fameuse astringence du cru. En Tokay-Pinot gris : *Cuvée particulière* 1989, issu de la deuxième récolte de jeunes vignes, au nez très floral, longiforme en bouche, sur une base grasse et parfumée ; 1988 VT, subtilement campé sur 13°8 d'alcool et 18 g de sucre, discrètement épicé, fin, charpenté, sur la réserve. En Muscat : *Cuvée particulière* 1990, à parité de muscat d'Alsace et de muscat ottonel, odorant et charnu, capiteux. En Gewurztraminer : *Cuvée particulière* 1989, sobre et retenu malgré sa riche constitution ; *Altenberg* 1989 aux senteurs de rose ancienne, équilibré, concentré, d'un avenir certain, le terroir parvenant à contenir l'exubérance du cépage et du millésime ; 1983, un vin merveilleux, tendu sur lui-même, encore peu parlant mais préparant sereinement son explosion prochaine, à travers une combinaison de rêve entre les arômes du cépage et ceux du terroir.

Avec le Gewurztraminer, les Lorentz obtiennent périodiquement, grâce à un tri de vieilles vignes sur l'Altenberg, une remarquable sélection de grains nobles : 1989 SGN, 14° et 60 g de sucre, un vin doré plein d'effluves floraux et épicés, doté d'une forte matière, d'une bouche onctueuse et caressante, et d'un magnifique retour de fruit en finale. Voilà quelques bouteilles qui pourront aller rejoindre le panthéon des grands flacons produits par la maison dans les années 50 et 60 (voir page 184)... mais qui n'empêchent pas Charles Lorentz, en négociant avisé, de « pousser » commercialement la catégorie, porteuse, selon lui, des Pinots.

- **Gustave Lorentz**, 35, Grand-Rue, 68750 Bergheim.

A Rorschwihr :

Rolly-Gassmann

Dans ce petit village blotti entre deux mamelons de vignes et où se succèdent tranquillement les travaux et les jours, les Rolly-Gassmann ont une plaque discrète à l'ombre de l'église. Marie-Thérèse Rolly, native de Rorschwihr (le « y » final de son nom la démarquant de plusieurs homonymes villageois), et Louis Gassmann, originaire de Rodern, juste de l'autre côté du coteau, ont uni ici leurs vies et cette passion, à l'évidence partagée, de la vigne et du vin.

Situé pour l'essentiel sur Rorschwihr et débordant quelque peu sur Bergheim et Rodern, leur vignoble couvre la confortable superficie de 25 hectares. Le gewurztraminer (22 %), le riesling (18 %) et – plus originalement – l'auxerrois (18 %) y jouent les premiers rôles. Les Rolly-Gassmann ne possèdent pas de grand cru mais, en revanche, revendiquent cinq lieux-dits : *Moenchreben* (muscat et auxerrois), *Kappelweg* (riesling et gewurztraminer), *Silberberg* (riesling), *Pflaenzerreben* (riesling) et *Oberer Weingarten* (gewurztraminer).

Ces terroirs de qualité sont répartis tout autour du village, généralement à mi-coteau, sur des sols profonds et bien alimentés en eau, évitant à la vigne le stress hydrique.

Homme de la terre mais féru de géologie, Alsacien de pure souche mais amateur de grands Bordeaux, Louis Gassmann est un vigneron éclairé. Ce personnage à l'air retenu, mais à l'enthousiasme profond, pourrait faire songer à quelque agronome du XVIIIe siècle... Son exploitation comme sa cave sont conduites avec soin, précision et amour de la chose bien faite. Les vignes, depuis 1983, sont enherbées un rang sur deux, mais Louis Gassmann envisage leur enherbement total – avec du trèfle souterrain, qui pousse à contre-saison de la vigne, se réensemence naturellement et restitue l'azote capté durant sa période végétative. La taille des vignes privilégie l'arcure unique, et les vendanges sont faites à la main, en bottiches plastique.

Le vendangeoir de Louis Gassmann est situé en haut du village : c'est un local récent, très spacieux, prolongé par une cuverie et un chai de stockage entièrement climatisés, d'une propreté vinaire exemplaire. Deux pressoirs (pneumatique Willmes et mécanique Vaslin) y travaillent de concert. Les moûts sont centrifugés, puis dirigés soit vers une série d'énormes foudres en bois, pourvus d'un système de thermorégulation (les plus vieux ont 150 ans), soit vers une impressionnante batterie de cuves inox (équipées au gaz neutre). Aucun levurage, clarification des vins par centrifugation vers Noël, et mise en bouteilles en septembre, après filtration sur plaques et membranes.

Les vins du domaine sont des vins francs et sans détours qui, s'ils savent échapper à un léger excès de sucre, débordent de fruit et évoluent merveilleusement bien. L'ensemble des cépages semble décliné avec un égal bonheur. Le Sylvaner recueille le fruit d'un rendement mesuré (1990 souple et intensément fruité sous sa robe d'or clair), tandis que l'Auxerrois démontre qu'on l'affectionne tout particulièrement à la propriété (*Moenchreben* 1990 rond, friand et harmonieux; étonnant 1978, jaune d'or éclatant, avec son nez légèrement foxé et ses notes de fraise et de bonbon caramel en fin de bouche). Très expressif est également le Muscat *Moenchreben* (1989 puissamment fruité, très ouvert, avec des relents de violette et de bergamote; 1983 au nez fleuri, commençant à mentholer). Le Riesling se comporte bien dans le temps (1991 vif, frais et végétal; 1985 au nez minéral, à l'acidité fine, au caractère aérien malgré son gros volume en bouche; 1976 vêtu d'un magnifique jaune citron, au goût de pétrole accusé, nerveux et très long). Composé de marnes grises, le terroir argilo-calcaire du *Silberberg* ajoute à ce cépage une note de fossile assez marquée (1989 au nez terreux, à la bouche ample et fruitée), qu'on retrouve dans le Riesling *Pflaenzerreben* (1988 au nez crayeux, mais trop chargé en sucre résiduel).

Le Tokay-Pinot gris, lui, montre une certaine exubérance naturelle (1990 amplement fruité, très volumineux; 1988 à la bouche charnue, avec des notes confites et de pain grillé, au fruit abondant; 1981 harmonieux, bien tenu par l'acidité, joli en bouche comme une fleur épanouie, avec de délicates évocations de confiserie fine). Attrayant dès sa prime jeunesse, le Gewurztraminer prend avec l'âge une réelle envergure (1989 *Kappelweg* très floral, plein de fruit, élégant et persistant; superbe 1976, habillé d'un jaune-vert éclatant, exhalant la rose, l'orange confite, la menthe et le caramel, paré d'une bouche somptueusement parfumée et d'une formidable rémanence). Les vendanges tardives lui semblent particulièrement indiquées (1985 VT *Cuvée Anne* à l'équilibre parfait, à la bouche ultra-florale, d'une allonge remarquable). A retenir encore de beaux grains nobles dans ce cépage, mais également en Tokay-Pinot gris (1989 SGN à la robe citronnée, au nez délicatement rôti, élégant, vif, sans le moindre soupçon d'empâtement).

• **Rolly-Gassmann**, 1 et 2, rue de l'Église, 68590 Rorschwihr.

D'AUTRES BONS PRODUCTEURS

• **Louis Freyburger et Fils**, 1, rue du Maire Witzig, 68750 Bergheim *(grand cru Altenberg de Bergheim)*.
• **Domaine Jean-Martin Spielmann**, 2, route de Thannenkirch, 68750 Bergheim *(grands crus Kanzlerberg et Altenberg de Bergheim)*.
• **Willy Rolli-Edel**, 5, rue de l'Église, 68590 Rorschwihr.

Voir aussi :
• **Charles Koehly et Fils**, à Rodern *(grand cru Altenberg de Bergheim)*.
• **Cave coopérative de Ribeauvillé** *(grand cru Altenberg de Bergheim)*.

Le clocher de Rorschwihr.

Ribeauvillé

Fût de 1717 (maison Trimbach).

Veillé par les trois châteaux du Haut-Ribeaupierre, de Saint-Ulrich et du Girsberg, omniprésentes sentinelles sur la montagne, Ribeauvillé est l'une des grandes étapes de la route du vin. Ville impériale, ancien fief de la puissante famille des Ribeaupierre qui la domina du XIIIe siècle jusqu'à la Révolution (en se taillant d'ailleurs de nombreux vignobles dans la région, d'Ammerschwihr jusqu'à Rodern), la cité des Ménétriers reçut maints privilèges et bénéficia d'une continuelle prospérité viticole.

Encore enfermé dans une partie de sa vieille enceinte, dont subsistent deux tours d'angle coiffées de nids de cigognes, Ribeauvillé déroule le ruban, étroit et onduleux, de sa Grand-Rue, rafraîchie çà et là par des fontaines Renaissance et égrenant les principales curiosités du lieu. Parmi celles-là, qui sont nombreuses, relevons au moins la Tour des Bouchers, belle porte-beffroi qui coupe la rue au milieu de son trajet, et séparait jadis deux quartiers.

Ribeauvillé – d'où jaillit l'eau de la source Carola, une eau minérale bien connue des Alsaciens – sait d'abord faire couler le jus de ses pampres. Son important vignoble (300 hectares) a pour grande spécialité le Riesling. Au nombre de trois comme ses châteaux, ses grands crus – le *Kirchberg*, le *Geisberg* et l'*Osterberg* – en délivrent l'expression la plus accomplie. On retiendra également l'excellent lieu-dit *Trottacker* et les trois clos de Ribeauvillé : le *Clos du Zahnacker* (propriété de la cave coopérative, voir notice ci-après), le *Clos Saint-Ulrich* (propriété du Domaine Mittnacht-Klack à Riquewihr, voir p. 105) et le

Le Kirchberg de Ribeauvillé

Grand cru classé en 1983. Superficie : 11 hectares. Exposition : sud, sud-ouest. Le *Kirchberg* est mentionné pour la première fois en 1328, comme rente des Dominicains de Colmar. Juste au-dessus de la grande église paroissiale qui lui a donné son nom, les ceps montent à l'assaut d'une pente hardie, parfois retenue par des terrasses, entre 270 et 350 mètres d'altitude. Les sols sont argileux, peu profonds et très caillouteux, sur un soubassement de marnes du Muschelkalk (marnes dolomitiques vers le bas, marnes bariolées gréseuses et gypseuses vers le haut). Sur ce terroir excelle le Riesling : vins solides, racés et droits, au goût marqué de fossile, vieillissant admirablement. On y récolte aussi un joli Muscat, floral et endurant. Gewurztraminer et Tokay-Pinot gris sont plus anecdotiques, en général.

Le Geisberg

Grand cru classé en 1983. Superficie : 8,53 ha. Exposition : sud. Entièrement étayé par des murs de grès, qui composent autant de jardinets de vignes, le *Geisberg*, qui surplombe les pittoresques toitures de la vieille ville, est un terroir exceptionnel. Entre 250 et 350 mètres d'altitude, il regarde le plein sud et se réchauffe d'autant plus que la pierre des terrasses emmagasine efficacement la chaleur solaire. Son substrat ressemble beaucoup à celui du Kirchberg voisin : il est composé de marnes et de dolomies du Muschelkalk, donnant une couverture argileuse très caillouteuse. Ce terroir assez exigu – dont une bonne partie est encore détenue par les sœurs de la Divine Providence de Ribeauvillé – est le domaine d'élection du riesling. Ce cépage fournit là un vin de très grande race, minéral, corsé, hautain, qui peut défier le temps.

Clos du Schlossberg (Domaine Jean Sipp, à Ribeauvillé). Ce dernier, ceint de murs, s'étage en terrasses sur 1,4 ha, tout autour de la maison blanche isolée qu'on aperçoit sous les trois châteaux (sol de granite désagrégé, pente de 50 %, exposition sud/sud-est). Naguère complanté de plusieurs cépages (riesling, gewurztraminer et muscat, qu'on vinifiait en mélange), il a été arraché en 1990, réaménagé et replanté exclusivement en pinot gris.

F.E. Trimbach

Nichée au pied du coteau, là où se rejoignent les vignes du Geisberg et de l'Osterberg, la maison Trimbach, avec son amusante tour à colombages qui joue la vigie à l'entrée de la ville, fait partie intégrante du paysage ribeauvilléen. Et pourtant le berceau viticole de la famille n'est pas dans l'ancien fief des Ribeaupierre, mais dans les petites cités voisines de Riquewihr et d'Hunawihr. L'ancêtre fondateur fut Jean Trimbach, originaire de Sainte-Marie-aux-Mines, reçu en 1626 bourgeois de Riquewihr (dont furent maires son fils et son petit-fils, viticulteurs comme lui). Dans la seconde moitié du XVIIIe siècle, Jean-Jacques Trimbach exerçait, dans cette même cité, comme maître tonnelier. Son petit-fils, Jean-Frédéric, s'installa comme gourmet à Hunawihr, dans les années 1840.

R_entrée du raisin chez Trimbach, sous les célébrissimes tourelles de la maison._

C'est Frédéric Émile Trimbach, son fils aîné, qui fut le vrai promoteur de l'affaire familiale (aujourd'hui encore, la maison conserve ses initiales dans sa raison sociale) ; comme son père, il devint également maire de Hunawihr. Au lendemain de la Première Guerre mondiale, Frédéric-Théodore, son fils, transférait la maison à Ribeauvillé. C'est là, à l'ombre de la tour carrée, coiffée comme une pagode, qu'exerce toujours le quatuor de ses descendants : ses petits-fils Bernard et Hubert (le premier à la production, le second à la gestion-commercialisation), escortés des deux fils de Bernard, Pierre et Jean (le premier à la vinification, le second à l'exportation).

Les Trimbach, selon la terminologie alsacienne, sont producteurs-négociants. En réalité, ils illustrent la tradition d'un négoce éclairé, classique dans ses méthodes, prudent dans ses évolutions, jouant son nom sur la qualité et la régularité d'une gamme personnelle de haut niveau. Versant négoce, ils s'approvisionnent auprès de 150 fournisseurs de raisin, lesquels contribuent à l'essentiel du million de bouteilles qui sortent chaque année de leurs caves. À souligner que 80 % des vins sont exportés, dont 25 % aux seuls États-Unis – ce qui place la maison, et de loin, comme le premier fournisseur du marché américain, avec un quart des vins d'Alsace qui y sont commercialisés.

Versant producteur, les Trimbach sont à la tête de 21 hectares en pleine propriété, répartis sur les communes de Ribeauvillé, Hunawihr, Bergheim et Rorschwihr. Sur 18 hectares en production, le riesling (7 hectares) et le gewurztraminer (5 hectares) dominent largement, suivis de l'auxerrois (2,5 ha), du pinot noir (1,5 ha), du pinot gris (1 hectare), du sylvaner et du muscat (0,5 ha chacun). Les joyaux de la maison sont trois grands crus, dont les noms – selon un usage volontiers répandu dans le négoce – sont délaissés sur l'étiquette, au profit de noms de marque (et de clos dans le cas présent). Sur Ribeauvillé, c'est l'exigu *Geisberg*, dont les Trimbach possèdent 62 ares, plantés en vieilles vignes de riesling, qui ont dépassé leur cinquantième année. C'est également l'*Osterberg*, avec 3 hectares de vignes plus que trentenaires de riesling, gewurztraminer et pinot gris. Ces deux crus, en riesling, sont rassemblés dans la célèbre *Cuvée Frédéric Émile*, l'un des orgueils de la maison. Sur Hunawihr, c'est enfin le *Rosacker*, où les Trimbach dorlotent 1,40 ha de riesling, sur le célébrissime *Clos Sainte-Hune*, dont ils détiennent le monopole. Ici comme là, les vignes sont travaillées un rang sur deux (un rang bêché l'hiver, puis griffé, l'autre désherbé), et les rendements du riesling sont maintenus de façon à ne pas excéder 50 hl/ha.

La cave, où règne Pierre Trimbach (œnologue diplômé de Dijon), est un labyrinthe souterrain, où se succèdent plusieurs générations de cuves, pour une capacité totale de 12 000 hectolitres : foudres en bois (dont un magnifique fût daté de 1717, toujours en service), cuves en ciment verré (équipées d'un système de contrôle des températures), cuves en inox. Les moûts, après le pressurage, sont centrifugés, puis, leur fermentation accomplie, les vins sont rapidement soutirés. Préfiltrés sur kieselguhr, ils sont filtrés sur plaques à la mise, qui intervient précocement, au plus tard en mai (vendanges tardives incluses). En revanche, ils peuvent ensuite mûrir longuement en bouteilles, les deux grandes caves de stockage permettant la garde de trois récoltes complètes. Un recoin obscur abrite une rare collection de vieux Alsaces, dont les spécimens les plus antiques remontent à 1834, un millésime de légendaire réputation.

Sérieux, équilibrés, lents à se délier, les vins de la maison Trimbach cultivent à la perfection le classicisme alsacien. Les cuvées de base sont nettes, droites, caractérisées : le Pinot blanc en fournit une bonne illustration (1990 au nez franc, souple, raisonnablement alcoolisé et plutôt athlétique pour le cépage). Les Trimbach sont néanmoins de grands spécialistes du Riesling : leurs deux cuvées de prestige sont là pour le prouver. Conjuguant les nuances argilo-calcaires et marneuses du Geisberg et de l'Osterberg, la *Cuvée Frédéric Émile* résulte de l'assemblage des deux provenances, vinifiées par parcelles séparées. C'est un vin puissant,

L'Osterberg

Grand cru classé en 1992. Superficie : 25 hectares. Exposition : est, sud-est. Situé dans le prolongement oriental du Geisberg, l'*Osterberg* le bien nommé apparaît, par contraste avec son voisin, comme un cru très vaste (il a d'ailleurs fait l'objet d'une extension, sans doute trop large, en cours de délimitation). Ses pentes, de déclivité moyenne, s'étagent entre 250 et 350 mètres, et sont tôt réchauffées par les rayons du levant. Argileux et pierreux comme dans les crus voisins, son sol repose sur un substrat marneux du Muschelkalk, auquel s'ajoutent – dans la partie la plus orientale – des marnes et calcaires dolomitiques de la Lettenkohle. Si le Riesling l'emporte, avec des vins typés et gagnant avec l'âge, le Gewurztraminer et le Tokay-Pinot gris montrent ici des dehors particulièrement élégants et généreux.

racé, qui développe avec le temps ce goût marqué d'hydrocarbure propre aux deux crus (1988 à la parure d'or vert, au nez encore végétal, à l'ossature fine mais discrètement enrobée ; 1983 à la robe jaune-vert, à l'odeur de pétrole bien dégagée, homogène, riche et long, avec une délicate amertume et des notes miellées en arrière-bouche).

Sous son étiquette où pointe l'adorable clocher de l'église de Hunawihr – une étiquette inchangée depuis sa création, voilà quelque 70 ans –, le *Clos Sainte-Hune* est réellement un immense Riesling, altier, complexe, très intériorisé à ses débuts mais bâti pour les longues gardes patientes : 1988 au nez mesuré, à la bouche rigoureuse, vertébrée par un parfait équilibre alcool-acidité, ajoutant à sa fine amertume une note délicate d'angélique ; 1985 aux nuances terreuses assorties de touches florales, ample, robuste, en train de se fondre et de minéraliser ; admirable 1981 au nez subtilement pétrolé et fumé, plein, complet, soyeux, avec une pureté et une délicatesse dans l'équilibre qui en fait une sorte d'absolu du Riesling ; fastueux 1976, jaune d'or intense, au somptueux bouquet d'hydrocarbure et de fruits confits, dû à une importante botrytisation de la récolte, très ramassé et uni en bouche, en dépit de son opulence et de son énormité. Classe ravageuse que celle de ce vin si propice aux dégustations verticales, collectionné jalousement par quelques grands amateurs, et qui mérite sûrement sa réputation de meilleur Riesling d'Alsace.

Les Trimbach n'en sont pas moins attentifs au Gewurztraminer, aussi bien dans sa cuvée de prestige *(Cuvée des Seigneurs de Ribeaupierre)* qu'en vendanges tardives, où persiste cette recherche d'équilibre et de sobriété (Gewurztraminer 1989 VT, issu d'une sélection de l'Osterberg, du Trottacker et du Muhlforst de Hunawihr, un savoureux concentré de rose, infiniment mais discrètement persistant en bouche). Une réserve, une retenue bien dans la ligne de cette famille au naturel peu tapageur, qui sait faire avancer l'Alsace tout en ne reniant pas les leçons du passé.

• **F.E. Trimbach**, 15, route de Bergheim, 68150 Ribeauvillé.

André Kientzler

Sur la route qui va de Ribeauvillé à Bergheim, les vignes s'étendent à perte de vue. Unique construction au milieu de cet océan de ceps : la cave d'André Kientzler, îlot solitaire ne connaissant pour brise que le vent du Rhin dans ses pampres. C'est là, dans des locaux construits à sa mesure, qu'il s'est installé en 1972, délaissant le cœur de Ribeauvillé, où sa famille avait enseigne dans une grande maison près de la Tour des Bouchers (aujourd'hui l'Hôtel de la Tour).

Le domaine compte 10 hectares, essentiellement sur Ribeauvillé. L'encépagement est dominé par le riesling et le gewurztraminer (25 % chacun), ne comprend pas de pinot noir et fait une part relativement importante (8 %) au chasselas. André Kientzler possède des vignes sur les trois

Vendange au pied des trois châteaux, triade tutélaire de Ribeauvillé.

grands crus de Ribeauvillé : 1,5 ha sur le *Geisberg* (riesling, vignes de 35 ans), 1,3 ha sur le *Kirchberg* (pinot gris et muscat, auxquels s'ajoutent 50 ares d'auxerrois), 1 hectare sur l'*Osterberg* (riesling). Le vignoble est cultivé en enherbement alterné (un rang semé en seigle, l'autre légèrement travaillé); des éclaircissages sont au besoin pratiqués au début de l'été, pour un rendement qui veut sagement situer sa moyenne entre 50 et 65 hl/ha. La récolte, manuelle, effectuée par tranches depuis 1983, se fait plutôt précocement, afin de préserver les acidités et de diminuer le risque cryptogamique. Car André Kientzler, qui a reçu la classique formation beaunoise, est d'abord un vigneron pragmatique.

L'homme se retrouve à la cave. Estimant que le parcours de la qualité constitue une chaîne, dont la cohérence d'ensemble prime les éléments particuliers, le tranquille André Kientzler pratique une vinification empirique, ne sacrifiant pas systématiquement aux modes œnologiques. Livrée en comportes, la vendange subit un léger foulage, modulé à discrétion, avant d'alimenter un gros pressoir pneumatique; les jus s'écoulent directement au sous-sol, dans 8 petites cuves de béton, où ils sont débourbés. La cuverie comprend une série de foudres en bois, de contenances variées et sous contrôle de température, et des petites cuves inox. Les fermentations y sont conduites au jugé, sans l'arbitraire de basses températures. Pour son embouteillage, André Kientzler dispose d'un groupe performant, à remplissage sous vide et table d'accumulation. Le chai de stockage, contigu à la cuverie, est climatisé.

Les vins d'André Kientzler, à l'image du propriétaire, montrent du caractère, leur qualité dominante étant leur remarquable équilibre. L'une des spécialités du domaine est l'Auxerrois *K*, récolté donc sur le Kirchberg et se donnant une allure cossue en surmaturité (1990 vendangé tardivement, floral, complexe, prolongé par une belle finale où se glissent des notes de fruits secs). Le Muscat *Kirchberg* est un vin élégant, sans le côté criard qu'on trouve parfois dans le traitement de ce cépage (1988 très sec, joliment croquant sous sa robe pâle, net et rectiligne). A noter également le Tokay-Pinot gris *Réserve particulière* (1990 riche, profond, avec sa finale dattée, récolté au niveau d'une vendange tardive).

Le Riesling, chez André Kientzler, est un peu la vedette. Très bien bâti en cuvée de base (1991 solide, végétal, acide, rehaussé d'une petite touche amère), il prend de l'altitude avec le *Geisberg* (1990 aux arômes terreux, rond, dense, issu d'une matière première à pleine maturité; 1988 au nez végétal, à l'attaque vigoureuse, au milieu de bouche très riche, à la délicate amertume, d'une grande concentration). A souligner que ce seigneur peut faire des merveilles en vendanges tardives : Riesling *Geisberg* 1989 VT, affermissant ses 13°5 et 20 g de sucre sur une acidité de 8 g, nez discrètement confit et bouche pleine et souple, un vin idéalement «gastronomique», dont la richesse n'entraîne aucune lourdeur. De la preuve du bon ménage entre qualité et personnalité, entre goût et indépendance d'esprit.

• **André Kientzler**, 50, route de Bergheim, 68150 Ribeauvillé.

Louis Sipp

Ayant façade sur trois rues et enrobant au passage l'élégante tourelle d'angle de la vieille enceinte, au sommet de laquelle loge un couple de cigognes, la maison Sipp fait songer à une petite forteresse du vin, bastion incontournable dès que l'on veut entrer dans Ribeauvillé. Elle fut fondée par Louis Sipp, boulanger de profession : les premiers hectares de vignes furent acquis par sa femme Louise pendant la guerre de 14-18, alors que lui-même était mobilisé sur le front russe. Son fils Auguste développa l'affaire au milieu des années 20 et, en 1933, la maison emménageait dans ses nouvelles caves de la Grand-Rue.

La maison, qui emploie une vingtaine de salariés, est aujourd'hui dirigée par le placide Pierre Sipp, petit-fils de Louis Sipp, après séparation, en 1962, d'avec l'autre branche familiale (Domaine Jean Sipp). Fort de 32 hectares, le domaine personnel Louis Sipp est actuellement le plus important de Ribeauvillé et s'honore surtout de deux grands crus communaux : le *Kirchberg*, planté en riesling (2,3 ha), et l'*Osterberg*, planté en gewurztraminer (3,5 ha). Le reste du domaine est réparti entre Ribeauvillé (notamment aux lieux-dits *Steinacker* et *Trottacker*), Hunawihr et Bergheim, avec l'encépagement suivant : 30 % de gewurztraminer, 25 % de riesling, 22 % de pinot blanc, minorité des autres cépages. L'activité de négoce se concentre surtout sur Ribeauvillé, avec une cinquantaine d'apporteurs locaux, et la maison commercialise environ 1 million de cols par an, dont 30 à 40 % prennent le chemin de l'étranger, Benelux au premier rang.

Le vendangeoir comprend 2 pressoirs pneumatiques, utilisés en priorité, ainsi que 2 pressoirs à vis, et donne directement au-dessus de la cuverie de réception, en sous-sol (centrifugation systématique). Les vins de négoce et cuvées courantes sont vinifiés dans de grosses citernes de 300 hectolitres, en acier émaillé, thermorégulées et alignées sur deux rangées superposées, leur stockage s'effectuant en cuverie ciment. Les crus et cuvées particulières, eux, sont traités dans une cave à

Le Pfifferhüs, avec son Annonciation.

foudres traditionnelle, complétée par de petites cuves inox (vendanges tardives et grains nobles). Le stockage des bouteilles est assuré en palettes, dans une cave où dorment environ 400 000 bouteilles, certains crus pouvant attendre près de 10 ans.

La carte des vins se divise classiquement en millésimés, médaillés, réserve, crus et vendanges tardives. Récoltés en principe les derniers, les vins du domaine sont des vins stricts, très typés, conservant le moins possible de sucre résiduel. Ils illustrent fort bien la conception de Pierre Sipp : celle d'un Alsace sec, solide et vif, à fort potentiel dans le temps. Quelques bons exemplaires parmi ses vins de *Réserve Personnelle* : le Riesling (1989 droit, bien acide, avec une pointe mentholée), le Muscat (1990 au nez très fleuri de muscat à l'ancienne, équilibré, classique) ou le Tokay-Pinot gris (1985 au nez de miel et d'angélique, riche en fruit, épanoui).

C'est néanmoins avec les deux grands crus que la gamme prend de la hauteur. Le Riesling *Kirchberg de Ribeauvillé* est un seigneur, un peu hautain à ses débuts mais généreux ensuite : 1989 aux nuances végétales, notamment d'eucalyptus, gras, avec de l'assise; 1988 au nez minéral, à la bouche ample et ferme, sérieux, d'avenir; 1986 au grand bouquet végétal, solide, soyeux, complexe, parfaitement équilibré, dégageant beaucoup de charme au-delà de sa rectitude ; 1983 linéaire, long, finement amer, parfaitement aiguisé, un vin sûr de lui, dénotant son grand terroir d'origine. Le Gewurztraminer *Osterberg* est, lui aussi, un spécimen de vin rigoureux, sans les concessions trop habituelles au cépage : 1989 au nez de fruits confits, à l'attaque vive, à la trame serrée, relativement sec pour le millésime ; 1988 VT retenu, presque austère, au nez fermé, exigeant une patience qui sera recompensée plus tard.

Il faut noter encore quelques belles vendanges tardives et sélections de grains nobles : Riesling 1989 VT aux arômes verticaux de citron et d'agrumes, vif, très frais, bien construit ; Tokay-Pinot gris 1989 VT au nez de miel, complexe et long sous sa robe jaune d'or ; Gewurztraminer 1989 SGN à la bouche volumineuse mais bien équilibrée. Quant aux excellents rapports qualité-prix que pratique Pierre Sipp, ils sont un argument supplémentaire pour prendre le chemin de cette bonne maison classique.

• **Louis Sipp**, 5, Grand-Rue, 68150 Ribeauvillé.

Cave coopérative de Ribeauvillé

Montant stratégiquement la garde devant la ville, à la croisée de toutes les routes, la cave vinicole de Ribeauvillé possède d'autres attraits que sa seule incontournabilité. Outre le clos historique qui a bâti sa réputation, elle dispose en effet de l'une des toutes premières collections de grands crus de l'Alsace, puisque sa sphère englobe des terroirs jusqu'à Mittelwihr et jusqu'à Rodern. C'est aussi la plus ancienne coopérative de France, puisqu'elle fut fondée en 1895, dans le premier mouvement mutualiste qui parcourut l'Alsace, alors allemande, face aux vicissitudes de la fin du siècle.

Rebaptisée récemment *Caves Martin Zahn*, dirigée avec compétence par Jean-Marie Lang, la coopérative de Ribeauvillé rassemble aujourd'hui une centaine d'adhérents, dont 35 viticulteurs véritablement professionnels, fournissant la quasi-totalité du raisin que produisent les 240 hectares de la cave. Il faut souligner que ces coopérateurs – des jeunes en majorité, souvent dotés d'un solide bagage technique – sont étroitement associés à la marche de leur établissement. Jean-Marie Lang les implique notamment dans les actions commerciales qu'il conduit à l'étranger, l'un des points forts de la cave, qui exporte 55 % de son volume, dont la moitié sur le marché danois.

C'est d'ailleurs le vin du *Clos du Zahnacker* qui tissa les premiers liens, au XVe siècle, avec le Danemark. Cet illustre clos, qui appartient aujourd'hui à la coopérative, était détenu à l'origine par l'abbaye bénédictine de Ribeauvillé. La tradition veut qu'au XIIe siècle un certain Zahn, moine chevalier, ait rapporté de Terre sainte les meilleurs cépages et les ait plantés là. En 1426, l'empereur d'Allemagne Sigismond, soucieux de s'attirer l'alliance du roi Eric – souverain de Suède, de Norvège et du Danemark –, fit quérir un foudre de vin du Zahnacker, qu'on transporta par eau jusqu'à Lübeck et que l'ambassadeur impérial offrit ensuite à la cour nordique. C'est également du vin du Zahnacker – passé entre-temps aux mains des sires de Ribeaupierre – que l'on servit à Louis XIV lors de son passage à Ribeauvillé, en 1673, et cela dans un superbe hanap en vermeil, toujours conservé au petit musée de l'hôtel de ville. Le Clos n'a jamais dérogé à son identité originelle : 120 ares de marnes caillouteuses, formant un triangle à mi-coteau au sein de l'Osterberg, et complantées, à parts égales, de cépages nobles (actuellement un tiers de riesling, de gewurztraminer et de pinot gris).

Le patrimoine de la coopérative de Ribeauvillé ne s'arrête pourtant pas à ce joyau directement sorti de l'âge d'or alsacien. Il recèle également une impressionnante série de grands crus, que la cave

La fontaine à vin

Chaque année, le premier dimanche de septembre, Ribeauvillé résonne de fanfares et d'harmonies, de cortèges historiques et de défilés folkloriques. C'est la fête des Ménétriers, où l'on honore ceux qui sont devenus l'emblème de la ville. Ce jour-là (le *Pfifferdaj*, « jour des fifres »), la corporation des musiciens ambulants d'Alsace, qui s'était placée sous le patronage du comte de Ribeaupierre, rendait hommage à son seigneur. Des agapes se déroulaient à l'auberge du Soleil et le vin coulait à flots. La confrérie des Ménétriers a disparu, mais la tradition musicalo-bachique s'est maintenue : pendant la fête, les robinets de la vieille fontaine de l'hôtel de ville, surchargée de grappes et de fleurs, continuent de déverser gracieusement du vin, offert, pour l'occasion, par le syndicat des viticulteurs de Ribeauvillé.

doit à sa situation dans le sanctuaire du vignoble. Ce sont, du nord au sud : le *Gloeckelberg* de Rodern, l'*Altenberg* de Bergheim, l'*Osterberg* et le *Kirchberg* de Ribeauvillé, le *Schoenenbourg* de Riquewihr, le *Sonnenglanz* de Beblenheim et le *Mandelberg* de Mittelwihr. Pour distribuer ces vins prestigieux, dont certains sont produits forcément en quantité limitée, Jean-Marie Lang a d'ailleurs inauguré une formule originale : il a créé un club de vente par correspondance *(Grain Noble)*, où les grands crus de la cave, ainsi que des cuvées spéciales, sont proposés en exclusivité. Un « wine club » qui offre également divers services, comme la conservation du vin acheté en boxes personnels, dans les locaux mêmes de la coopérative.

Les équipements, veillés par le chef de cave Bernard Rolli, reflètent le fonctionnalisme d'aujourd'hui, notamment en privilégiant l'inox (conquets, canalisations, logements de fermentation...). La vendange est pressurée sur une batterie de 6 gros pressoirs pneumatiques (Bücher). Un septième pressoir, mobile et de petite taille, traite en raisins entiers les apports de grand cru, qui sont livrés en bottiches. Les fermentations s'opèrent en grandes cuves inox thermorégulées (180 hectolitres chacune), les pinots noirs passant de leur côté en cuves de thermovinification. Grands crus et cuvées particulières sont vinifiés à part, dans la « pouponnière », une cuverie de microvinification tout inox. La cuverie en béton verré (le verre étant progressivement remplacé par de la résine époxy) assure un important volume de stockage. Une fois centrifugés, les vins y logent sur lies fines jusqu'en février, puis subissent soutirages et filtrations (kieselguhr, membranes) avant des mises échelonnées. Enfin, tout fraîchement construit, un nouveau bâtiment regroupe la chaîne d'embouteillage, le hall d'expédition, la salle des crémants, et prolonge en sous-sol l'espace de stockage des bouteilles.

La gamme des vins de la cave, évidemment fort étendue, distingue plusieurs compartiments : cuvées tradition, cuvées prestige, et – en partie réservés au club – grands crus, cuvées spéciales et vendanges tardives. Le Riesling se taille une place de choix, surtout à travers les grands crus : *Kirchberg* 1991 au nez agrumeux, vif, équilibré, très fin, avec une touche de noisette ; *Osterberg* 1991 aux évocations balsamiques, opulent mais nettement marqué par ses sucres résiduels ; *Schoenenbourg* 1991 aux arômes légèrement fumés, au fruit insistant, en voie d'épanouissement ; *Mandelberg* 1991 quelque peu fermé mais compact et équilibré ; monumental *Altenberg* 1991, à l'ample nez d'aubépine et d'acacia, massif et puissant, d'une grande plénitude en bouche.

Certains terroirs n'en accouchent pas moins d'intéressants spécimens de Tokay-Pinot gris (*Sonnenglanz* 1991 au nez miellé et fumé, ample en bouche, plein d'allant) et de Gewurztraminer (*Gloeckelberg* 1991 fleurant la rose, fluide, assoupli par une fermentation malolactique ; remarquable *Altenberg* 1991, énergique, vigoureux, d'une envergure propre à son terroir natal).

Sur les pentes du Kirchberg.

Collection de petits fûts, dite « orgueil du vigneron » (maison Trimbach).

Roi de la cave, le *Clos du Zahnacker* est un vin tout à fait original, issu du mélange à la vigne des trois cépages qui le composent, et donc de leur vinification commune. C'est un vin complexe, changeant, qui varie au fil des millésimes en accusant le caractère de l'un ou l'autre cépage – au gré de leurs maturités respectives : 1991 étoffé, finement acide, déployant le fumet typique du tokay; 1990 aux relents d'hydrocarbure, puissant, nerveux, dominé par le riesling; 1988 au nez floral et citronné, d'une expression retenue, qui dénote néanmoins le petit côté épicé du gewurztraminer.

Une mention particulière doit enfin aller au Pinot noir, dont la cave est une spécialiste puisqu'elle vinifie 80% de la production rouge de Rodern, village réputé dans cette couleur : à élire, parmi différentes qualités proposées, la *Cuvée Prestige*, à la couleur et au fruit bien prononcés.

• **Cave coopérative de Ribeauvillé (Caves Martin Zahn)**, 2, route de Colmar, 68150 Ribeauvillé.

D'AUTRES BONS PRODUCTEURS

• **Domaine Jean Sipp**, 60, rue de la Fraternité, 68150 Ribeauvillé *(grands crus Kirchberg de Ribeauvillé et Osterberg, Clos du Schlossberg).*

• **Robert Faller et Fils**, 36, Grand-Rue, 68150 Ribeauvillé *(grands crus Geisberg et Kirchberg de Ribeauvillé).*

• **Jean-Pierre Baltenweck**, 14, rue de la Fontaine, 68150 Ribeauvillé *(grands crus Geisberg et Osterberg).*

• **Paul Schwach**, 30-32, route de Bergheim, 68150 Ribeauvillé *(grand cru Kirchberg de Ribeauvillé).*

• **Bott Frères**, 13, avenue du Général-de-Gaulle, 68150 Ribeauvillé.

Voir aussi :

• **Mittnacht-Klack**, à Riquewihr *(Clos Saint-Ulrich).*

• **Sipp-Mack**, à Hunawihr *(grand cru Osterberg).*

De gauche à droite : le château de Saint-Ulrich, le château du Girsberg, le château du Haut-Ribeaupierre.

Hunawihr

Joli village étagé, Hunawihr se love au pied de sa célébrissime petite église fortifiée juchée sur un tertre. Cet émouvant témoignage de l'art militaro-religieux des XIVe et XVe siècles comprend l'église proprement dite, avec son clocher trapu relevant presque du donjon, et sa solide enceinte hexagonale, que renforcent six bastions (vieux cimetière et fresques à l'intérieur de l'église). Tout autour s'étendent les vignes d'un vignoble communal de 250 hectares, où le riesling a la place d'honneur.

Le village tire son nom de son premier seigneur, Huno, qui, au VIIe siècle, fit donation de vignes à l'abbaye de Saint-Dié et dont la bienheureuse épouse s'illustra par sa vie charitable. C'est à la mémoire de celle-ci qu'existe le fameux *Clos Sainte-Hune*, propriété de la maison Trimbach à Ribeauvillé. Outre le grand cru *Rosacker*, qui englobe le Clos Sainte-Hune, Hunawihr abrite le lieu-dit *Muhlforst*, ainsi que le *Clos Windsbuhl*, récemment restauré.

L'église fortifiée de Hunawihr.

Sipp-Mack

Dans une vaste maison ocre et jaune en haut du village, Jacques Sipp perpétue une activité familiale qui remonte à 1696, lorsque l'ancêtre Frédéric Mack planta ici ses premiers arpents de vigne. Le domaine acquit en réalité sa configuration actuelle en 1959, à l'occasion du mariage de ses parents : François Sipp, fils d'un

Le Rosacker

Grand cru classé en 1983. Superficie : 26 hectares. Exposition : est, sud-est. Jadis sans doute bordé d'aubépines ou d'églantines qui lui auraient valu son nom, le *Rosacker* occupe une belle pente régulière (260 à 360 mètres) descendant jusqu'au village. Le sol, assez lourd et caillouteux, est constitué de calcaires, marnes et dolomies du Muschelkalk et de la Lettenkohle, que parsèment des éboulis gréseux dévalés de la montagne. Mentionné dès le XVe siècle, le *Rosacker* produit l'un des plus beaux Rieslings d'Alsace – un vin ferme et poivré qui vieillit avec un velouté remarquable, et en concentrant de magnifiques arômes végétaux et minéraux. Joli Gewurztraminer également.

négociant de Ribeauvillé, et Marie-Louise Mack, de Hunawihr. Jacques Sipp luimême travaille sur l'exploitation depuis 1984, après des études à Rouffach.

Ce jeune vigneron, enjoué et tonique, règne aujourd'hui sur un domaine de 15 hectares, réparti entre Hunawihr, Ribeauvillé et Bergheim. Le riesling y domine (30 %), talonné par le gewurztraminer (28 %), tandis que le pinot gris (14 %) se détache du reste des cépages (à signaler 25 ares plantés en chardonnay, pour le Crémant). La propriété compte 3,5 ha en grand cru : *Rosacker* bien sûr (0,8 ha, riesling exclusivement) et *Osterberg* de Ribeauvillé (2,7 ha, pinot gris et muscat, mais aussi pinot noir et sylvaner). Elle inclut également d'excellents lieux-dits, comme le *Muhlforst* de Hunawihr et le *Trottacker* de Ribeauvillé, mais qui ne sont actuellement pas mentionnés sur l'étiquette.

Planté en écartement de 1,80 m, le vignoble est enherbé un rang sur deux, le second rang étant régulièrement griffé. La plantation de seigle au début de l'automne, qu'on enfouira ensuite vers avril, assure l'apport de matière organique. Depuis plusieurs années, la taille courte est progressivement étendue, avec une modulation selon les cépages. Le palissage et l'effeuillage entraînent 5 à 6 passages, manuels ou mécaniques, et les vendanges sont faites à la main, de façon échelonnée (récolte mécanique sur quelques sylvaners). Depuis 1986, Jacques Sipp dispose d'un nouveau chai, à l'écart de la cave. Les raisins y sont travaillés sur pressoirs pneumatique (Defranceschi) et mécanique

(Vaslin), puis, après un débourbage statique, les fermentations conduites dans l'inox. Les vins vont ensuite rejoindre la vieille cave où, à tour de rôle, ils séjournent dans le bois, l'ancienne cuverie en béton verré servant de tampon. Ils regagneront enfin le chai pour la mise en bouteilles, puis le stockage en palettes, Jacques Sipp ne débloquant guère ses vins avant 2 ans. Les millésimes de garde, de leur côté, sont stockés en piles dans la vieille cave.

Vendanges à Hunawihr.

Les vins Sipp-Mack sont une bonne illustration des terroirs de Hunawihr et de Ribeauvillé, et de la finesse qu'ils peuvent y acquérir. Honneur au Riesling, puisque nous sommes chez un spécialiste de ce cépage : très honorable Riesling *Réserve* (1986 minéral à souhait, goûteux, coulant bien) et Riesling *Vieilles Vignes* tiré d'une parcelle de 30 ans (1989 lisse et bien dessiné en bouche, avec un léger moelleux dû à son extrême richesse, digne d'une vendange tardive). La cave est logiquement dominée par le Riesling *Rosacker*, vin solide et charnu, d'une grande séduction (1990 ample et large, plein de rondeur fruitée; 1989 aux arômes de poivre et de menthe, à l'acidité appuyée, promettant un beau vin de garde). L'âge le métamorphose tranquillement et lui confère sa classe incomparable: 1983 mariant tilleul et réglisse à des odeurs de truffe et de fumaison, très poivré en bouche, ferme, soyeux, insistant, délicatement amer, un très grand vin, sûr de ses arrières.

La maison ne réussit pas moins de belles choses en Tokay-Pinot gris (1990 *Cuvée exceptionnelle* volumineux, épanoui et corsé, sur une arrière-bouche miellée qui dénote la surmaturation; 1988 SGN aux arômes de figue et de paille fraîche, voluptueux et très gras) et en Gewurztraminer (1990 VT, ramassé à 132° Oechslé sur le Trottacker, d'une grande pureté aromatique, élégant, persuasif, un miel liquide coulant avec infiniment de facilité). La qualité des vins et l'accueil du malicieux Jacques Sipp valent bien de grimper jusqu'en haut de Hunawihr, là où la forêt vient à la rencontre de la vigne.

- **Sipp-Mack**, 1, rue des Vosges, 68150 Hunawihr.

D'AUTRES BONS PRODUCTEURS

- **Frédéric Mallo et Fils**, 2, rue Saint-Jacques, 68150 Hunawihr *(grand cru Rosacker)*.
- **Cave vinicole de Hunawihr**, 48, route de Ribeauvillé, 68150 Hunawihr *(grand cru Rosacker)*.

Voir aussi :

- **Mittnacht-Klack,** à Riquewihr *(grand cru Rosacker)*.
- **F.E. Trimbach,** à Ribeauvillé *(Clos Sainte-Hune)*.
- **Roger Jung et Fils,** à Riquewihr *(grand cru Rosacker)*.
- **Domaine Zind-Humbrecht,** à Turckheim *(Clos Windsbuhl)*.

Zellenberg

Pimpante montée vers le village.

Agréable village aux maisons claires, Zellenberg tire d'abord son attrait de sa position au sommet d'une colline solitaire – une butte-témoin de grès calcaire, isolée du piémont vosgien, d'où l'on jouit d'une imprenable vue sur la plaine d'Alsace. Le bourg fut fortifié au XIIIe siècle (construction du château des sires de Horbourg en 1252), puis devint le siège d'un bailliage dépendant de l'évêque de Strasbourg : des murailles anciennes ne subsistent que deux tours d'angle, le village étant dans son ensemble postérieur, y compris la petite église avec son clocher octogonal à l'air de pagode. Le vignoble communal s'honore de deux grands crus : le *Froehn*, qui escalade les pentes mêmes du village, et le *Schoenenbourg* (portion dite du *Kronenburg*), qu'il partage avec Riquewihr. On recense d'autres bons lieux-dits, comme le *Hagenschlauf*, le *Rimelsberg* et le *Lerchenberg*.

Jean Becker

Juchée sur la face nord-est du promontoire de Zellenberg, la maison Becker se confond un peu avec l'histoire de ce village qui domine la plaine d'Alsace. L'ancêtre le plus lointainement connu de la famille est Georg Becker, qui occupa des fonctions municipales aux alentours de 1610. En 1848, François Joseph Becker créait, en marge de son domaine, une petite maison de négoce. Celle-ci traversa les difficultés de l'annexion allemande et

du phylloxéra pour se retrouver florissante au lendemain du premier conflit mondial, grâce à Jean Ernest, puis à Joseph Becker. C'est d'ailleurs entre les deux guerres que fut acquise la clientèle de la maison Nicolas, dont les Becker resteront des fournisseurs attitrés jusqu'à un passé récent.

La maison est aujourd'hui animée par la sympathique fratrie Becker, sous la houlette de leur père Jacques, qui dirige l'affaire depuis 1968 : la dynamique et polyglotte Martine, chargée des relations commerciales, le calme et souriant Jean-Philippe, œnologue formé à Beaune et à Reims, maître des vignes et de la cave, enfin leur cadet François, très polyvalent dans ses tâches. Une seconde marque (du nom de la famille de Madame Becker) est utilisée : *Gaston Beck*.

Les Becker possèdent 17 hectares en propre – sur Zellenberg, Riquewihr, Beblenheim, Hunawihr et Ribeauvillé –, où le riesling l'emporte globalement (25 %). Ils disposent surtout d'un bel éventail de grands crus et lieux-dits. D'abord le roi du lieu, le *Froehn* (près de 3 hectares), complanté principalement en gewurztraminer, puis en riesling, muscat et pinot gris (Jean-Philippe Becker, en marge de quelques rangs de pinot noir, y conserve pieusement une parcelle de sylvaner). Puis le *Schoenenbourg* (60 ares sur le secteur de Zellenberg, riesling et gewurztraminer), le *Sporen* de Riquewihr (20 ares, gewurztraminer), le *Sonnenglanz* de Beblenheim (40 ares, gewurztraminer) et, assez éloigné du domaine, sur la commune bas-rhinoise de Kintzheim, le *Praelatenberg* (20 ares, gewurztraminer). Quant à leurs lieux-dits de prédilection, mentionnés sur les étiquettes, ce sont le *Hagenschlauf*

Le Froehn

Grand cru classé en 1992. Superficie : 15 hectares. Exposition : sud, sud-est. Le *Froehn* nappe les flancs mêmes de Zellenberg, ses ceps gravissant jusqu'aux premières maisons les pentes orientales et méridionales du village (270 à 300 mètres d'altitude). Son nom actuel a remplacé l'ancien toponyme de *Schlossberg* (référence au château-fort d'antan), afin d'éviter toute confusion avec certaine célébrité du voisinage. Il est composé de sols marno-argileux, issus de marnes schisteuses du Lias, où l'on relève des traces ferrugineuses. Le *Froehn* est voué surtout au Gewurztraminer et au Tokay-Pinot gris, en moindre mesure au Muscat (qui y réussit pourtant à merveille) : vins fruités, étoffés, facilement riches.

(2 hectares à la limite de Zellenberg et de Ribeauvillé), un terroir de galets enrobés dans une matrice argileuse où réussit à merveille le riesling, et le *Rimelsberg* (3 hectares sur Zellenberg, en prolongement du Schoenenbourg), un terroir de marnes très argileuses propice au gewurztraminer et au pinot gris, notamment en vendanges tardives.

Depuis 1985, Jean-Philippe Becker s'est imposé, à la vigne, les règles d'une « culture raisonnée ». Dans les vignes mécanisables, les travaux aratoires sont multipliés, en pratiquant l'alternance des rangs (un rang travaillé, l'autre engazonné). Les traitements sont effectués de préférence avec des produits « écologiques », les amendements limités à un apport de fumier de vache ou de cheval, les produits anti-pourriture délaissés au maximum. Le rendement est maîtrisé dans l'optique d'une production n'excédant pas 60 hl/ha : petites arcures, éclaircissage, nouvelles vignes conduites plus bas. Ce souci se retrouve au chai. La vendange, transportée en comportes de bois, non foulée, est pressurée en écartant les fins de presse. Les vendanges tardives, triées, sont pressurées à part, sur un tout petit pressoir Vaslin. Le levurage indigène est privilégié, les vins fermentés reposent sur lies fines et sont filtrés raisonnablement. Les pinots noirs passent par un ancien pressoir vertical, qui préserve au maximum leur fruité ; les rouges sont élevés en barriques (en partie neuves).

Jean-Philippe Becker dispose d'une vaste cave, à deux niveaux. Celle-ci renferme une série des cuves inox de toutes dimensions, des cuves en ciment verré (contrôlées thermiquement), quelques cuves en acier émaillé et surtout un beau parc de foudres en chêne. La cuverie bois est parsemée de rutilantes pompes en cuivre ou en bronze d'autrefois, et d'anciens ustensiles vinaires, que collectionne Jean-Jacques Becker. Une petite œnothèque abrite de vieux flacons, dont le doyen est un Tokay de 1888.

Les caves Becker, avec leur collection de pompes anciennes.

Telle une vigie au-dessus de la plaine d'Alsace, Zellenberg, juché sur sa butte témoin.

A la multiplicité des crus du domaine répond une carte des vins très diversifiée, riche en spécialités. Intitulé *F*, le Sylvaner originaire du Froehn marque régulièrement sa différence (1990 produit en surmaturation, 14°4 nature, rond, charnu, incisif malgré ses 15 g de sucre), tandis que le Pinot blanc passé en barriques se montre du genre gras et boisé. Le Riesling *Hagenschlauf* est un bon classique (1989 aux accents minéraux, bien aiguisé en bouche), moins exubérant que le Riesling *Froehn*, dont le terroir précoce donne un vin naturellement alcoolisé (1989 aux arômes exotiques, très mûr, corpulent).

Le sol lourd du *Rimelsberg* enfante un Tokay-Pinot gris de grande richesse (1988 très floral au nez, puissant, séveux, capiteux) et un Gewurztraminer du même acabit, sur lequel Jean-Philippe Becker a conduit des expériences de « cryoextraction » (congélation de la vendange et pressurage à température sélective, de façon à extraire les moûts les plus riches) ; cela donne un vin assez original (1988 très aromatique, porté par une bonne acidité quoique moyennement complexe). Le *Praelatenberg*, quant à lui, fournit un fort élégant Gewurztraminer (1990 au nez épicé, pimenté de clou de girofle, savoureux, riche de ses 15° nature, avec une jolie pointe d'amertume).

Le *Froehn* livre sans doute les vins les plus remarquables. Gewurztraminer de race : 1990 glissant des notes botrytisées dans son beau complexe fleur-fruit, équilibré, fin, opulent ; 1989 VT montrant beaucoup d'allant et de nerf en dépit de sa richesse constitutive ; 1988 au parfum de rose épanouie, à l'expression encore retenue mais prêt pour une longue garde sérieuse. Étonnant Muscat, composé à 80 % d'ottonel et récolté cycliquement à des niveaux de richesse stupéfiants : 1990 odorant, très équilibré, presque aérien malgré ses 13° ; 1985 VT, 14°4 en puissance mais resté sec grâce à une fermentation poussée, droit, concentré, sur une arête bien vive ; fabuleux 1988 SGN, un muscat d'anthologie, ajoutant à ses 12°5 près de 200 g de sucre restant, une véritable liqueur de raisin confit.

Vinifié en rouge, le Pinot noir originaire du Froehn est un solide gaillard, élevé en fûts pendant un an (1990 au rubis soutenu, aux arômes kirschés et boisés – 20 % de barriques neuves –, bien campé sur un support tanins-alcool équilibré). Voilà toute une gamme de vins pour conforter le domaine Becker dans sa réputation de pilier du cru de Zellenberg.

• **Jean Becker**, 4, route d'Ostheim, 68340 Zellenberg.

D'AUTRES BONS PRODUCTEURS

• **Domaine Edmond Rentz**, 7, route du Vin, 68340 Zellenberg *(grand cru Froehn)*.

Riquewihr

On hésite à présenter Riquewihr, l'incontournable « perle du vignoble », petite cité viticole qui vit au rythme des flux et reflux d'une marée journalière de visiteurs, qui ne connaît pas à vrai dire de mortes-eaux touristiques, sinon au creux de la période hivernale. Force est pourtant de reconnaître qu'il s'agit d'un joyau exceptionnel, d'un incomparable village-musée, surgi en l'état de l'âge d'or alsacien et au surplus demeuré exclusivement vigneron, comme il le fut de tous les temps.

Fortifié à la fin du XIIIe siècle en devenant ville à part entière, Riquewihr, jusque-là sous l'autorité des comtes de Horbourg, fut vendu par ceux-ci aux comtes de Wurtemberg, en 1324 (s'ensuivit d'ailleurs une intervention musclée de l'évêque de Strasbourg, dont les seigneurs de Horbourg étaient vassaux). Les Wurtemberg-Montbéliard, qui renforcèrent sérieusement les privilèges de la cité à la fin du XVe siècle, resteront ses suzerains jusqu'à la fin de l'Ancien Régime.

Blotti derrière ses murailles médiévales et dominé par la sommité pointue du *Dolder*, sa tour-beffroi du XIIIe siècle, Riquewihr recèle une collection unique de maisons des XVIe et XVIIe siècles : témoignages intacts de sa plus belle période de prospérité viticole, qui réclame une visite approfondie des moindres ruelles. La ville est à goûter en basse saison ou, mieux encore, à déguster tranquillement au cœur de l'hiver, telle qu'en elle-même, enveloppée de givre et odorante de feux de bois.

Fort de 300 hectares, le vignoble riquewihrien reste surtout dans les mains d'un florissant négoce de type traditionnel. Riquewihr a toujours été réputé pour son Riesling, à commencer par celui provenant du fameux *Schoenenbourg*, mais l'on récolte également un Gewurztraminer de classe sur l'autre grand cru communal, le *Sporen*, qui lui répond par-dessus le village. Autres lieux-dits à retenir : le *Rosenbourg* et le *Clos des Sorcières*.

Le Sporen

Grand cru classé en 1992. Superficie : 24 hectares. Exposition : sud-est. Séparé du Schoenenbourg par le village, le *Sporen* est un coteau beaucoup moins pentu que son vis-à-vis mais d'une antériorité presque égale, puisqu'on le mentionnait déjà au XVe siècle. Se déployant autour de 275 mètres d'altitude, il repose sur un substrat marno-argileux, à forte teneur en acide phosphorique, qui favorise le réchauffement de l'argile. Ces sols profonds, sachant bien restituer l'eau en cas de sécheresse, se montrent particulièrement bénéfiques au Gewurztraminer – vins épicés et séveux, volontiers plantureux –, bien que le Pinot gris et le Riesling aient ici leur place.

Le Schoenenbourg

Grand cru classé en 1992. Superficie : 53 hectares. Exposition : sud, sud-est. Le *Schoenenbourg* – naguère, on écrivait plutôt *Schoenenberg* – est l'un des plus célèbres coteaux d'Alsace. Il est cité pour la première fois en 1301, dans la donation d'un bourgeois de Riquewihr au couvent Sainte-Catherine d'Ammerschwihr, mais ensuite les témoignages ne tarissent plus sur ce Schoenenberg « où pousse le vin le plus généreux de ce pays » (Mérian, 1644), « où croît le vin le plus noble de cette contrée » (Doppelmayer, 1734).

Surplombant le rempart nord de la ville – sa pente, très forte, dévale de 380 à 265 mètres –, le « beau coteau » doit ses vertus vinifières à une exposition idéale au-dessus de la cuvette riquewihrienne, ainsi qu'à la qualité de sa terre. Celle-ci repose sur des marnes gypseuses du Keuper (une petite carrière de plâtre fut exploitée en milieu de coteau jusqu'au siècle dernier), recouvertes par des épandages de grès vosgien et de fines couches du Muschelkalk : d'où une heureuse combinaison de sols légers et d'un sous-sol riche et fertile, à bonne rétention d'eau. Le sanctuaire du cru est au-dessus du village, mais la partie classée du coteau est prolongée aujourd'hui sur le finage de Zellenberg (lieu-dit *Kronenburg*).

Exception faite des quelques parcelles de muscat et pinot gris (gewurztraminer sur Zellenberg), le riesling demeure le cépage-roi du *Schoenenbourg*. Il produit ici un vin exceptionnel de finesse et de corps, avec des arômes poivrés et fumés s'éclipsant, au fil du temps, au profit d'un grand bouquet minéral. Garde importante et très belle réussite en vendanges tardives.

Hugel et Fils

Comme le Dolder ou les enseignes de Hansi, la famille Hugel fait partie du patrimoine inaliénable de Riquewihr et, bien au-delà, de l'Alsace tout entière. Il faut dire que cette dynastie vigneronne – qui porte magnifiquement son nom, *hugel* signifiant « colline » en alsacien – a de la branche, puisque son ancêtre fondateur, Hans Ulrich Hugelin, s'installa à Riquewihr en 1637. Reçu bourgeois de la ville dès 1639, ce dernier se retrouvait, quelques années plus tard, à la tête de la corporation des vignerons (*Rebleutzunft*), une association au rôle d'ailleurs plus politique que professionnel.

Ses successeurs continuèrent sur cette belle lancée, qui construisant en 1672 la première maison de la rue des Cordiers, qui rachetant en 1775 les caves riquewihriennes de l'abbaye d'Autray, qui encore créant au siècle dernier un atelier de tonnelerie. En 1902, Frédéric Émile Hugel transportait la maison familiale au cœur de Riquewihr, œuvrant au lendemain de la Première Guerre mondiale pour la reconstitution qualitative du vignoble alsacien. Son fils Jean l'imita, jusqu'en 1980.

La maison Hugel, qui vient donc de fêter son 350e anniversaire, est aujourd'hui aux mains des trois fils de ce dernier :

Georges, l'aîné, qui préside l'entreprise, Jean le cadet et André, à ses heures historiographe attentif de sa petite patrie riquewihrienne. Mais la génération suivante est maintenant à l'ouvrage, sous la forme d'un second trio : Jean-Philippe, le fils de Georges (à la gestion), Marc et Étienne, les fils d'André (le premier à la vinification, le second aux relations publiques). Tout ce clan est emmené tambour battant par le pétulant Jean Hugel, le grand « communicateur » de la maison, malicieux personnage plein d'une flamme contagieuse. Ingénieur agronome et œnologue de formation, l'« oncle Jean » – qui s'occupa longtemps des vignes et de la cave – dépense maintenant sa légendaire faconde dans une étourdissante défense et illustration des grands vins d'Alsace... à la mode Hugel évidemment. Il serait vain de vouloir y résister.

La famille Hugel siège au centre même de Riquewihr, occupant quelques pâtés de maisons à côté de la petite boutique d'angle de la rue principale, qui est précisément ornée d'une enseigne célèbre de Hansi ; leur appartient notamment l'ancienne cour dîmière des évêques de Strasbourg. Dessous ces bâtiments court tout un entrelacs de caves et de galeries, monde souterrain insoupçonnable depuis la rue.

Viticulteurs et négociants, les Hugel sont à la tête d'une entreprise de 31 personnes – « seulement », précise Jean Hugel, toujours soigneux de la réputation d'économie de sa famille. Il faut dire que la maison produit annuellement une centaine de milliers de caisses de vin, dont 80 % partent à l'exportation. Versant négoce, elle est approvisionnée par environ 220 fournisseurs de raisin, regroupés en une société de producteurs (l'UPRACA) et disséminés sur une bonne partie de l'Alsace, de Châtenois jusqu'à Soultz. Le plus gros volume de ces apports – environ 70 % – provient néanmoins des secteurs d'Obermorschwihr, de Gueberschwihr et de Rouffach. Encouragée par des primes, la fidélité des vignerons garantit une fourniture sérieuse et suivie. Très attaché à la qualité de cette matière première, le bouillant Jean Hugel aime à souligner que

Patchwork automnal entre le vignoble et la forêt de Riquewihr.

Enseignes de Hansi.

l'Alsace a accompli des progrès considérables depuis 1918, la part des cépages nobles en particulier ayant grimpé de 10 à 80 %.

Le domaine propre des Hugel compte 27 hectares. Couvrant chacun 11,5 ha, le riesling et le gewurztraminer ont la primauté absolue. S'ajoutent à eux près de 3 hectares de pinot gris, une cinquantaine d'ares de pinot noir et une minuscule parcelle (9 ares) de muscat, aux vignes cinquantenaires. Le vignoble est entretenu dans une optique de qualité et de rendement limité : vignes enherbées, pas d'engrais en dehors d'un léger apport azoté pour l'herbe, éclaircissage méthodique (lequel supprima jusqu'au tiers de la récolte de riesling en 1986). Les vendanges, bien sûr, sont faites à la main, en recherchant une maturité optimale.

Totalisant 60 % de sa superficie, les deux grands crus de Riquewihr, le *Schoenenbourg* et le *Sporen*, sont les incontestables fleurons de ce vignoble familial, même si les Hugel les mettent peu en avant. Leurs noms, ainsi que l'appellation grand cru, restent en effet absents de la célèbre étiquette jaune et rouge (des couleurs inspirées, pour la petite histoire, par l'habillage, réputé vendeur à l'époque, d'une grande marque de potage en boîte...). Bien que parfaitement convaincu des hautes vertus de ces deux terroirs – le Schoenenbourg dont « plus les vins vieillissent, plus ils sont jeunes » –, Jean Hugel justifie son opposition à la législation des grands crus par deux arguments essentiels : d'une part des délimitations à son sens trop laxistes (pourquoi, s'emporte-t-il, avoir classé près de 24 hectares en Sporen, quand ce cru se borna pendant plusieurs siècles à 4 hectares et quelques dizaines d'ares ?), d'autre part sa crainte de voir brouiller l'image des vins d'Alsace à l'étranger. Argumentation qui n'est pas sans valeur, même si la seconde objection reflète le point de vue d'un négociant fortement exportateur.

S'il est un chapitre, en revanche, sur lequel ne tarira jamais l'éloquence de Jean Hugel, c'est bien celui des vendanges tardives et des sélections de grains nobles, que vénère par-dessus tout cet amoureux d'Yquem. Il faut dire que la maison Hugel fut vraiment la pionnière en ce domaine, puisqu'un mémorable Tokay 1865 – une somptueuse liqueur titrant 23° en puissance – figurait au menu du mariage de ses parents en 1921, et brillait

Menu de mariage (famille Hugel, 1921) : les crus riquewihriens au rendez-vous.

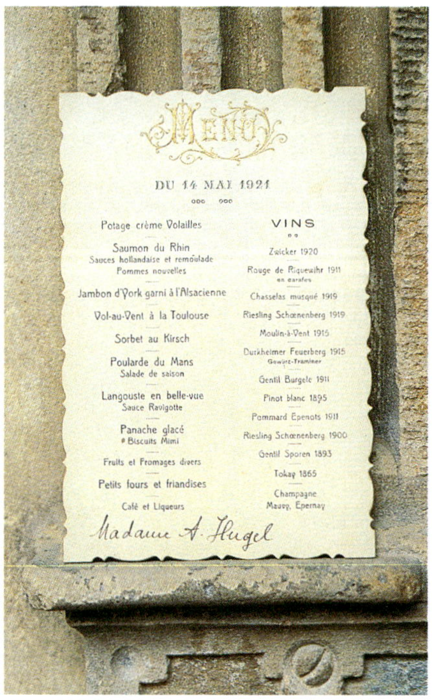

encore de tous ses feux lors d'une dégustation en 1983. Récoltant des vins de vendange tardive depuis le début du siècle – notamment en 1921, 1929 et, de manière régulière, à partir de 1959 –, elle sut aussi dégager des lots d'exception dans les grandes années de pourriture noble : ce fut le cas du superbe millésime 1934 (dont une caisse de Gewurztraminer du Sporen fut offerte à Churchill), puis de 1959, 1961, 1967, 1971, 1976, 1981 et 1983 – du moins avant promulgation de la loi. Jusqu'en 1967 d'ailleurs, les Hugel usèrent pour ces vins de la mention *Beerenauslese*. Mais à la suite de protestations allemandes à Bruxelles, ils furent contraints de lui substituer l'expression, mieux venue au demeurant, de « sélection de grains nobles ».

Jean Hugel et son père imaginèrent alors de donner un cadre législatif à ces types particuliers de récolte. Les dispositions européennes exigeaient en outre que fussent fixées réglementairement les conditions d'usage de ces termes laudatifs. Ils rédigèrent ensemble une proposition de texte qui, après maintes péripéties, fut adopté en l'état – sans aucun changement, à la légère nuance de l'ajout du muscat parmi les cépages autorisés – et devint la loi du 1er mars 1984. La « loi Hugel », comme disent certains, venait de faire accomplir à l'Alsace un pas de géant dans le sens de la qualité, en plaçant d'ailleurs très haut la barre réglementaire. Fier auteur, Jean Hugel (qui assume depuis la présidence du Syndicat des producteurs de vins de vendange tardive) insiste notamment sur la notion de démarche volontaire que constitue la déclaration préalable de récolte, comme il se félicite de la rigueur des agréments.

Les chais et les caves forment un surprenant labyrinthe – pas moins de 5 niveaux au sein du bâtiment principal – et les secondes allongent leurs tentacules sous les maisons environnantes. La vendange est livrée en bottiches, sur lesquelles sont apposées des plaques de différentes couleurs selon le degré naturel. Le raisin est monté par ascenseur au premier étage pour y être foulé (un fouloir par couleur), redescendu en salle de pressurage, au rez-de-chaussée, où opère une batterie de 6 pressoirs, pneumatiques et à vis (un pressoir par fouloir) : peuvent ainsi être traitées simultanément toutes les qualités de vendange. Écoulés vers la cave, les jus sont alors centrifugés (système adopté depuis 1953).

La cuverie – d'une capacité totale de 14 000 hectolitres – comprend des cuves en béton verré, des cuves inox (dont certaines destinées aux microvinifications) et surtout un parc magnifique de foudres de bois, tous équipés d'un système de contrôle des températures. Au milieu de ces derniers trône la fameuse « Caterine », monument de chêne daté de 1715 (l'année de la mort de Louis XIV... et de Dom Pérignon), le plus vieux fût encore en service dans le monde. Mais l'on compte aussi de nombreux foudres d'avant 1900, remontant à l'aïeul maître tonnelier.

Les moûts sont bentonités en début de fermentation, puis, celle-ci achevée, le vin est soutiré et mis à reposer sur lies fines. Les pinots noirs sont vinifiés en cuves rotatives ; les meilleures qualités sont cuvées 2 à 3 semaines, puis passées en barriques. Clarifications classiques : préfiltration sur terre et filtration sur membrane au moment de la mise. Les bouteilles sont alors soit entreposées en piles sous la maison mère (800 000 bouteilles en réserve), soit stockées en palettes dans une cave immense, à la périphérie du village. Cet antre gigantesque, que la roche maintient naturellement climatisé, peut recevoir jusqu'à 2,2 millions de bouteilles. La maison détient les plus gros stocks de vins vieux d'Alsace (la collection personnelle des Hugel ne renferme-t-elle pas encore du Tokay et du Gentil Sporen de 1857, ou du vin de paille de 1884).

Parmi les cuvées de base, en général irréprochables, il faut évoquer le Pinot blanc, souple et rafraîchissant, l'une des spécialités de la maison (1990 rond et incisif sous sa robe pâle, avec du fruit, des arômes de pêche blanche et une délicieuse pointe d'amertume). La gamme, à cinq degrés, s'élève ensuite d'une manière sûre. Le Gewurztraminer peut illustrer cette progression : cuvée de base (1989 aux arômes floraux, avec une pointe balsamique, gras et aimable, sans la moindre agressivité) ; *Cuvée Tradition* (1989 au délicat parfum de rose, fondu et parfaitement équilibré, sur une finale encore riche d'extrait sec) ; *Jubilée Hugel* (1988 au nez vertical, violette en dominante, à l'acidité fine et marquée, à la bouche amplement parfumée) ; Vendange tardive (1989 long, riche et structuré, au nez encore retenu) ; Sélection de grains nobles (1983, 20° potentiels, gourmand, complexe, élégant, finement construit, délivrant la quintessence d'un bouquet de rose).

Vendanges au Schoenenbourg.

Dans cette dernière catégorie, les vins mûrissent longuement en cave avant d'être commercialisés – le millésime 1983, par exemple, ne fut débloqué qu'au début de 1990 – et les années fastes couvent de futurs morceaux d'anthologie (Gewurztraminer 1989 SGN, 24° potentiels, au sublime nez de violette et d'orange, au corps tout de velours, avec sa bouche extraordinairement tapissante, dans un registre proche d'une *essencia*).

Le Riesling, notamment lorsqu'il est natif du Schoenenbourg, sait se comporter en seigneur (1985 *Jubilée Hugel* aux délicats arômes minéraux, plein, savoureux, élégant en bouche avec sa touche florale). Récolté en surmaturité sur de vieilles vignes, il produit de mémorables vendanges tardives (1976 VT exceptionnellement concentré, viril et féminin à la fois, ajoutant aux fortes saveurs fossiles de sa terre nourricière la caresse d'un corps voluptueux). En grains nobles, il peut faire des prouesses, d'autant plus remarquables qu'elles sont rarissimes (1985 SGN, cuvée confidentielle – 225 litres pour tout le Schoenenbourg ! –, habit vert-cognac, nez de pétrole, d'épices et de datte, bouche énorme, pleine d'arômes confits, paraissant « légère » malgré 130 g de sucre résiduel).

Il faut enfin accorder une mention spéciale au Pinot noir *Jubilée Hugel*, l'une des cuvées de rouge les plus réussies d'Alsace. Des arômes, du volume, un boisé très discret, malgré un élevage en pièces demi-neuves : celui-ci peut faire songer à de bons villages de la Côte de Beaune (1988 au rubis profond, à l'odorante cargaison de petits fruits rouges, étoffé, charnu, tapissé de tanins fins).

Les Hugel se proclament eux-mêmes « pionniers de la viticulture alsacienne ». Difficile, effectivement, de leur disputer la paternité des grands Alsaces liquoreux, de nier leur politique en faveur des vins de garde, de contester l'authenticité de leur enracinement alsacien, et même de ne pas enfourcher, avec l'inépuisable Jean Hugel, les impétueux chevaux de bataille de la maison. Bref, difficile de ne pas simplement reconnaître leurs mérites.

• **Hugel et Fils**, 3, rue de la 1re-Armée, 68340 Riquewihr.

La collection Méquillet

C'est la plus prestigieuse collection, actuellement conservée, de vins anciens d'Alsace. Ceux-là proviennent du vignoble des Méquillet, une famille riquewihrienne considérablement enrichie au siècle dernier. La dernière descendante du nom, Fanny Méquillet, mourut en 1950, léguant sa fortune à diverses institutions, en particulier au consistoire protestant de Colmar et à la ville de Riquewihr. A cette dernière échurent les biens de famille situés sur son territoire, notamment les anciennes écuries seigneuriales de Riquewihr et le vin conservé en cave.

La municipalité confia les précieux flacons aux soins du syndicat viticole de Riquewihr, qui depuis contrôle régulièrement leur état et assure le rebouchage. Le lot comprenait initialement du Riesling de 1834, millésime légendaire, pour lequel Camille Méquillet avait remporté une médaille. Trois centaines de bouteilles subsistent aujourd'hui, allant de 1857 à 1937. Un autre lot de vins Méquillet, couvrant la période 1834-1937, a été acquis en 1962 par la Confrérie Saint-Étienne, et a rejoint pour partie l'œnothèque du château de Kientzheim.

En réalité double, la collection Méquillet fait de temps à autre l'objet de ponctions obligées, comme au cours de cette dégustation « historique » de juin 1991, organisée par la ville de Riquewihr à l'occasion du sept centième anniversaire du Dolder. On y déboucha des raretés : Gentil du Sporen 1893, Riesling de Riquewihr 1884, Gentil de Riquewihr 1865, qui, loin de se comporter en vins de musée, démontrèrent au contraire, sous leur teint ambré de vieux cognac, tout le panache dont peuvent être capables les grands Alsaces.

Dopff « Au Moulin »

La maison au petit moulin, dont les ailes tournent aux quatre coins du globe depuis les années 20, est une institution riquewihrienne autant qu'une célébrité française. Proprement incontournable, à l'entrée même de l'un des villages les plus fréquentés de la planète, portée aussi par un nom dont la monosyllabe claque comme une rasade de vin frais, elle continue à véhiculer l'image rassurante d'une Alsace quelque peu éternelle.

La légende a néanmoins des racines bien historiques dans la petite cité. En effet, c'est en 1671 que Jean Daniel Dopff, boulanger et aubergiste, dont la famille était originaire d'Oehringen en Wurtemberg, fut reçu bourgeois de Riquewihr. Son fils, Balthazard Georges, devint maître tonnelier, et trois autres générations se succédèrent dans cette activité. Au milieu du XIXe siècle, Jean Dopff choisissait la profession de gourmet (courtier en vins). Il revint à son fils, Jean Gustave, de jeter les bases du domaine familial. C'est ce dernier qui déménagea de l'ancienne Maison du Cerf (le berceau de la famille, où l'ancêtre Jean Daniel avait fondé auberge) pour s'installer dans des caves beaucoup plus spacieuses, situées à la périphérie de la ville, où son fils Julien se lancera, au début de ce siècle, dans l'aventure de la champagnisation.

La maison est toujours là, considérablement agrandie et flanquant désormais de ses chais la totalité du rond-point à l'entrée de Riquewihr. Employant aujourd'hui une soixantaine de personnes, elle est dirigée par l'affable Pierre Dopff, qui ajoute à ses activités de viticulteur-négociant un mandat ininterrompu de maire depuis 1965. Son fils, Pierre Étienne, est aujourd'hui à ses côtés.

Dopff « Au Moulin » est à la tête de l'un des plus grands domaines d'Alsace : 70 hectares, répartis sur les communes de Riquewihr, Hunawihr, Mittelwihr, Turckheim et Colmar (où elle possède 15 hectares dans la *Hardt*). Ses joyaux ont pour noms le *Schoenenburg,* que la maison conserve dans son ancienne orthographe (7 hectares de riesling), et, sur Turckheim, le *Brand* (3 hectares de gewurztraminer dans le secteur de l'*Eichberg*). La maison récolte également en *Sporen* (gewurztraminer). Elle s'approvisionne aussi auprès de 300 viticulteurs sous contrat, ce qui lui permet de commercialiser par an la bagatelle de 3 millions de bouteilles.

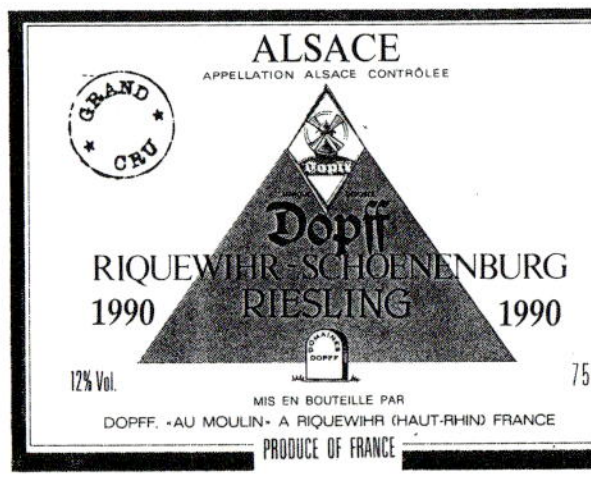

Courant dessous la maison mère, les caves semblent interminables : cuverie d'une capacité de 30 000 hectolitres, composée de cuves en ciment verré (qui furent les premières du vignoble en 1929), de foudres et de cuves inox ; caveaux de vieillissement, où sont conservées en piles les bouteilles à rotation lente ; ancienne cave à Crémants, prolongée par des tunnels creusés à même le coteau et où subsistent des pupitres de travail. Si l'ancienne tonnelerie – qui rendait naguère la maison complètement autonome en ce domaine – est maintenant désaffectée, de nouveaux locaux sont venus s'ajouter, en particulier la grande cave à Crémants, de l'autre côté de l'avenue Preiss, qui masque ses installations très fonctionnelles sous une toiture à l'ancienne et où, chaque quinzaine, vient dégorger une équipe champenoise. Un grand vendangeoir, donnant également sur le carrefour, complète ce vaste ensemble.

Conduites par le chef de cave, Pascal Batot, jeune œnologue diplômé de Montpellier, les vinifications dégagent une gamme de vins extrêmement fournie, à la taille de la maison. Les cuvées de base sont de nature diverse. Étiquetée de vert, la catégorie *Propre récolte* rassemble les vins du domaine, vendangés plus tardivement (fin octobre). Ce sont des cuvées plutôt riches, conservant sensiblement du sucre résiduel : Riesling 1990 vif, vertical, précis, avec une fine expression végétale ;

Livraison de pinot noir chez Dopff « Au Moulin ».

Gewurztraminer 1990 floral, chaleureux, bien équilibré ; Tokay-Pinot gris 1989 à la robe jaune d'or, au nez exotique et miellé, généreux, volumique.

Le Gewurztraminer du *Brand* est un vin solaire, souvent proche de la surmaturation (1988 dense et puissant, très chaud, sur des arômes encore retenus), tandis que le Riesling *Schoenenburg* varie ses caractères au gré des millésimes : 1990 élégant et généreux, avec son nez floral et sa bouche friande ; 1989 aux consonances végétales et terreuses, corpulent, vigoureux, un peu alourdi par ses sucres, marqué par une fine amertume. Ici l'on réussit de belles vendanges tardives et sélections de grains nobles, où s'exprime la race du terroir de Riquewihr : Gewurztraminer *Sporen* 1990 VT, vendangé les 9 et 10 novembre, un vin au superbe complexe floral, à la belle suite en bouche, faisant passer aisément ses 13°7 et ses 38 g de sucre ; Gewurztraminer (« de nos vignobles de Riquewihr ») 1988 SGN aux reflets ambrés, près de 18° en puissance, au riche nez de miel et de fruits exotiques, harmonieux, long et très tenu en bouche, bâti pour un grand avenir.

Mais la grande affaire de Dopff, c'est le Crémant. Celui-ci ne représente pas moins de 1 million de bouteilles par an, le tiers du volume de la maison. Julien Dopff, le père de Pierre Dopff, conquis par la méthode champenoise en visitant l'Exposition universelle de 1900, passa deux ans à en acquérir la technique à Épernay, puis se lança avec un vif succès dans l'élaboration de vins effervescents, prélude à ce qui allait devenir le Crémant d'Alsace. Amoureux du Champagne, amateur de vieux flacons, il organisa sa maison au service des bulles. Pierre Dopff préside aujourd'hui la Fédération des crémants de France, et, en digne fils de son père, continue de sortir des Crémants d'une réelle qualité : gamme variée au sommet de laquelle trône la *Cuvée Bartholdi* (mousse fine et vivace, couleur pâle vert citron, fraîcheur, nervosité, caractère aérien).

• **Dopff « Au Moulin »**, 2, avenue Jacques-Preiss, 68340 Riquewihr.

Voltaire « vigneron »

Alors qu'il résidait déjà à Ferney, le grand Voltaire en personne fut « propriétaire » de vignes à Riquewihr, précisément au lieu-dit *Mannlehn.* Il s'agissait en fait d'une hypothèque sur des biens du duc Charles Eugène de Wurtemberg, auquel Voltaire avait prêté, entre 1752 et 1764, de fortes sommes d'argent, contre une rente viagère sur ses revenus seigneuriaux. Mais la rente tardait le plus souvent à venir, et le patriarche de Ferney dut s'épuiser dans une interminable correspondance de créancier. Quant aux deux arpents de vigne du duc, bien qu'il séjournât longuement à Colmar en 1754, jamais il n'en vit les ceps ni n'en but le vin.

Dopff et Irion

L'autre Dopff de Riquewihr. Celui-ci, pour sa part, est installé « au Château », puisque la maison – près de l'entrée basse de la ville – occupe l'ancienne résidence des ducs de Wurtemberg, seigneurs de Riquewihr jusqu'à la Révolution. Le tronc familial est évidemment commun, mais René Dopff, en 1946, se sépara de son frère Julien (Dopff Au Moulin) en s'associant avec Madame Veuve Irion, propriétaire de vignobles sur Riquewihr. La nouvelle maison, Dopff et Irion, s'affirma rapidement sur le plan commercial, jusqu'à devenir dans la décennie suivante l'une des plus grosses affaires vinicoles d'Alsace.

En 1978, René Dopff passait le relais à son fils Guy, mais d'imprudentes opérations sur la pléthorique récolte de 1982 mirent, en 1984, la maison au bord du dépôt de bilan. Jacques Ricard, expert financier et beau-frère de Guy Dopff, fut donc chargé d'assainir la situation. Ce tonitruant gestionnaire se prit alors au jeu et, en compagnie de son adjoint Robert Pauget, conduisit patiemment le redressement de Dopff et Irion. Aujourd'hui, la maison a retrouvé son crédit et sa prospérité, en même temps qu'une taille raisonnable, et poursuit désormais dans le sens de la diversification, en lorgnant d'ailleurs vers des vignobles extra-alsaciens.

Dopff et Irion cultive actuellement 32 hectares de vignes : 27 hectares en pleine propriété sur le ban communal (*Domaines du Château de Riquewihr*) et 5 hectares exploités à Rouffach, sur le domaine du *Château d'Isembourg.* Les vignobles de Riquewihr englobent notamment *Les Sorcières*, un clos qui donne son nom à la célèbre cuvée de gewurztraminer de la maison. Les autres parcelles sont regroupées dans les cuvées du domaine selon leur vocation viticole : Riesling *Les Murailles* venu de terres marno-calcaires à proximité des remparts ; Muscat *Les Amandiers* issu d'un sol gypseux et précoce ; Tokay-Pinot gris *Les Maquisards* (hommage de René Dopff à ses compagnons de la Résistance), né de terroirs argileux à l'exposition méridionale. Quant aux deux grands crus de Riquewihr – le *Schoenenbourg* (7 hectares de riesling, moins de 1 hectare de muscat) et le *Sporen* (1,5 ha de gewurztraminer, une dizaine d'ares de pinot gris) –, ils sont maintenant vinifiés à part et commercialisés comme tels. A cette production domaniale s'ajoutent de nombreux apports de raisins – principalement en provenance de Rouffach, d'Orschwihr et de Dambach-la-Ville, qui portent à environ 15 000 hectolitres le volume annuel de la maison.

Si la vieille cave des ducs, datée de 1549, ne sert plus qu'au seul bonheur des visiteurs, qui peuvent encore y admirer un foudre de 1783, Dopff et Irion dispose de spacieuses installations vinaires, parfois même surdimensionnées par rapport à sa taille actuelle. Livrée sur un quai face à l'hôtel de ville, la vendange alimente

Vieux Riquewihr.

5 pressoirs pneumatiques (Bücher), puis est écoulée en cuves de décantation et centrifugée, avant de rejoindre la cuverie de fermentation (cuves en béton époxy à thermorégulation, cuves en béton classiques). Les rouges sont égrappés et vinifiés en cuves Vinimatic. Les phases d'élevage et de production se déroulent hors les murs, dans un vaste chai souterrain, où une gigantesque cuverie inox (prévue pour accueillir le triple de volume) partage les lieux avec des stocks-palettes. Les mises en bouteilles sont précédées d'un passage au froid.

Les vins Dopff et Irion veulent perpétuer le style que leur avait insufflé René Dopff : un style sec, net, davantage tourné vers la table qu'encombré de sucres inutiles. Les cuvées du domaine vont incontestablement dans ce sens : Riesling *Les Murailles* 1989 au registre minéral accentué, ferme et très équilibré ; Tokay-Pinot gris *Les Maquisards* 1989 riche mais bien sec, soutenu par une heureuse pointe d'acidité ; Gewurztraminer *Les Sorcières* 1990 au nez très fin, à la bouche corsée et capiteuse, tout emplie de rose. Le *Sporen*, lui, engendre un gewurztraminer de garde (1988 finement floral, judicieusement acide, sec et déjà complexe).

Quant aux vendanges tardives, elles montrent leur sérieux sans recourir à des effets faciles (Gewurztraminer 1983 VT caressant au palais, élégant, parfumé, sur un fond plutôt sec, préservant la bouche de tout empâtement). Décidément, la partie engagée par Jacques Ricard semble bien en voie d'être gagnée.

• **Dopff et Irion**, Au Château, 68340 Riquewihr.

Domaine Mittnacht-Klack

Un peu à l'écart de la vieille cité, dans le Riquewihr sans touristes, la cave occupe le bas d'un grand pavillon moderne, dont la façade s'orne de l'effigie d'un ours vigneron. Jean Mittnacht, originaire de Hunawihr, et son épouse Annie, née Klack, sont installés là depuis 1973. Vaste de 9,5 ha, leur vignoble s'étend naturellement sur Riquewihr et Hunawihr, mais aussi sur les communes limitrophes de Zellenberg, Ribeauvillé et Kientzheim. Le riesling y vient en tête, représentant un large tiers de l'encépagement, suivi du pinot blanc et de l'auxerrois, pour près de 30 % à eux deux.

Les Mittnacht-Klack possèdent une enviable série de crus et lieux-dits réputés. A Riquewihr, ce sont le *Sporen* (30 ares, gewurztraminer) et le *Schoenenbourg* (70 ares, riesling et gewurztraminer), ainsi que des parcelles dans l'extension de ce dernier sur Zellenger (60 ares, riesling). A Hunawihr, ce sont le grand cru *Rosacker* (80 ares, riesling et gewurztraminer) et le lieu-dit *Muhlforst* (80 ares, riesling). A Ribeauvillé, c'est le *Clos Saint-Ulrich*, un terroir à dominante granitique, à très forte pente, environ 40 %, au pied du château féodal du même nom (1,3 ha, riesling et pinot gris).

Leur vignoble est cultivé en enherbement alterné, subit des traitements à base de produits doux, est éclairci au besoin pour limiter la charge des ceps, et vendangé à la main. Les raisins sont foulés puis pressés sur pneumatique (Willmes depuis 1990) avant centrifugation. Au sous-sol, la cuverie, entièrement thermorégulée, fait cohabiter toutes les familles de cuves, bien que foudres en bois et cuves inox en constituent la majorité. Élevage classique (préfiltration sur kieselguhr, filtration sur cartouches), mise en juillet-août, stockage en palettes (à noter que les grands crus et les vins haut de gamme ne sont pas débloqués avant au moins deux ans de conservation).

Les vins du Domaine Mittnacht-Klack sont expressifs, souvent riches, en tout cas fortement caractérisés en fonction du terroir et du millésime. Au firmament de la cave brillent naturellement les grands crus de Riquewihr et Hunawihr. Régulier Riesling *Schoenenbourg* : 1990 dans sa phase végétale, avec des notes de citronnelle, riche, corpulent, alcooleux ; 1989 *Vieilles Vignes* au nez de miel d'acacia, à la bouche opulente, digne d'une récolte tardive (13°2 et 21 g de sucre) ; 1988 nerveux et ferme, avec son puissant nez de calcaire ; 1988 *Vieilles vignes* aux arômes plus timides, avouant d'abord sa richesse, puis sa matière, sur une certaine astringence ; superbe 1985 au violent nez de silex, avec des touches de girofle et d'épices, dense, matériel, long et concentré, un grand classique du cru. Élégant Riesling *Rosacker* (1989 rond, tendre et plein, judicieusement contrebalancé par une acidité de fin de bouche). Plantureux Gewurztraminer *Sporen* (1989 opulent, épicé, presque oriental). Harmonieux et subtil Gewurztraminer *Rosacker* : 1989 délicatement floral, long et élégant, un authentique vin de dentelle, ciselé dans des pétales de rose et faisant oublier ses 14° nature ; 1988 aux sensations en demi-teinte, fondu, terminant sur des notes de violette.

Le Tokay-Pinot gris, s'il fournit d'honorables cuvées génériques (1989 bien fruité, légèrement fumé mais lourd en alcool), est surtout l'apanage du clos de Ribeauvillé. Les Mittnacht-Klack y vendangent tardivement et obtiennent à l'occasion de fastueux grains nobles (Tokay-Pinot gris *Clos Saint-Ulrich* 1989 SGN à la robe d'or profond, aux arômes puissants de pâte de coing, de datte et de vieille prune, une sorte de miel liquide, laissant onctueusement couler 14°5 et 120 g de sucre). Ne pas en oublier, pour autant, leurs remarquables vendanges tardives en Gewurztraminer (1989 VT magnifiquement aromatique, fin, soyeux, une essence de rose).

• **Mittnacht-Klack**, 8, rue des Tuileries, 68340 Riquewihr.

D'AUTRES BONS PRODUCTEURS

• **Roger Jung et Fils**, 23, rue de la 1re-Armée, 68340 Riquewihr *(grands crus Schoenenbourg, Sporen et Rosacker)*.
• **Domaines J.-M. Baumann**, 8, avenue Méquillet, 68340 Riquewihr *(grands crus Schoenenbourg et Sporen)*.
• **Jean Klack**, 18, rue de la 1re-Armée, 68340 Riquewihr *(grands crus Schoenenbourg et Sporen)*.

Voir aussi :

• **Domaine Marcel Deiss**, à Bergheim *(grand cru Schoenenbourg)*.
• **Jean Becker**, à Zellenberg *(grands crus Schoenenbourg et Sporen)*.
• **Cave coopérative de Ribeauvillé** *(grands crus Schoenenbourg et Sporen)*.
• **Bott-Geyl**, à Beblenheim *(grand cru Schoenenbourg)*.
• **Raymond Renck**, à Beblenheim *(grand cru Schoenenbourg)*.
• **Caves de Beblenheim** *(grand cru Schoenenbourg)*.
• **Cave vinicole de Turckheim** *(grands crus Schoenenbourg et Sporen)*.

Beblenheim

Souriante localité s'ouvrant au vaste horizon de la plaine d'Alsace, Beblenheim se flatte d'un lointain passé viticole, puisque déjà au Moyen Age l'abbaye bénédictine de Marmoutier et l'abbaye cistercienne de Pairis, dans les Vosges, y possédaient des vignes. Depuis longtemps également brille l'éclat des vins de son grand cru *Sonnenglanz*, dont un procès, en 1935, fixa avant la lettre les limites. C'est aussi ici que naquit Christian Oberlin, qui, par ses expériences de greffage sur des pieds américains, sauva le vignoble alsacien du phylloxéra. Installée non loin d'une belle fontaine du XVe siècle, l'excellente cave coopérative joue aujourd'hui un rôle central dans la production du village.

Caves de Beblenheim

Située au pied de l'aimable coteau du Sonnenglanz, la cave vinicole de Beblenheim marque un peu le centre du village, distordu entre ses deux églises et les volutes de sa rue principale. S'intitulant désormais *Caves de Beblenheim*, elle occupe de vastes bâtiments, modernes et fonctionnels, mais conserve jalousement son noyau historique, une superbe demeure à colombages où court une glycine, et qui appartient au hobereau local – d'où le nom de sa marque (*Baron de Hoen*).

Discrète mais sérieuse et performante, la cave que dirige Pierre Wagner fut créée en 1952. Elle regroupe aujourd'hui 200 adhérents, qui cultivent 250 hectares sur Beblenheim et quatre communes voisines : Zellenberg, Riquewihr, Mittelwihr et Ostheim. En y ajoutant les contrats de livraison de vins, ce sont au total plus de 4 millions de cols qui sortent chaque année de la coopérative. La dernière décennie fut celle d'un gros investissement de la cave dans ses installations vinaires ; entre 1983 et 1992, elle a ainsi accumulé une impressionnante technologie, à tous les stades d'élaboration du vin, depuis la collecte du raisin jusqu'au stockage des bouteilles.

Confiées depuis 1990 aux soins de Patrick Lebastard, un œnologue d'origine berrichonne, les vinifications sont conduites sur des outils de pointe, dans un décor d'autant plus imposant que la cave, ne manquant pas de terrain, a pu s'agrandir tout à son aise. Le raisin, livré en bennes ou en bottiches selon un plan de vendange qui ne prévoit pas la rentrée de plus de deux cépages par jour, est réceptionné dans un vendangeoir tout inox, entièrement régi par l'informatique. Commandés par un tableau de bord qui permet de visualiser le parcours complet de la vendange, d'effectuer automatiquement des prélèvements et analyses de moût, et de délivrer des fiches d'apport en temps réel, les deux postes de réception peuvent traiter jusqu'à 400 tonnes de raisin par jour ! Égrappage, foulage, conservation en raisins entiers, macération pelliculaire se font à la demande. Les raisins destinés au Crémant sont transportés par tapis roulant et le pressurage est assuré par 5 gros pressoirs pneumatiques Bücher.

Le reste de la cave poursuit la même logique œnologique. La salle de débourbage (centrifugation, débourbage statique et, ultérieurement, traitements tartriques et préfiltrations) comprend notamment un filtre rotatif sous vide, qui permet d'éliminer les grosses bourbes au froid et de renforcer ainsi les supports d'arômes.

Charrette de vendanges (Caves de Beblenheim).

Le Sonnenglanz

Grand cru classé en 1983. Superficie : 33 hectares. Exposition : sud-est. Strictement délimité au nord par la frontière communale avec Zellenberg, le *Sonnenglanz* (« éclat de soleil ») déroule ses pentes douces et ensoleillées jusqu'à la lisière du village de Beblenheim, soit entre 270 et 220 mètres d'altitude. Un microclimat sec (moins de 500 mm de précipitations annuelles), un sol plutôt lourd et très pierreux (conglomérats à galets calcaires et marnes interstratifiées de l'Oligocène) se conjuguent pour mettre particulièrement en valeur le Tokay-Pinot gris et le Gewurztraminer : vins aromatiques, parfois avec une touche minérale, amples en bouche, se livrant avec le temps.

L'ancienne cuverie de béton verré, qu'on équipe progressivement en contrôle des températures, a été doublée – en deux tranches – par une gigantesque cuverie inox : 50 cuves à thermorégulation et sous gaz inerte, de 250 et 500 hectolitres chacune, telle une haute futaie métallique, que complètent des cuves de thermovinification (pour les pinots noirs), une microcuverie pour les lots restreints et quelques pièces en chêne des Vosges.

Un local de prise de mousse, climatisé à 13°, reçoit les Crémants, qui seront ensuite remués sur gyropalettes et pupitres. L'immense hall de stockage – 2 500 m² ! – où les vins sont conditionnés en « produits finis » (cartons sur palettes) est lui-même entièrement climatisé et maintenu à taux d'hygrométrie constant. Grands crus et cuvées particulières sont conservés, en bouteilles nues et couchées, dans un local de vieillissement, lequel – il faut le souligner – abrite des lots substantiels de vieux millésimes (1983 et 1985 par exemple).

La cave de Beblenheim décline une gamme très complète de spécialités. Retenons principalement les excellentes bouteilles natives du grand cru local, le *Sonnenglanz* : Tokay-Pinot gris généreux (1990 à consonances fruitées, énergique et souple, sur une finale légèrement botrytisée ; remarquable 1988 jaune doré, conjuguant le raisin de Corinthe et la fumaison, puissant, ample et parfaitement tenu en bouche) et Gewurztraminer de belle évolution (1990 aux arômes encore rentrés, charnu, équilibré ; 1988 mariant la rose, l'iris et l'œillet, à la bouche enjôleuse, caressante et très parfumée).

Sur le terroir de Beblenheim et des environs, le Tokay-Pinot gris manifeste d'ailleurs une singulière prédisposition, ce que confirme la cuvée *Baron de Hoen*, issue d'une sélection de parcelles dans les meilleurs millésimes (1990 développant son agréable fumet sur un corps souple et rond ; 1983 fleurant le chèvrefeuille et l'aubépine, net, précis, bien fini en bouche, en pleine maturité). Sont également à retenir le Riesling *Schoenenbourg*, les *Vendanges Vieilles Vignes* (Riesling, Gewurztraminer et Tokay-Pinot gris en bouteilles spéciales, issus de sélections de vignes de plus de 25 ans qui valorisent le caractère de surmaturation) ainsi que les Crémants. Parmi ces derniers, notons le *Baron de Hoen « Blanc de Blancs »* (nez fin de noisette, bulle active, attaque nerveuse et bonne fraîcheur en bouche) et le *Baron de Hoen « Blanc de Noirs »* (pinot noir bien typé, corps et bonne assise en bouche).

- **Caves de Beblenheim**, Au Château, 14, rue de Hoen, 68980 Beblenheim.

D'AUTRES BONS PRODUCTEURS

- **Bott-Geyl**, 1, rue du Petit-Château, 68980 Beblenheim *(grands crus Sonnenglanz, Mandelberg et Schoenenbourg)*.
- **Raymond Renck**, 11, rue de Hoen, 68980 Beblenheim *(grands crus Sonnenglanz et Schoenenbourg)*.
- **Jean-Paul Hartweg**, 39, rue Jean-Macé, 68980 Beblenheim *(grands crus Sonnenglanz et Mandelberg)*.

Voir aussi :

- **Jean Becker**, à Zellenberg *(grand cru Sonnenglanz)*.
- **Cave coopérative de Ribeauvillé** *(grand cru Sonnenglanz)*.

Mittelwihr Bennwihr

Ce sont deux villages siamois, étroitement imbriqués l'un dans l'autre par les hasards de l'histoire. L'un et l'autre, en effet, furent anéantis dans les combats de 1944-45 (bataille de la « poche de Colmar »), et la reconstruction, en leur redonnant vie, les unit définitivement. La vigne les avait déjà réunis depuis bien longtemps : dès avant l'an mille, Mittelwihr fournissait du vin à l'abbaye de Saint-Dié, tandis que Bennwihr était possession viticole de l'évêque de Strasbourg. Le vignoble de Mittelwihr (200 hectares) est célèbre pour son grand cru *Mandelberg* – lequel, en protégeant efficacement le village des influences septentrionales, lui a valu sa réputation de « Midi de l'Alsace ». Celui de Bennwihr (350 hectares) se concentre autour du grand cru *Marckrain* : là, la coopérative est la maîtresse absolue. A retenir, sur Bennwihr, l'excellent lieu-dit *Rebgarten.*

Caves de Bennwihr

Installée au pied du Marckrain, la cave coopérative de Bennwihr naquit des cendres villageoises, au lendemain des combats de 1945 qui firent table rase de la pimpante localité viticole d'antan. Constituée en 1946, elle associa la totalité des viticulteurs de l'époque, tandis que le vignoble était restauré selon un rigoureux plan de remembrement. Les chemins furent remblayés avec les ruines, un efficace réseau de drains fut posé. De nos jours, la cave a conservé ce rôle rassembleur, puisqu'on ne dénombre plus actuellement que deux vignerons indépendants sur la commune.

Dirigé par François Logel, l'établissement (qui se dénomme maintenant *Caves de Bennwihr*) regroupe 225 adhérents et englobe 340 hectares de vignes, sur Bennwihr et les villages environnants (Mittelwihr, Zellenberg, Riquewihr, Sigolsheim, Katzenthal). Ce patrimoine viticole est d'autant plus précieux qu'une bonne partie des vignes de la commune atteignent une quarantaine d'années. Pinot blanc et auxerrois (28 %) sont prédominants, suivis du riesling (23 %) et du gewurztraminer (21 %).

L'histoire de la cave se retrouve dans ses murs mêmes, derrière l'aguicheuse façade qui intercepte le touriste sur cette portion ô combien stratégique de la « route du vin ». Les rangées de cuves en béton verré ont été ainsi construites au fil du temps et des besoins, en s'enfonçant au fur et à mesure sous le coteau. Voûtées comme des travées d'église, elles font défiler leurs différents millésimes de construction : 1946, 1955, 1967... Au plus profond de la cave, là où sont maintenant superposés trois niveaux de stockage, on se trouve à 14 mètres sous terre !

Le Marckrain

Grand cru classé en 1992. Superficie : 53 hectares. Exposition : est, sud-est. Ce vaste cru de Bennwihr, dont une petite partie appartient à la commune voisine de Sigolsheim, couvre tout le coteau dominant le village et son moderne campanile. Sa pente, assez faible, ne s'accentue qu'en haut de côte (200 à 250 mètres d'altitude). Le terroir est marno-calcaire, sur un substrat de calcaire oolithique et de marnes interstratifiées. Le Gewurztraminer y développe des qualités particulières de corpulence et d'opulence aromatique, imité dans ce style capiteux par le Tokay-Pinot gris.

Le Mandelberg

Grand cru classé en 1992. Superficie : 22 hectares. Exposition : sud, sud-est. Le *Mandelberg* appartient essentiellement à la commune de Mittelwihr, bien qu'il empiète sur celle de Beblenheim. Cette riante « côte des Amandiers », piquetée de ses petits arbres, est fameuse pour voir ses pensionnaires fleurir et produire des fruits presque chaque année. Elle est aussi renommée pour ses vins, son nom fleurissant sur les étiquettes depuis les années 20. Le sol du *Mandelberg*, marno-calcaire, et sa remarquable exposition se prêtent à l'ensemble des cépages. Néanmoins, la meilleure part semble accordée au Riesling et au Gewurztraminer : vins souples et fins, très fruités.

Énormes, les entrailles de la cave abritent également un grand hall de réception du raisin et de mise en bouteilles, où ne fonctionnent pas moins de trois circuits d'embouteillage, et une salle de pressurage où officient 6 gros pressoirs pneumatiques (Willmes). S'y ajoute, depuis 1990, une unité exclusivement consacrée aux Crémants, comprenant un local de vieillissement, une salle de travail sur gyropalettes et pupitres (la coopérative dispose toujours d'un remueur en exercice) et une chaîne d'habillage spécifique. Près du caveau de dégustation a été aménagée une œnothèque où, derrière des grilles de fer forgé, sont sagement rangés des flacons qui remontent jusqu'à 1946.

Pour les raisons historiques qu'on a évoquées, la coopérative de Bennwihr est quasiment seule détentrice du grand cru local *Marckrain*, juste au-dessus d'elle. Certains adhérents sont aussi propriétaires sur le grand cru *Mambourg* de Sigolsheim. Fidèle à son vieux plan d'encépagement, la cave a mis en valeur deux lieux-dits du village, en développant leurs cépages de prédilection : le *Rebgarten*, un terroir de 24 hectares sur l'ancienne vallée de la Fecht, dont les limons colluviaux et alluvions siliceuses se prêtent au muscat et surtout au riesling, planté très majoritairement ; le *Roemerberg*, un ensemble de 22 hectares au sol argilo-calcaire, voué exclusivement au gewurztraminer.

Entre les pieds de gewurztraminer, le campanile de l'église de Bennwihr.

Les vins de la cave sont souvent riches en alcool, et le sucre résiduel y laisse des traces sensibles. C'est un style qui conviendra en particulier aux amateurs de Gewurztraminers plantureux, épicés et alcooleux. Dans ce registre s'imposent volontiers le Gewurztraminer *Marckrain* (1990 copieusement marqué par le botrytis d'une sucrosité affirmée) et le Gewurztraminer *Mambourg* (1990 ultra-opulent, lourdement lesté en alcool et en sucre mais bien équilibré) : des vins qu'il faut absolument laisser vieillir pour que se gomme un peu leur corpulence initiale. Le Tokay-Pinot gris *Marckrain* cultive à l'occasion un style voisin (1990 gras et riche avec ses arômes de type oriental ; 1989 au nez faisant ressortir le côté minéral du terroir, puissant, plein de matière). Les vendanges tardives, on s'en doute, ne demeurent pas en reste (Gewurztraminer 1988 VT ample, luxueux, odorant, sur une grosse richesse en sucre).

Passé 4 ou 5 mois en barriques de 1 à 3 ans, le Pinot noir « élevé en fûts de chêne » se montre plutôt à son avantage, sans les excès du trop-boisé. Le Riesling *Rebgarten* est, lui, un vin consistant et plutôt robuste (1989 à la robe verte, aux accents minéraux, solide, bien mûr). Le Crémant d'Alsace, enfin, fait l'objet d'attentions particulières – on a renoncé notamment à la fermentation malolactique des vins de base – et s'avère l'un des nouveaux fers de lance de la cave, avec des cuvées privilégiant la fraîcheur et la vivacité.

- **Caves de Bennwihr**, 3, rue du Général-de-Gaulle, 68630 Bennwihr.

D'AUTRES BONS PRODUCTEURS

- **Edgard Schaller et Fils**, 1, rue du Château, 68630 Mittelwihr *(grand cru Mandelberg)*.
- **Philippe Scheidecker**, 13, rue des Merles, 68630 Mittelwihr *(grand cru Mandelberg)*.

Voir aussi :

- **Cave coopérative de Ribeauvillé** *(grand cru Mandelberg)*.
- **Jean-Paul Hartweg**, à Beblenheim *(grand cru Mandelberg)*.

Sigolsheim

Vieux village vigneron – l'abbaye Sainte-Odile y possédait des vignes dès 759 –, Sigolsheim fit partie des communes entièrement sinistrées par les combats de la Libération. Sur les flancs du Blutberg (la « montagne de sang »), dont le sommet abrite la nécropole de la Première Armée Française, montent les vignes du grand cru *Mambourg*, mais le vignoble s'étend aussi largement dans la plaine. Avec près de 380 hectares en production, Sigolsheim est l'une des communes les plus viticoles d'Alsace. A mentionner également le grand cru *Furstentum* et le lieu-dit *Altenbourg*, tous deux partagés avec Kientzheim.

Le Mambourg

Grand cru classé en 1992. Superficie : 62 hectares. Exposition : sud. Impressionnant bandeau de vignes, long de 1,3 km, le *Mambourg* occupe le flanc méridional d'une colline en forme d'éperon, qui s'avance résolument au-dessus de la plaine d'Alsace. De la chapelle Sainte-Anne, au pied du coteau, jusqu'à son sommet (330 mètres d'altitude), la vigne occupe des terrains de type argilo-silico-calcaire (sols bruns, calcimagnésiques). Le *Mambourg* accueille en priorité le gewurztraminer, bien que les trois autres cépages soient aussi récoltés. Le Gewurztraminer du cru cultive un registre très opulent : arômes lourds et luxuriants, bouche grasse et épicée, puissance capiteuse.

Pierre Sparr et ses Fils

Dans de vastes bâtiments qui témoignent de la reconstruction d'après guerre, la famille Sparr exerce une ancienne et florissante activité vinicole dont elle aime à faire remonter les origines à 1680, année de naissance de Jean Sparr, le premier vigneron connu de la lignée. C'est cependant dans les années 1860, avec Charles Sparr, que se développa le négoce familial. Après 1945, Pierre Sparr, maire de Sigolsheim, mena la reconstruction du village, ravagé par les combats de la « poche de Colmar », et la remise en valeur d'un vignoble très gravement endommagé.

La maison, avec sa trentaine de salariés, est aujourd'hui conduite par ses deux

La chapelle Sainte-Anne, au pied du Mambourg.

fils, Charles et René, épaulés par leurs deux fils respectifs, Pierre et Bernard, qui sont la neuvième génération sur le domaine. Le premier est œnologue, le second s'occupe du commercial, et ces jeunes gens joviaux s'affirment déjà comme de robustes piliers de la tradition familiale. Le négoce représente 75 % du volume commercialisé : le raisin est apporté par une centaine de viticulteurs sous contrat, dispersés sur un vaste périmètre, de Kientzheim (Bas-Rhin) jusqu'à Thann. Mais la maison possède aussi un confortable domaine de 32 hectares, et plusieurs grands crus : *Mambourg* (2,5 ha, gewurztraminer, pinot gris et riesling), *Brand* de Turckheim (1,8 ha, gewurztraminer), *Schlossberg* de Kientzheim-Kaysersberg (50 ares de riesling, que complètent des achats de raisin). Les Sparr ont également 1,5 ha de riesling sur l'excellent lieu-dit *Altenbourg*, à cheval sur Sigolsheim et Kientzheim, dont le sol marno-calcaire et gréseux convient bien au cépage.

Les installations vinaires accueillent la technologie du jour, et son lourd matériel. La salle de pressurage abrite 5 pressoirs à vis et 1 pressoir pneumatique. Les raisins achetés sont foulés. La vendange du domaine est livrée en grains entiers, pressurée sur pneumatique et débourbée statiquement, avant levurage et fermentation à température contrôlée. La cuverie, d'une capacité totale de 25 000 hectolitres, comprend trois niveaux, où s'alignent de longues rangées de cuves en ciment verré ou époxy, extérieurement revêtues d'un original carrelage rose. Les crus et les cuvées de prestige sont vinifiés et élevés en fûts traditionnels. Quant aux pinots noirs, après avoir un temps connu les extractions poussées et la barrique, ils sont à nouveau vinifiés selon les canons alsaciens classiques. La cave de stockage des grands vins peut accueillir jusqu'à 800 000 bouteilles, tandis que les Crémants sont manipulés et stockés dans une cave séparée de la maison mère.

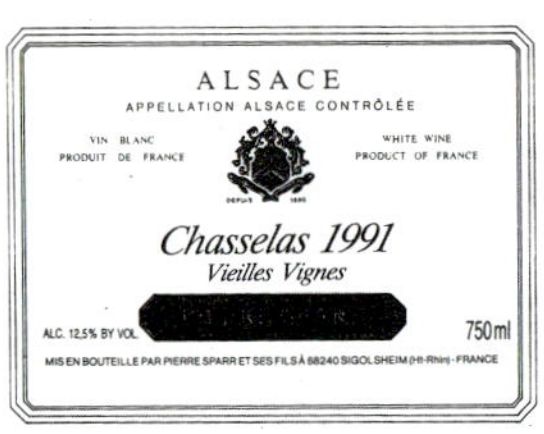

La carte des vins est large et diversifiée. Elle hiérarchise cinq niveaux de qualité, dans l'ordre ascendant : carte d'or, réserve, sélection, prestige tête de cuvée, enfin les « must » (crus et vendanges tardives). La catégorie *Prestige* ne recouvre que des jus de goutte et des vins issus de coteaux (du domaine ou non).

Les vins Sparr, d'une manière générale, sont puissants et corsés, avec un niveau important de sucre résiduel, qui semble caractériser le style maison. Parmi les vins de réserve, signalons deux vins de « vieilles vignes » : un original Chasselas (1991 au joli nez floral, nerveux et rafraîchissant sous sa robe très pâle) et un Pinot blanc issu d'une parcelle de plus de 40 ans, située sous le Brand de Turckheim (1991 au nez profond, solide et bien en chair). La gamme *Prestige* aligne des vins beaucoup plus corpulents, comme le Riesling (1988 aux accents minéraux, robustement constitué, la bouche étant un peu empâtée par le sucre) ou le Tokay-Pinot gris (1989 à la couleur appuyée, au nez oriental, plein, assez empesé par ses sucres résiduels).

Le Riesling *Mambourg* a nettement plus de nerf (1989 aux notes de pétrole et de pomme, puissant, charpenté, l'acidité étant gage d'avenir) et le Gewurztraminer *Brand* dénote bien son origine (1988 au nez tropical, opulent mais avec de la mâche). Le Gewurztraminer *Mambourg* est le sultan de la cave : épicé, capiteux, volumineux, il se montre par nature assez pesant (*plumbig*, dirait-on en alsacien) mais manifeste de belles dispositions à la garde (1988 VT, récolté à la limite du grain noble, aux arômes de litchis et de fruits exotiques, long, richissime, très homogène ; 1986 au nez de fruits et d'épices, encore ramassé sur lui-même, d'une puissance contenue). Notons enfin un bon Crémant d'Alsace (mousse abondante, fruité et finesse au rendez-vous du brut de base).

• **Pierre Sparr et ses Fils**, 2, rue de la 1re-Armée, 68240 Sigolsheim.

D'AUTRES BONS PRODUCTEURS

• **Société coopérative vinicole de Sigolsheim**, 12, rue Saint-Jacques, 68240 Sigolsheim *(grand cru Mambourg)*.

Voir aussi :

• **Caves de Bennwihr** *(grand cru Mambourg)*.

• **André Thomas et Fils**, à Ammerschwihr *(grand cru Mambourg)*.

Kientzheim

Verres anciens (musée de Kientzheim).

Même si plusieurs pans ont disparu, Kientzheim reste retranché derrière son enceinte médiévale, conservant ainsi intact son plan d'origine, au milieu d'un parterre de vignes. Ces remparts, où la Porte Lalli ou la Tour des Fripons font toujours bonne figure, furent construits au XIVe siècle par les comtes de Lupfen. Le bourg ne manque pas de charme, avec ses maisons à colombages, ses placettes, ses puits, son chemin des douves, l'attraction principale demeurant néanmoins le château où s'établit, en 1563, Lazare de Schwendi, le grand homme de Kientzheim.

Militaire et diplomate, ce dernier, qui alla combattre le Turc en Hongrie, passe pour avoir rapporté de Tokay le cépage du même nom. Si l'anecdote relève de la légende, il n'empêche que son château est devenu un haut lieu du vin d'Alsace, puisqu'il abrite les manifestations de la Confrérie Saint-Étienne (voir encadré page 114) et un intéressant musée du Vignoble alsacien (grand pressoir à vis de 1716, outillage vigneron, verrerie, etc.).

Kientzheim élance ses ceps à l'assaut de deux grands crus : le *Furstentum*, partagé avec Sigolsheim, et le fameux *Schlossberg*, partagé avec Kaysersberg. S'y ajoutent les vignes réputées de l'*Altenbourg* et du *Patergarten*.

Le Furstentum

Grand cru classé en 1992. Superficie : 30 hectares. Exposition : sud, sud-ouest. Mentionné dès le XIVe siècle (dans l'inventaire des vignes d'un couvent bâlois), le *Furstentum* – à cheval sur les finages de Kientzheim et de Sigolsheim – occupe une situation tout à fait privilégiée. Hissant sa pente raide de 350 à 400 mètres d'altitude et la chauffant au midi, se gardant des influences froides grâce au mont de Sigolsheim et à la vallée encaissée de Kaysersberg, c'est un îlot de végétation méditerranéenne, qui s'accommode particulièrement de son sol calcaire squelettique. Très caillouteux, bien filtrant, celui-ci repose sur des formations à dominante calcaire du Dogger inférieur ; la roche-mère affleure à maints endroits. C'est un terroir très équilibré, convenant aux trois grands cépages. Gewurztraminer et Tokay-Pinot gris y réalisent des prouesses : large prisme aromatique, richesse, finesse, évolution assurée. Le haut du coteau engendre un Riesling vif et plein.

Domaine Paul Blanck

Naguère intitulé « Domaine des comtes de Lupfen », le Domaine Paul Blanck plonge ses racines en pleine terre de Kientzheim : en 1846, l'aïeul Hans, vigneron de son état, se faisait décorer de la médaille du travail, tandis que Paul

La Confrérie Saint-Étienne

Celle qui se revendique comme la plus ancienne confrérie de France puise son origine dans la *Herrenstubengesellschaft* (« Compagnie des Messieurs »), un collège de bourgeois dégustateurs qui assistait le conseil de la ville d'Ammerschwihr, afin de contrôler la qualité des vins vendus ou achetés sur son territoire. Née dans le courant du XIVe siècle, celle-ci incorpora, en 1561, ses propres statuts dans les règlements municipaux. Beaucoup plus tard, en 1780, elle se plaça sous l'invocation de saint Étienne.

Disparue au milieu du siècle dernier, la Confrérie Saint-Étienne a ressuscité en 1947, sur les décombres d'Ammerschwihr, grâce à l'action de Joseph Dreyer. Au début des années 70, elle faisait l'acquisition du château de Kientzheim, où elle a désormais son siège et tient ses chapitres. Ses « grands conseillers » portent manteau écarlate et chaîne d'or ou d'argent, le chef couvert d'un chapeau noir et plat. Selon les statuts d'autrefois, les confrères sont admis, après épreuves viniques, aux échelons progressifs d'« apprenti », de « compagnon » et de « maître ».

La Confrérie Saint-Étienne, surtout, organise chaque année, en janvier, une grande dégustation à l'issue de laquelle elle délivre aux vins primés son *sigille* – un label et une distinction recherchée par les producteurs alsaciens. A partir des échantillons de vins sigillés, elle a réuni, dans les caves du château, une formidable œnothèque, dont les millésimes initiaux remontent à 1945, et qui s'est enrichie depuis de la fameuse « collection Méquillet » (voir page 102). C'est là sans doute son œuvre la plus remarquable pour la défense des vins d'Alsace.

Blanck lui-même, dès 1927, comptait parmi les pionniers du cru Schlossberg. Mais le domaine a pris son réel essor dans les années 70, avec l'association de Marcel et de Bernard Blanck, les deux fils de Paul, et le concours de leur beau-frère Jacques.

Les deux frères ont alors développé le petit vignoble paternel jusqu'à lui donner la confortable taille de 23 hectares. Leurs deux fils respectifs sont depuis venus les rejoindre : le volubile et chaleureux Philippe Blanck, fils de Marcel, chargé de la commercialisation et ambassadeur tous azimuts de l'entreprise familiale, et le plus réservé Frédéric, fils de Bernard, jeune technicien formé à Rouffach, auquel incombe, depuis 1989, la délicate responsabilité du vignoble et des vinifications.

Le vignoble recèle tout l'éventail des cépages, avec une part importante de riesling (8 hectares) et de gewurztraminer (4,5 ha). Il est exploité de façon à produire raisonnablement et longtemps : limitation des produits de traitement, enherbement et paillage régularisant les besoins hydriques, rendements restreints par la taille. Un tiers des vignes sont âgées de 20 à 30 ans. Les plus vieilles (30 à 50 ans), dont les rendements chutent facilement au-dessous de 40 hl/ha, sont d'ailleurs – dans les meilleurs terroirs et millésimes – vinifiées à part. Si l'ensemble du vignoble est réparti sur 6 communes, jusqu'à Saint-Hippolyte et Colmar, son cœur est bien à Kientzheim, notamment sur plusieurs lieux-dits réputés : l'*Altenbourg*, un beau mamelon argilo-calcaire au-dessous du Furstentum, se dorant comme lui au plein sud et où réussissent particulièrement le gewurztraminer et le pinot gris, le *Patergarten*, cône de déjection déroulant un épais tapis de graves où se plaisent riesling et pinot gris, ou encore le *Grafreben*. Les joyaux de la propriété sont bien sûr les deux grands crus communaux : le *Schlossberg* (2 hectares de riesling) et le *Furstentum* (6 hectares) où, à côté du riesling mais surtout du gewurztraminer et du pinot gris, les Blanck ont planté une pièce de pinot noir.

La cave est logée dans la vallée, au milieu des vignes du Patergarten, en bordure des eaux bondissantes du petit Muhlbach. C'est un grand bâtiment climatisé, où le raisin est apporté en bottiches, au fil de vendanges très échelonnées, et soigneusement pressuré (1 pressoir pneumatique,

Fontaine allégorique à la gloire des vins d'Alsace.

Les pentes du Schlossberg, dans la partie appartenant à Kientzheim.

2 pressoirs horizontaux classiques). Reprenant les préceptes de son oncle Marcel, Frédéric Blanck, microvinificateur expérimenté, traite séparément chaque terroir. Les jus, sélectionnés, sont débourbés statiquement, la partie trouble étant centrifugée puis réintroduite dans la cuve. Les fermentations sont réalisées dans des cuves d'acier émaillé (refroidissement par aspersion), disposées en batteries sur deux niveaux. Les filtrations (sur terre et sur plaques avant la mise) ne sont pas systématiques. Le chai de stockage, contigu à la cuverie, accueille d'importantes réserves (les vins de vieilles vignes ne sont pas commercialisés avant 3 ou 4 ans).

Les vins du Domaine Blanck se présentent, pour les cuvées de prestige, dans d'élégantes flûtes à l'antique. Ce sont des vins secs, classiques et rigoureux, ayant besoin de la transmutation du temps pour épanouir le potentiel de leurs terroirs originels, en révéler toutes les nuances. Philippe Blanck, à l'occasion, dresse sa propre typologie : au-delà des simples vins de cépages, qui livrent selon lui la « réponse » immédiate de leur fruit, il aime à distinguer les « vins de question », qui invitent à sonder la mystérieuse alchimie des terroirs, les « vins de partage », dont la générosité naturelle porte à l'élan et à la convivialité, enfin les « vins de silence », ceux qui invitent au recueillement et à l'introversion sensorielle.

Mais honneur au grand *Schlossberg*. Celui des Blanck est un Riesling racé, typé de son granite natal, secret et hautain dans sa jeunesse, lent à dévoiler tous les replis de son noble et fier caractère, tel un seigneur longtemps muré dans son donjon avant que d'accomplir une geste glorieuse : 1989 de registre végétal et fruité, avec des nuances de pêche blanche, linéaire et fermé ; 1989 *Vieilles Vignes* aux arômes plus exotiques, à la bouche grasse et volumineuse ; 1986 mêlant au nez le floral et le minéral, armé d'une solide structure acide, long, étoffé, d'une rectitude parfaite ; 1975 puissamment hydrocarburé sous son vieil or éclatant, adouci par quelques notes confites, vigoureux, séveux, en pleine force de l'âge. Le *Furstentum*, lui, se voue d'abord au Gewurztraminer, lequel excelle sur son fond calcaire, dans un registre extrêmement fin : 1985

L'œnothèque de la Confrérie Saint-Étienne (château de Kientzheim).

aux délicats arômes de mangue, d'abricot et d'agrumes, au fruité totalement délié, aérien, sans pesanteur aucune ; 1985 VT, issu de raisins passerillés, à la robe pâle, au nez très frais, marquant une pointe de gingembre et de menthol, très sec, caressant en bouche.

Pour autant, n'oublions pas les réussites du Riesling *Furstentum* : 1989 VT au nez de pêche et de fleurs, hésitant entre sec et moelleux, avec un beau support acide et de la persistance ; 1981 incisif et musclé sous sa robe verte dorée, minéral, bien tenu par l'acidité ; 1978 vêtu d'un magnifique jaune d'or, au nez plutôt végétal, et la bouche vive et prolongée. Ni l'éclat du Tokay-Pinot gris *Furstentum* (1989 SGN au grain serré, très concentré, avec de riches odeurs d'épices et de pâte de fruit, sur un triangle alcool-sucre-acidité remarquablement ajusté). En année de grâce, le Tokay-Pinot gris réalise également des prodiges sur l'*Altenbourg* (1989 VT précis, homogène, étoffé, d'une grande harmonie).

Une mention particulière au Pinot noir récolté sur le Furstentum, simplement baptisé *F* pour raison de légalité (ce cépage n'étant pas admis en grand cru). Né de faibles rendements (de 25 à 35 hl/ha), il macère longuement, entre 3 et 4 semaines, puis 9 ou 10 mois en barriques neuves et semi-neuves (chêne du Tronçais et des Vosges, à brûlage moyen). C'est un vin puissant, à l'extrait sec abondant, où le bois néanmoins demeure sensible (1989 à la robe rouge orangé, chaud et fortement boisé, avec une pointe de surmaturité ; 1988 de teinte rubis, au nez minéral et griotté, à la bouche volumineuse et corsée, finissant en douceur sur des arômes kirschés). A côté de cette cuvée restreinte, les Blanck continuent d'ailleurs de produire un Pinot noir de courte macération, fringant et fruité, dans la meilleure tradition alsacienne.

Le Domaine Paul Blanck s'est aujourd'hui imposé comme un domaine phare, qu'il faut apprécier d'abord pour sa défense et illustration des grands vins secs de garde : un type d'Alsace trop souvent délaissé, et pourtant si cher au cœur et aux papilles de l'amateur – le vrai s'entend, celui qui cultive la patience, vertu cardinale de tout œnophile digne de ce nom.

- **Domaine Paul Blanck**, 32, Grand-Rue, 68240 Kientzheim.

D'AUTRES BONS PRODUCTEURS

- **Cave vinicole de Kientzheim-Kaysersberg**, 10, rue des Vieux-Moulins, 68240 Kientzheim *(grands crus Furstentum et Schlossberg)*

Voir aussi :

- **Domaine Weinbach**, à Kaysersberg *(grand cru Furstentum)*.
- **Albert Mann**, à Wettolsheim *(grand cru Furstentum)*.

Dans les vignes du lieu-dit Grafreben.

Kaysersberg

Veillée par les ruines encore orgueilleuses de son château, fendue par les eaux impétueuses de la Weiss, Kaysersberg commande l'entrée d'une vallée montagnarde au pied de laquelle viennent mourir les derniers vignobles. Ville impériale, largement favorisée par ses souverains, de Frédéric II à Charles Quint, membre de la Décapole, la cité a conservé grande allure : foison de maisons anciennes, notamment autour du vieux pont fortifié (XVe-XVIe siècle) qui enjambe la Weiss, église Sainte-Croix (XIIe-XVe siècle) regrettablement coiffée d'un lourdaud clocher, bel hôtel de ville de la Renaissance rhénane, chapelle Saint-Michel... Et bien sûr la maison natale du docteur Schweitzer, théologien, musicien et médecin missionnaire, figure glorieuse de l'humanisme alsacien.

Le Schlossberg

Grand cru classé en 1975. Superficie : 80 hectares. Exposition : sud (sur Kaysersberg) ; sud, sud-est (sur Kientzheim). Le *Schlossberg* chevauche les finages de Kaysersberg et de Kientzheim. Formant un damier de petites terrasses, surtout sur le versant de Kaysersberg, le cru s'étire au bas de la montagne, depuis le couloir Kientzheim-Riquewihr (lieu-dit *Kirrenbourg*) jusqu'au château fort qui lui a donné son nom, à la pointe du coteau de Kaysersberg. Sur une pente ardue (200 à 300 mètres d'altitude), il est formé d'arène granitique, un sablo-argileux, riche en éléments minéraux, reposant sur des migmatites de Kaysersberg (probablement d'âge précambrien) et du granite de Thannenkirch.

La réputation du *Schlossberg* – qu'on citait déjà au XIVe siècle – ne s'est jamais démentie. Soucieux de la défendre, les viticulteurs de Kaysersberg et de Kientzheim se sont imposé, à partir de 1927, une stricte réglementation des normes de production, leur permettant de revendiquer le nom du cru. Cette démarche sans précédent a d'ailleurs valu au *Schlossberg* d'être le premier lieu-dit – et le seul à l'époque – à bénéficier, en 1975, de l'appellation officielle Alsace grand cru. Les quatre cépages y sont cultivés, mais le Riesling se taille la part du lion, en donnant d'ailleurs le meilleur de lui-même : vins racés, soyeux, pétrolant subtilement.

Le Clos des Capucins (Domaine Weinbach).

Assez exigu (une soixantaine d'hectares), le vignoble communal se résume principalement au célèbre *Schlossberg*, partagé avec Kientzheim : celui-ci fut le premier grand cru classé d'Alsace, réglementé dès 1927, officialisé en 1975.

Domaine Weinbach

Par la grâce de « Madame Théo Faller et ses filles », le Domaine Weinbach se maintient au firmament de l'Alsace vinicole. Car l'histoire de cette superbe propriété remonte haut dans le temps, à l'époque où les Prémontrés de l'abbaye d'Etival s'installèrent en ce lieu-dit *Weinbach* (« ruisseau de vin »), à quelques enjambées de Kaysersberg. Là, ils édifièrent une chapelle, implantèrent un vignoble estimé, tout en percevant les redevances dues sur leurs terres. En 1612, ils firent donation aux Capucins voisins d'un vaste terrain, où ces derniers érigèrent leurs bâtiments conventuels et créèrent à leur tour un vignoble prospère (tout en exploitant un élevage d'escargots...). D'où l'origine du *Clos des Capucins*, dont le nom, avec la délicate effigie d'un moine hottier, orne toujours la collerette des bouteilles du domaine.

Ravagés par un incendie en 1674, les bâtiments furent alors reconstruits – la maison actuelle date de 1725. Abandonné à la Révolution, puis vendu comme bien national, le domaine échut à François Boecklin de Boecklinsau, lequel agrandit et clôtura la propriété en 1806. Ses descendants, en 1898, revendaient le Clos des Capucins aux frères Jean-Baptiste et Théodore Faller. Le fils de ce dernier, Théo Faller, se révéla un vigneron passionné : à son tour il développa la propriété, valorisa ses vins, s'imposa comme l'un des plus vigoureux apôtres du vignoble alsacien – tout en représentant pendant 25 ans le canton de Kaysersberg au conseil général. A sa disparition, en 1979, le domaine fut courageusement repris par son épouse Colette, elle-même y déployant une ardeur passionnée, dans le droit fil de tous les propriétaires du Weinbach.

Femme de charme et d'énergie conjugués, Colette Faller dirige aujourd'hui une équipe de douze personnes, avec une vitalité et une conviction qui forcent l'admiration. Les lieux sont beaux, calmes, superbement entretenus. Leur maîtresse y cultive en orfèvre l'art de l'accueil, oscillant d'un pas décidé entre le salon peuplé de photos où l'on déguste les vins, le chai rutilant de propreté et l'immense cuisine à l'ancienne, véritable épine dorsale de la maisonnée, avec ses étains, ses cuivres et son fourneau à bois en service permanent. Sa fille aînée, Catherine, la seconde avec beaucoup de sérieux et, plus récemment, Laurence, la cadette, ingénieur en génie chimique, a rejoint mère et sœur sur le domaine. Le trio, on l'imagine, ne manque pas de séduction.

Le Domaine Weinbach compte 23 hectares de vignes, réparties entre le *Clos des Capucins* proprement dit, établi sur le fond alluvionnaire de la Weiss, et les terrasses d'arène granitique du grand cru *Schlossberg*, où la famille Faller possède 10 hectares – sans oublier 1 hectare en *Furstentum*, autre grand cru de Kientzheim. Le riesling, dominant surtout au Schlossberg, constitue la part majoritaire de l'encépagement (40 %), suivi du gewurztraminer (30 %) et du pinot gris (10 %) ; pinot noir, pinot blanc, muscat et sylvaner s'adjugent chacun 5 %. Taille courte, absence de toute fumure, vendange retardée jusqu'à la maturité optimale concourent à livrer au chai une matière première d'excellente qualité, basée sur un rendement moyen de 50-60 hl/ha. Quand la botrytisation s'en mêle – ce que permettent volontiers les brouillards matinaux montés des eaux de la Weiss, et les chaudes journées d'automne –, un tri permet de dégager des vendanges tardives et des grains nobles d'une densité souvent surprenante.

Les vinifications sont menées par le malicieux Jean-Louis Ernst, maître de chai, avec le concours sans faille de Jean Mercky, conseiller œnologique du domaine depuis l'époque de Théo Faller. Les raisins sont pressurés en douceur sur deux pressoirs pneumatiques (Willmes et Bücher), avec élimination des dernières presses. Les moûts subissent un débourbage statique en cuve inox, puis rejoignent la vénérable cave, où s'alignent de grands foudres en chêne – 34, 48 ou 55 hectolitres – vieux de 60 à 80 ans.

Ces fûts ventrus et rassurants, tapissés de leur épaisse couche de tartre, où les moûts vont fermenter puis reposer jusqu'au printemps, en remplissant la cave d'une délicieuse odeur de bois et de fruit mélangés, font l'orgueil de Colette Faller, qui redouterait l'effet du bois neuf sur le débordant fruité de ses vins. Une salle de filtration prolonge la cave : les vins y sont préfiltrés sur kieselguhr, puis filtrés sur membrane au moment de la mise en bouteilles, qui va d'avril à juin. Plusieurs salles de stockage, à demi-enterrées, ainsi qu'un petit laboratoire complètent cette installation homogène, où les lieux s'enchaînent au fil des opérations.

Colette Faller entend se fier d'abord à son propre goût, et les vins du domaine définissent précisément celui de sa propriétaire. Ce sont des vins de grand fruité, pleins de franchise, bien mûrs en bouche, de goût très pur. Ils montrent beaucoup de fraîcheur, et leur finale s'accompagne toujours d'une acidité très fine, qui exalte à la perfection le fruit. Leur grande maturité les rend précocement bons à boire, ce qui ne les écarte pas pour autant de la garde ; à témoin telle vieille bouteille du temps de Théo Faller (voir page 184).

Empruntant aux prénoms de la famille, avouant parfois le numéro de leur fût d'origine, les cuvées défilent, soulignant le style, net et sans détours, de la propriété. Droit et élégant, le Riesling laisse incontestablement parler la race de son terroir : 1991 *Réserve* gras et robuste sous ses accents floraux ; 1991 *Cuvée*

La Weiss, dans le vieux Kayserberg.

Sainte-Catherine long, retenu, harmonieux, avec une pointe citronnée et une amertume légère qui accentuent sa profondeur ; 1991 *Schlossberg* étoffé et incisif, plutôt dominateur, nettement végétal ; 1990 *Cuvée Sainte-Catherine II* homogène, équilibré, profond, avec un beau parcours en bouche ; 1990 *Cuvée Sainte-Catherine I* très richement expressif, une explosion de fruits mûrs sur une énorme matière ; exubérant 1988 VT, faisant jaillir la rose, la fraise des bois et les fruits de la Passion, ample, velouté, très caressant, avec des arômes de bouche exceptionnels.

Le Muscat, lui, se montre très émoustillant, grâce à sa fraîcheur et à ses parfums vivaces (1991 délicat, savoureux, embaumant la vigne en fleur). Le Pinot noir – issu d'une cuvaison de 6 à 7 jours et recherchant le fruit plus que la charpente et l'extraction – s'inscrit dans la meilleure tradition alsacienne (1990 *Réserve*, rouge cerise légèrement mordoré, au nez printanier comme un verger en fleurs, à la bouche vive et follement fruitée).

Le Tokay-Pinot gris exhibe un profil racé : 1990 *Cuvée Sainte-Catherine* fleurant le raisin de Corinthe, ample, harmonieux, parfaitement tenu par l'acidité ; 1986 *Cuvée Sainte-Catherine* vert doré, mariant le réglisse, l'acacia, le musc et le raisin sec, enveloppé, bien aiguisé, plein d'allonge ; 1989 VT avec son nez d'humus léger, à réminiscences animales, discret, subtil, sur la réserve. Le Gewurztraminer livre sans défaut ses pleines corbeilles de fleurs : 1990 *Cuvée Théo* riche et élégant, sur une belle acidité ; 1990 *Cuvée Laurence* évoquant l'œillet et la rose ancienne, corpulent, discrètement poivré ; 1989 VT laissant éclater un nez de rose, de muguet, de violette et de jasmin, avant une bouche précise et opulente.

La gamme exultera avec les *Quintessences de grains nobles*, richissimes nectars logés dans leurs demi-bouteilles : Riesling 1990 SGN, concentrant des arômes de fruits secs et de tabac blond sur un fond extrêmement ferme et subtil ; Gewurztraminer 1989 SGN, évoquant la confiture de rose, extraordinairement fin et capiteux ; formidable Tokay 1989 SGN, luxueux comme une tapisserie mille-fleurs, avec ses nuances de café et de fine confiserie, volumineux, dense et spiritueux, mais sans le moindre empâtement, un vrai miracle de richesse contenue.

Voilà vraiment de quoi s'abandonner au charme captivant des grands Alsaces, et vouloir être livré, pour longtemps encore, à la grâce des dames Faller.

- **Madame Théo Faller et ses filles (Domaine Weinbach)**, 25, route du Vin, 68240 Kaysersberg.

D'AUTRES BONS PRODUCTEURS

Voir :

- **Domaine Paul Blanck**, à Kientzheim *(grand cru Schlossberg)*.
- **Cave vinicole de Kientzheim-Kaysersbreg**, *(grand cru Schlossberg)*.
- **Pierre Sparr et ses Fils**, à Sigolsheim *(grand cru Schlossberg)*.
- **Albert Mann**, à Wettolsheim *(grand cru Schlossberg)*.

Ammerschwihr

La Tour des Voleurs.

Malgré les terribles bombardements dont elle eut à souffrir dans l'hiver 1944-45, Ammerschwihr demeure l'une des plus souriantes cités d'Alsace, grâce à une intelligente restauration qui a su en restituer l'allure pimpante et colorée. Quelques beaux vestiges ont été épargnés. Tour des Voleurs et Tour des Bourgeois, Porte Haute, façade de l'Hôtel de ville, vieux pavés de la Grand-Rue, Église Saint-Martin… Ammerschwihr – qui se souvient d'avoir compté parmi les possessions vineuses des seigneurs de Ribeaupierre et d'être le berceau de la Confrérie Saint-Étienne (voir page 114) – est l'une des communes les plus viticoles d'Alsace (la troisième en fait, avec près de 400 hectares exploités).

Le Kaefferkopf

La qualité et la réputation des vins du grand coteau d'Ammerschwihr sont incontournables, leurs gages d'antériorité innombrables. Pourtant, depuis des années, son classement en grand cru butte sur le délicat problème de sa délimitation.

Le *Kaefferkopf* se partage en effet en deux ensembles disparates, séparés par le ruisseau du Walbach : au nord le *Sonnenberg*, une grande côte globalement granitique (granite migmatitique), à la pente forte et régulière mais dont seules quelques parties sont revendiquées ; au sud le *Kaefferkopf* proprement dit, ondulation de petits coteaux également granitiques, où affleurent en contrebas des grès et des calcaires du Trias, partiellement recouverts par des dépôts quaternaires. De plus, les versants sont diversement exposés, certains regardant vers le nord. Or, le vin du *Kaefferkopf* résulte traditionnellement de l'assemblage de plusieurs parcelles (sols et orientations différents). Autant d'éléments propres à contrarier la norme grand cru, qui requiert l'homogénéité du terroir et exclut les expositions septentrionales.

Groupés au sein de leur syndicat viticole, les viticulteurs d'Ammerschwihr persistent à réclamer le classement de 63 hectares, soit l'intégralité du lieu-dit, en s'appuyant d'ailleurs sur un jugement rendu en 1932 par le tribunal de Colmar. L'affaire se complique encore quand quelques producteurs, perpétuant l'usage ancien, continuent de marier gewurztraminer et riesling : cela donne un vin original, parfois délicieux, mais bousculant encore un peu plus la doctrine des grands crus. Aussi certains espèrent-ils la reconnaissance de la singularité du *Kaefferkopf* par l'adoption d'une appellation spécifique.

Dominant Ammerschwihr, le coteau du Sonnenberg, dont une partie appartient au Kaefferkopf.

Depuis longtemps également, la petite cité commercialise avantageusement les vins du *Kaefferkopf*, le coteau qui la domine majestueusement mais désespère d'obtenir un jour la reconnaissance officielle en grand cru (voir encadré ci-contre). A mentionner pour mémoire le minuscule *Clos de Meywihr*, gardé par deux grands sapins au pied du Kaefferkopf, souvenir d'un village aujourd'hui disparu. Chaque année, à la fin du mois d'avril, se déroule à Ammerschwihr la première foire aux vins d'Alsace de l'année.

Caves J. B. Adam

Séparées par la largeur d'une rue des *Armes de France*, vénérable institution gourmande d'Ammerschwihr, les Caves Jean-Baptiste Adam font également partie de ces institutions que sont les vieilles maisons de vin alsaciennes, qui semblent depuis toujours immergées dans le vignoble. L'arbre généalogique, ici, prend racine en 1614, quand débute une lignée ininterrompue de vignerons, aubergistes et gourmets. Un livre de gourmetage de 1783 souligne déjà la florissante activité commerciale de la maison, sans doute la plus ancienne du genre en Alsace. Dès 1834, les Adam sont propriétaires au Kaefferkopf, comme en atteste une étiquette conservée au musée du Vignoble alsacien de Kientzheim.

Ayant succédé à son père, Jean-Baptiste, Jean Adam conduit aujourd'hui une maison de 20 personnes, assisté depuis 1982 par son fils, Jean-Baptiste également, diplômé de Beaune. Ils occupent une grande maison traditionnelle, patinée par les ans, dans des reflets de bois cirés et de portes vitraillées, qui tamisent la lumière sur une belle collection d'armoires de la Renaissance alsacienne.

Dans l'affaire du Kaefferkopf, Jean Adam – à la tête du syndicat viticole – emmène ceux qui prétendent obtenir une appellation à part entière : il estime en effet que l'hétérogénéité du terroir, les conditions d'exposition ainsi que les usages lo-

Caves de la maison Adam.

caux (mélange de cépages) sont autant d'éléments rédhibitoires à la classification en grand cru, et donc qu'il faut viser un statut particulier.

Le vignoble familial compte 12 hectares, l'essentiel se situant sur Ammerschwihr, avec 3 hectares en *Kaefferkopf*. Le reste est constitué par 3,5 ha d'un seul tenant sur la commune voisine d'Ingersheim, au lieu-dit *Letzenberg*. L'encépagement global consacre une nette dominante de riesling. L'affaire de négoce, elle, concerne une cinquantaine d'hectares, et environ 80 apporteurs de raisins, d'Ammerschwihr et de la région de Rouffach.

Livrés plutôt en cuveaux de bois, les raisins sont pressurés (4 pressoirs Vaslin, 1 pneumatique Bücher pour les Crémants), puis débourbés en cuves de ciment verré. Les caves de la maison ont largement conservé leur aspect traditionnel : elles conservent une importante cuverie de bois, équipée pour le contrôle des températures (dont une série de cinq beaux foudres sculptés, datés de 1883) : n'y passent, en majorité, que les *Cuvées Jean-Baptiste*. Le processus ultérieur est classique : centrifugation après fermentation, préfiltration sur terre, filtration sur membranes, mises effectuées de mars à septembre. Les vins de garde prendront ensuite le chemin de Strasbourg, où ils seront entreposés, bouteilles nues, dans les anciennes caves à bière de la brasserie Grüber, rachetées par la maison. Un bâtiment récent, à la périphérie d'Ammerschwihr, abrite un autre local de stockage, climatisé, une cuverie inox (vins de base) et la chaîne d'embouteillage.

La carte des vins culmine avec les *Cuvées Jean-Baptiste*. Parmi ces dernières, le *Kaefferkopf* occupe naturellement une place de choix, la maison Adam possédant des vignes sur les deux versants du cru vedette d'Ammerschwihr. Il apparaît donc en pur Riesling (1988 jaune pâle à reflets verts, équilibré, vivace, assez gras, sur un beau prolongement végétal ; 1983 doré, corpulent, en cours de minéralisation, avec un nez évoquant nettement son origine calcaire) et en pur Gewurztraminer (1990 à l'arôme de violette, puissant, riche et corsé).

Leur *Kaefferkopf* traditionnel, issu de l'assemblage des deux cépages (environ 70 % de gewurztraminer et 30 % de riesling), demeure cependant l'expression la plus originale du cru (1990 au nez délicatement floral, élégant et parfumé, le gewurztraminer marquant l'attaque et le riesling soulignant une finale bien rectiligne). Un vin idéal pour l'entre-repas.

Dans ses vendanges tardives et grains nobles, la maison est particulièrement chanceuse avec le pinot gris, lequel trouve sur le terroir fortement calcaire et bien éventé du *Letzenberg* des conditons optimales de surmaturation : Tokay-Pinot gris 1989 VT élégant et très floral sous sa robe pâle ; exceptionnel 1989 SGN (*Collection privée*), 13°5 et... 175 g de sucre résiduel, jaune d'or intense, un délectable sirop de miel contrebalancé par une acidité élevée, qui lui assure un parfait équilibre, en même temps qu'une formidable rente d'avenir. Un vin rare, puisqu'il fut vendangé à raison de deux seaux par jour, pour une récolte finale de 8 hectolitres.

- **Caves Jean-Baptiste Adam**, 5, rue de l'Aigle, 68770 Ammerschwihr.

D'AUTRES BONS PRODUCTEURS

- **Sick-Dreyer**, 17, route de Kientzheim, 68770 Ammerschwihr *(Kaefferkopf)*.
- **Domaine Martin Schaetzel**, 3, rue de la 5e-Division-Blindée, 68770 Ammerschwihr *(Kaefferkopf)*
- **Domaine François Schielé**, 1, rue de l'Aigle, 68770 Ammerschwihr *(Kaefferkopf)*.
- **Kuehn**, 3, Grand-Rue, 68770 Ammerschwihr *(Kaefferkopf, grands crus Sommerberg et Florimont)*.
- **Domaine Maurice Schoech**, 4, route de Kientzheim, 68770 Ammerschwihr *(Kaefferkopf)*.
- **André Thomas et Fils**, 3, rue des Seigneurs, 68770 Ammerschwihr *(Kaefferkopf, grand cru Mambourg)*.
- **Geschickt et Fils (Domaine de la Sinne)**, 1, place de la Sinne, 68770 Ammerschwihr *(Kaefferkopf, grand cru Wineck-Schlossberg)*.

Katzenthal Ingersheim

Taille sous le clocher d'Ingersheim.

Le Wineck-Schlossberg

Grand cru classé en 1992. Superficie : 27 hectares. Exposition : sud, sud-est. Vanté par les producteurs du lieu comme le seul cru d'Alsace à avoir son château au milieu des vignes, le *Wineck-Shlossberg* s'intitulait simplement *Schlossberg* depuis le XVIIIe siècle. On l'a rebaptisé pour cause de trop grande proximité avec le grand cru homonyme de Kaysersberg-Kientzheim. Étendu principalement sur Katzenthal mais débordant sur Ammerschwihr, il environne la ruine altière du Wineck, à une altitude comprise entre 280 et 400 mètres. Son exposition, sa pente accusée mais régulière, l'abri de la vallée fermée de Katzenthal créent les conditions d'un bénéfique microclimat. Son terroir est composé de granite désagrégé (granite à deux micas de Turckheim).

Le *Wineck-Schlossberg* se prête d'abord au Riesling, même si l'on y obtient des réussites avantageuses en Gewurztraminer : vins séveux, floraux, se déliant avec beaucoup d'élégance.

Noyé dans une cuvette de vignes, au pied du donjon carré du Wineck, Katzenthal est un paisible village vigneron, que pique la longiligne et blanche silhouette d'un clocher néoroman. Entièrement rasé au cours des combats de la fin de la dernière guerre, il a été agréablement reconstruit – maisons colorées alignant leurs enseignes le long de la rue principale –, si bien que, paradoxalement, il est devenu un *must* dans la représentation photographique de l'Alsace pittoresque. Son vignoble est fort ancien – déjà, en 1211, les religieux de Marbach cultivaient la vigne sur Katzenthal –, et le « coteau du château », devenu le grand cru *Wineck-Schlossberg*, est exploité depuis plusieurs siècles.

En contrebas, de l'autre côté de la colline du Dorfbourg, l'industrieuse Ingersheim appartient déjà à la périphérie de Colmar. Les destructions de 1944-45 y ont épargné quelques édifices Renaissance. C'est aussi une très ancienne bour-

Le Florimont

Grand cru classé en 1992. Superficie : 21 hectares. Exposition : est à sud-ouest. A cheval sur les communes de Katzenthal mais surtout d'Ingersheim, le *Florimont*, au nom si évocateur, occupe une butte légèrement détachée du contrefort vosgien. Il enrobe, entre 250 et 280 mètres d'altitude, les flancs de ce monticule boisé, éventré sur sa façade méridionale par une ancienne carrière de pierre.

Le sol du coteau est argilo-calcaire, sur substrat calcaire (Bathonien, Bajocien) à recouvrement marneux en bas de pente. Le *Florimont* est surtout propice au Gewurztraminer – vins étoffés et aromatiques –, mais le Riesling, à l'aise sur origine calcaire, n'y est nullement à dédaigner.

gade viticole, puisque la grande abbaye allemande de Fulda y détenait des vignes dès 785, avant le couvent de Masevaux au IXe siècle, puis l'abbaye de Pairis au XIIIe siècle. L'orgueil du vignoble communal est le grand cru *Florimont*, exploité en bonne partie par l'importante coopérative locale (qui a pris pour marque le nom d'un très célèbre prédicateur du XVe siècle). A mentionner le lieu-dit *Letzenberg* (qui déborde sur Turckheim).

Jean-Paul Ecklé

Jean-Paul Ecklé et son épouse Marie-Thérèse tiennent cave au centre de Katzenthal, dans une grande maison fleurie, reconstruite dans le goût traditionnel comme toutes les autres du village. Tenant l'exploitation familiale depuis 1960, Jean-Paul Ecklé, qui en outre a longtemps présidé le syndicat viticole communal, possède 10 hectares de vignes, répartis sur Katzenthal, Ingersheim et Ammerschwihr : majorité de riesling (2,5 ha), de gewurztraminer (1,2 ha) et de pinot blanc (2,8 ha), ce dernier planté surtout en plaine.

Le domaine recouvre notamment 65 ares en grand cru *Wineck-Schlossberg* (riesling et surtout gewurztraminer), une pièce de pinot noir sur l'excellent lieu-dit *Hinterburg* et 50 ares de muscat – une spécialité de la maison – dans le secteur du *Kaefferkopf*.

Les vignes sont plantées en largeur (1,80 à 2 mètres), griffées dans l'entrerang et désherbées sous le rang. La récolte se fait à la main. A la cave, les installations se sont agrandies au fil des besoins. Maintenant relayé par son fils Emmanuel, Jean-Paul Ecklé traite sa vendange sur un pressoir pneumatique (Bücher), qu'il a été le premier à employer dans le village. Les fermentations se font surtout dans le bois, mais la cuverie comporte également des cuves en acier émaillé et des microcuves en inox, pour les sélections. Les mises sont opérées de fin juillet à septembre. L'aile de la maison la plus récemment aménagée abrite le stockage des bouteilles et la manipulation des Crémants.

Un escalier de grès, pour grimper dans les vignes du Florimont.

Au pied du Wineck-Schlossberg, le village de Katzenthal et son blanc clocher.

Sous leur étiquette au chat noir – qui joue de l'homonymie entre l'allemand *Katz* et le nom du village, bien que l'étymologie de ce dernier soit tout autre (« vallée de Katzo ») –, les vins de Jean-Paul Ecklé distillent le charme simple et engageant des Alsaces bien nés. C'est l'agrément sans façon du Klevner (1990 frais, souple, végétal) ou l'agrément plus subtil du Muscat, une spécialité reconnue

chez Jean-Paul Ecklé (1990 encore peu ouvert, très sec, avec une note maltée).

C'est aussi le plaisir racé du grand cru *Wineck-Schlossberg*, à travers le Riesling (1990 mariant la menthe et l'eucalyptus à une touche fumée, soyeux, incisif, très harmonieux) et surtout un éclatant Gewurztraminer (1990 concentré, plein, surmaturé, sur des arômes de fleurs et de fruits secs ; 1989 à la superbe robe dorée, à la bouche exubérante, un feu d'artifice de saveurs fruitées et confites ; 1985 gras et moelleux, combinant au nez violette, iris, caramel et grillé). Jean-Paul Ecklé, sagement, ne produit de vendanges tardives que dans les grands millésimes, comme 1985 et 1989.

- **Jean-Paul Ecklé**, 29, Grand-Rue, 68230 Katzenthal.

D'AUTRES BONS PRODUCTEURS

- **Cave vinicole d'Ingersheim (Jean Geiler)**, 45, rue de la République, 68040 Ingersheim *(grands crus Wineck-Schlossberg, Florimont et Sommerberg)*.
- **Klur-Stoecklé**, 9, Grand-Rue, 68230 Katzenthal *(grand cru Wineck-Schlossberg)*.
- **Domaine du Manoir**, 56, rue de la Promenade, 68040 Ingersheim.
- **René Meyer**, 14, Grand-Rue, 68230 Katzenthal (*Grand cru Florimont*).

Voir aussi :

- **Justin et Jean-Louis Boxler**, à Niedermorschwihr *(grand cru Florimont)*.
- **Geschickt et Fils**, à Ammerschwihr *(grand cru Wineck-Schlossberg)*.
- **Kuehn**, à Ammerschwihr *(grand cru Florimont)*.
- **Bruno Sorg**, à Eguisheim *(grand cru Florimont)*.
- **Cave vinicole de Turckheim** *(grand cru Wineck-Schlossberg)*.

Niedermorschwihr

Le Sommerberg

Grand cru classé en 1993. Superficie : 28 hectares. Exposition : sud. Réputé dès le XVIIe siècle, le bien nommé *Sommerberg* (« mont de l'été ») s'étend essentiellement sur Niedermorschwihr, avec quelques parcelles sur Katzenthal. C'est un ondulant coteau, d'un abord pour le moins abrupt : sa pente atteint 45°, de 270 jusqu'à près de 400 mètres d'altitude. Cette paroi vertigineuse a d'ailleurs fait l'objet de plusieurs aménagements en terrasses. Le sol est formé d'arène granitique, issue d'une forte altération du granite de Turckheim. Sa pente, son exposition globale en plein sud, sa richesse minérale ont fait du *Sommerberg* – malgré la difficulté à le travailler – un coteau privilégié, particulièrement propice au Riesling : vins nerveux, au terroir marqué, à attendre quelques années.

Dans un aimable vallon au pied des Trois-Épis, Niedermorschwihr pointe son curieux clocher vrillé du XIIIe siècle et conserve de belles maisons anciennes, certaines avec des oriels. En toile de fond s'élève la muraille du *Sommerberg*, l'un des grands crus les plus pentus d'Alsace. Niedermorschwihr, où s'approvisionnait déjà l'évêque de Bâle, servait, au XIVe siècle, une dîme de vin à l'abbaye de Saint-Dié. C'est aujourd'hui un village discret, animé par quelques bons viticulteurs.

Albert Boxler et Fils

La cave de Jean-Marc Boxler est logée tout en haut du village, sous une vaste demeure en retrait de la rue. La précède une adorable petite maison datée de 1619, qui donne directement sur la rue et s'orne de délicates sculptures sur bois. Sous les chiffres séparés de la date fondatrice, on peut y observer une tête de maure (*mora-kopf*), laquelle est l'emblème de Niedermorschwihr, ainsi qu'un aigle impérial à deux têtes, évoquant la lointaine suzeraineté des Habsbourg. Apparaissent également deux poissons jumeaux, ceux-là mêmes qu'on retrouve figurés sur la collerette des bouteilles de la maison.

Formé à Rouffach puis à Montpellier, Jean-Marc Boxler s'acquitta de sa première vinification en 1968, avec trois médailles d'or à la clé ! Depuis lors, cet homme réfléchi, au parler rare et à l'air parfois songeur – lui-même s'avoue d'une nature solitaire –, s'est révélé un vigneron exemplaire. Son domaine couvre 10 hectares, en premier lieu sur Niedermorschwihr, puis sur Turckheim et Katzenthal, en moindre mesure sur Ingersheim et Colmar. L'encépagement consacre la primauté du riesling (35 %). Le gewurztraminer, le pinot gris et le pinot blanc viennent ensuite à égalité de surface, sylvaner (70 ares) et muscat (50 ares) faisant l'appoint. Jean-Marc Boxler possède 4 hectares en grand cru : 2,5 ha sur le *Sommerberg*, exclusivement plantés en riesling, et 1,5 ha sur le *Brand* voisin, où domine également le riesling, mais escorté du gewurztraminer et d'un peu de pinot gris.

Sur les pentes verticalisantes du Sommerberg, si dures à travailler, Jean-Marc Boxler a été le premier à aménager des terrasses, même si toutes ses vignes ne sont pas installées de la sorte. L'enherbement sauvage, suivi d'un défanage, reste la solution la mieux adaptée à ces sols maigres et pauvres ainsi qu'à leur redoutable déclivité. Jean-Marc Boxler taille court, sur une seule arcure. Probité du vigneron et ingratitude du milieu se conjuguent ici pour engendrer des rendements qui n'excèdent pas 40 hl/ha, avec des planchers courants de 25-30 hl/ha.

Les raisins parviennent à la cave en grains entiers (conquet de réception en inox), sont pressés sur pressoir pneumatique (Willmes) ou mécanique (Vaslin), puis le moût est acheminé par légère gravité vers la cuverie, pour y être sérieusement débourbé (12 heures environ) avant fermentation. D'une propreté méticuleuse, la cuverie – d'une capacité de 800 hectolitres – fait cohabiter le bois,

Offrande de raisin (calvaire à Niedermorschwihr).

majoritaire, avec l'inox et l'acier émaillé. Filtrations d'usage (dégrossissage sur kieselguhr en mars, passage sur plaques stériles) et mise en bouteilles en juin et septembre.

Jean-Marc Boxler cherche à faire des vins d'abord fondés sur la matière. Se méfiant des raisins trop sains, il ne dédaigne point de travailler sur une vendange attaquée par le botrytis, avec laquelle, selon lui, il réussit ses meilleurs vins. Ce vinificateur perfectionniste est un spécialiste du Riesling, particulièrement dans le grand cru de Niedermorschwihr.

Passé dans ses mains, le Riesling *Sommerberg* s'avère un authentique grand vin, dont le terroir n'est jamais absent, par-delà la pluralité des millésimes : 1991 au bon nez fruité, avec une note de thym, rond en bouche, sur une arête assez vive ; 1990 aux nuances fumées et rôties, ample en bouche, dense, concentré, avec une belle finale acide et tout le potentiel qu'annonçaient ses 15° naturels ; 1989 aux notes végétales et fumées, riche, plein de matière, légèrement amer, finement acide, fidèle à son petit rendement ; 1988 dégageant des odeurs de menthe, d'épices et de café, racé, tranchant, avec une bouche poivrée, discrètement rehaussée d'amertume ; 1986 évoquant citronnelle et zeste de citron, nerveux, ferme, généreusement fruité, bien prolongé par l'acidité ; 1985 au nez légèrement réduit, mais souple, vif et savoureux en bouche ; 1983 sentant le coing et l'herbe fraîche, équilibré, finement moelleux, très persistant, en pleine maturité. Outre sa régularité dans le temps, ce vin exemplaire se révèle un remarquable compagnon de gastronomie.

En amateur de vendanges surmûries, Jean-Marc Boxler se plaît bien sûr à récolter tardivement, et à obtenir certaines réussites du genre, que ce soit en Riesling (1989 VT au nez de pamplemousse, dense, équilibré, délicatement enrobé, sur des fragrances de type exotique) ou en Tokay-Pinot gris (SGN 1988 aux arômes de miel, de caramel et de rôti, rond, homogène, sans la moindre mollesse malgré ses 18°5 nature). Dans cette catégorie, le grand cru de Turckheim justifiera à l'occasion sa réputation solaire (Tokay-Pinot gris *Brand* 1989 SGN, un voluptueux nectar doré, d'une richesse phénoménale, restituant au nez le raisin confit dont il est né). En tout cas, ces vins justifieront toujours celle de Jean-Marc Boxler, un vigneron qui fait honneur à son métier et à l'Alsace.

- **Albert Boxler et Fils**, 78, rue des Trois-Épis, 68230 Niedermorschwihr.

D'AUTRES BONS PRODUCTEURS

- **Justin et Jean-Louis Boxler**, 15, rue des Trois-Épis, 68230 Niedermorschwihr *(grands crus Sommerberg, Florimont et Brand)*.

Voir aussi :

- **Cave vinicole d'Ingersheim** *(grand cru Sommerberg)*.
- **Cave vinicole de Turckheim** *(grand cru Sommerberg)*.
- **Domaine Aimé Stentz**, à Wettolsheim *(grand cru Sommerberg)*.
- **Kuehn**, à Ammerschwihr *(grand cru Sommerberg)*.

Turckheim

Enseigne du veilleur de nuit de Turckheim.

La cave à foudres du Domaine Zind-Humbrecht.

Ceinturée par une zone industrielle mais gardant intact son triangle ancien, marqué par trois portes (de France, du Brand et de Munster), Turckheim commande, sur la Fecht, l'entrée de la vallée de Munster. En ses murs, celle qui fut ville impériale et membre de la Décapole alsacienne conserve un indubitable air Renaissance, principalement le long de sa Grand-Rue (maisons des XVIe et XVIIe siècles) et tout autour de la place Turenne (hôtel de ville, hôtel des Deux Clefs).

Cette vieille cité vigneronne, dont les vins alimentaient l'abbaye de Munster dès la fin du IXe siècle, joue de nos jours un rôle vinicole dynamique, principalement grâce à sa cave coopérative, l'une des plus remarquables d'Alsace. Joyau de Turckheim depuis l'époque médiévale, le célébrissime *Brand*, son grand cru, dresse au-dessus de la ville sa masse imposante, et brûlante l'été (la légende veut que le soleil y ait combattu un dragon crachant le feu). Sont également à mentionner deux lieux-dits réputés : en coteau le *Heimbourg* et en plaine le *Herrenweg*. Ce dernier – le « chemin des Messieurs » – est établi sur les graves de la Fecht et prolonge la Hardt de Colmar.

En pénétrant dans la vallée de Munster, la côte de Turckheim est relayée par les coteaux élevés de **Zimmerbach**, de **Walbach** et de **Wihr-au-Val**. Ces trois localités forment ce qu'on appelle le « Val Saint-Grégoire » (le premier abbé de Munster était un disciple du pape Grégoire le Grand) et fournissent des vins nerveux et incisifs. A signaler, sur Walbach, le tout récent *Clos Saint-Guingallois* (1,5 ha de pinot noir).

Domaine Zind-Humbrecht

En matière vinicole, Léonard Humbrecht figure sans doute parmi les grands bienfaiteurs de l'Alsace. C'est en tout cas sous ce visage radieux qu'il est considéré par ses pairs, les vignerons alsaciens, unanimes pour une fois. Il fut en effet le précurseur indiscutable, dans les années 60, de la réhabilitation et de la renaissance

Le Brand

Grand cru classé en 1983. Superficie : 57 hectares. Exposition : sud, sud-est. Au-dessus de Turckheim, le *Brand* ondule en deux grands coteaux jusqu'aux 343 mètres de son point le plus élevé. Cette « terre de feu » – on la défrichait jadis par des brasiers – se comporte aussi , grâce à son profil, sa déclivité, son orientation, comme un gigantesque four solaire, offrant sans retenue ses ceps à l'incandescence des rayons. Globalement granitique, le terroir se nuance selon les situations.

Formant dépression en cœur de côte, le *Brand* proprement dit occupe un substrat de granite de Turckheim, à deux micas, dégradé en arène, donnant un sol siliceux et pauvre (vins précoces, souvent alcooleux, très réussis en petite année). A ses flancs, le *Steinglitz* trouve en profondeur, sous la même couche de gore granitique, un soubassement marno-calcaire qui assure aux vignes une meilleure alimentation hydrique. A l'est du cru, dans la partie du *Schnekelsbourg*, les marnes et calcaires du Muschelkalk sont plus en surface sous un granite particulièrement décomposé : outre une meilleure hygrométrie, le sol se révèle ici plus riche en éléments minéraux et fertilisants (vins nerveux, d'excellente garde).

Même si ses compagnons de terroir font honorable figure, le Riesling est l'incontournable roi du *Brand* : vins tôt expressifs, au fruité opulent, se bonifiant avec l'âge.

des grands crus, ceux qui portent désormais le flambeau du vignoble alsacien.

Mais l'histoire de la dynastie Humbrecht remonte infiniment plus loin dans le temps. C'est en 1620, en pleine guerre de Trente Ans, que Sontag Humbrecht, originaire de Hongrie, se fixa comme vigneron à Gueberschwihr. Au XVIIIe siècle, la famille louait des vignes à l'abbaye de Marbach. La constitution du Domaine Zind-Humbrecht remonte à 1959, lorsque Léonard Humbrecht – frais émoulu de l'École tropicale mais venant de choisir l'Alsace contre l'Afrique en épousant Geneviève Zind – regroupa les 3 hectares de vignoble appartenant à son père, Zénon Humbrecht, sur Gueberschwihr, et à son beau-père, Émile Zind, sur Wintzenheim.

S'installant dans ce dernier village, Léonard Humbrecht fréquenta l'école de viticulture de Geisenheim, en Allemagne, puis fit des stages en Anjou et en Bourgogne. C'est là que s'effectua sa prise de conscience de la valeur des grands terroirs alsaciens, de ces fameux coteaux qui – à l'instar des climats bourguignons au Moyen Age – avaient émergé aux XVe et

La Porte du Brand.

XVIe siècles, au moment de l'« âge d'or », puis laissé leurs noms évocateurs profondément inscrits dans la mémoire collective. Il se mit alors à scruter les sources anciennes, racheta de multiples parcelles dans des terroirs jadis réputés, défricha, aménagea, replanta, remit passionnément en valeur. Il amassa de la sorte une véritable collection de crus, entre Thann et Hunawihr. Entre-temps, son fils Olivier – ingénieur agronome, œnologue, *master of wine* – et sa belle-fille Margaret venaient élargir le noyau familial sur le domaine.

La collection de Léonard Humbrecht est maintenant plus que rondelette. Elle forme le cœur d'une superbe propriété de 40 hectares, où le gewurztraminer (32 %), le riesling (28 %) et le pinot gris (19 %) se taillent la part du lion. Il faut d'abord évoquer le *Rangen*, l'enfant chéri du maître des lieux, le roi de la couvée. Sur ce coteau ultra-pentu qui domine la ville de Thann – l'un des plus mythiques d'Alsace, classé grand cru en 1983 –, Léonard Humbrecht a ressuscité, à partir de 1977, le *Clos Saint-Urbain*, autour de la petite chapelle du même nom : 4 hectares et 14 ares de rêve, sur les 19 hectares que compte au total le cru. Ce versant vertigineux, qui comprend deux tiers de vignes plantées en 1960 (le reste a depuis été arraché à la broussaille et replanté), aligne riesling, pinot gris et gewurztraminer, qui vont puiser dans sa terre volcanique la substance de leur caractère hors du commun. La quasi-verticalité du coteau (68 %) oblige, au moment des vendanges, à l'emploi du treuil. Non content d'y produire chaque année des vins d'anthologie (avec le concours, sur place, de la famille Duarte), l'archiviste Humbrecht se plaît également à enrichir le florilège de tous les morceaux poétiques et littéraires que le *Rangen* a suscités, au long des siècles.

Fort de son indéfectible confiance dans l'acquis des « vieux » – les vignerons d'autrefois –, Léonard Humbrecht (qui préside depuis l'Association des grands crus d'Alsace) a révélé avec autant d'enthousiasme le potentiel de plusieurs autres grands terroirs. A Wintzenheim, le *Hengst* (1,4 ha), grand cru marno-calcaire sur lequel le gewurztraminer engendre un vin d'exceptionnelle longévité. A Turckheim, le *Brand* (1,6 ha), exploité depuis 1978 dans les excellents secteurs du *Steinglitz* et du *Schnekelsbourg*, dont les granites sur fond marneux, joints à de vieilles vignes, mitonnent un Riesling opulent, d'expression précoce. A Gueberschwihr enfin, berceau familial, le *Goldert* (60 ares), dont le calcaire oolithique se prête particulièrement à un Gewurztraminer de belle finesse, et à une toute petite récolte d'un grand Muscat.

La série comporte également de remarquables lieux-dits, que le coup de baguette du maître Humbrecht a transformés en autant de nouvelles références. Sur Wintzenheim, au pied même du Hengst, le *Clos Hauserer* (1,2 ha), planté en 1972 dans une semi-cuvette regardant à l'est, engendre, sur un sol de marnes et de calcaire oligocène enrichi de colluvions, un vigoureux Riesling assuré pour la garde. Sur Turckeim, le *Heimbourg* (3,2 ha), composé d'argilo-calcaire et complanté en pinot gris et gewurztraminer, fait face à l'extrémité orientale du Brand : regardant la vallée de Munster, il bénéficie donc largement du soleil couchant. Associée à une humidité matinale prolongée et à l'excellent drainage du sol, cette exposition détermine une maturation lente du raisin, mais assure en revanche une vendange très riche, dans les deux cépages : ainsi, en 1988, bien qu'ayant fourni sa première récolte l'année précédente, le Heimbourg était intégralement ramassé en pourriture noble, à un niveau moyen de 19° naturels.

Juste au-dessous du Brand, le *Clos Jebsal* (1,3 ha) occupe, comme son nom l'indique, une veine riche en gypse. Son sol lourd, très argileux, sa forte pente et son orientation pleinement méridionale permettent d'obtenir, depuis la première récolte de 1987, un Tokay-Pinot puissant et bien acide, promis à la garde. Il faut retenir, encore sur Turckheim, autour de la cave, le *Herrenweg* (6,5 ha), un vignoble de plaine établi sur le cône de déjection de la Fecht (graves sableuses et limons). Il rassemble l'ensemble des cépages et donne des vins précoces. A Wintzenheim, le *Rotenberg* (70 ares) occupe le versant occidental du Hengst, avec un sol rouge, riche en fer, et une pente accentuée. C'est un terroir tardif, très propice à la pourriture noble, donnant un Tokay-Pinot gris gras et aromatique, qui enfonce régulièrement les records du domaine (26° potentiels en 1989 !).

Une place particulière doit être enfin réservée au *Clos Windsbuhl* (4,2 ha) de Hunawihr, la dernière perle, et l'une des plus étincelantes, du collier de famille. Repris par les Humbrecht en 1987 – toujours sur le triple critère de l'exposition, de l'unité géologique et de la notoriété ancienne –, ce clos créé à la fin du XVIIe siècle se déploie en éventail au pied de la grande demeure qui coiffe son sommet. Une exposition triangulaire (sud-est, sud, sud-ouest) à l'abri des vents du nord, l'humidité environnante des prés et de la forêt de Riquewihr, un excellent substrat argilo-calcaire du Muschelkalk et une pente marquée créent des conditions optimales. Les cépages sont tous représentés, l'accent étant toutefois mis sur le pinot gris, prédisposé ici à une expression riche et épicée, comme l'a déjà prouvé une succession ininterrompue de vendanges tardives. Un hectare de chardonnay a été planté pour l'expérience, destiné à être marié au pinot gris.

En 1992, les Humbrecht ont quitté Wintzenheim pour s'installer – résidence et exploitation – dans la commune voisine de Turckheim, au beau milieu des vignes. Le clou de cette nouvelle implantation est une cave impressionnante qui, par ses proportions et sa fonctionnalité, n'a rien à envier aux chais d'un grand château bordelais. Les salles de travail sont climatisées et l'on fonctionne ici sur le principe de la gravité. Les raisins, entiers, sont déversés – du rez-de-chaussée au niveau inférieur – dans deux énormes pressoirs pneumatiques (Bücher), sont pressurés lentement (10 à 12 heures), débourbés statiquement, puis écoulés vers les fûts, au sous-sol. Construite en béton caverneux et profondément enterrée, la cave à foudres bénéficie d'une climatisation naturelle (11 à 13 °C). Comme à Wintzenheim, chaque terroir y dispose de son propre fût, qu'il conserve d'une année sur l'autre, retrouvant ainsi mêmes levures et bactéries.

Là, Olivier Humbrecht, qui assure les vinifications depuis 1989, perpétue la méthode paternelle, à base de propreté et de savoir-faire, que son père avait d'ailleurs tôt débarrassée des conceptions technologiques qu'on lui avait enseignées à Geisenheim. Les fermentations prennent leur temps, l'élevage se fait sur lies fines, la filtration se limitera à un passage sur plaques avant la mise. Les vins rouges, de leur côté, font un détour par la « salle à malos », au niveau intermédiaire, où ils effectuent leur seconde fermentation en barriques. Une fois embouteillés (bouchons de qualité supérieure), les vins sont entreposés dans une cave de très grande contenance, également au sous-sol. Une spacieuse salle de dégustation parachève ce superbe ensemble, modèle d'architecture œnologique, d'où l'on embrasse d'ailleurs d'une manière panoramique tous les coteaux et grands crus environnants.

Chez Léonard Humbrecht, la dégustation s'avère un exercice passionnant, car elle permet de sonder – en profondeur – les secrètes entrailles du vignoble alsacien, et cela dans une unité de lieu. Les vins du domaine sont des vins de grande constitution, finement caractérisés , avec des densités souvent confondantes, qu'ils doivent d'abord à des rendements très faibles. Mais le gras et l'acidité contrebalancent efficacement cette grande richesse naturelle, et font contrepoids à l'éventuel reliquat de sucre. La plupart d'entre eux sont autorisés à une longue garde.

Les vins du *Herrenweg* donnent le ton, notamment le Riesling, tôt ouvert mais de bonne tenue en bouteilles (1981 très floral, sans aspérités, d'abord facile ; 1990 au nez d'aubépine et de fleurs blanches, gras et fruité ; 1983 au registre minéral discrètement développé, élégant et équilibré), et le Gewurztraminer, qui sait révéler de fort belles surprises (1990 puissamment parfumé, vif, capiteux, très enjôleur). Le Riesling du *Brand* acquiert tôt son expression charmeuse, ce qui, d'ailleurs, ne le dispense nullement de bien vieillir : 1991 très fruité, avec une petite touche fumée, ouvert et direct ; 1990 au nez floral, riche et séveux, d'une surmaturité marquée ; 1990 VT, sélection de vieilles vignes, 15,5 ° potentiels, surmontés d'arômes confits et se livrant déjà avec gourmandise. Celui du *Clos Hauserer*, s'il montre plus de réserve à ses débuts, évolue de même en beauté : 1991 issu d'un rendement de 25 hl/ha, fleuri et séveux ; 1989 VT au nez pierreux et fruité, nerveux, étoffé, apte à la garde ; 1976 fleurant délicatement l'angélique, très fondu en bouche mais toujours bien solide.

Le Gewurztraminer du *Goldert* sait varier son profil (1991 de type mâle, robuste

Dans les vignes du Brand. Au fond, les Vosges enneigées.

et viandé ; 1989 VT, au registre floral, 19° potentiels, avec une bouche somptueusement remplie et formidablement longue), tandis que celui du *Hengst* cultive la force tranquille, sûre d'elle-même (1991 VT encore secret, puissant, épicé). Les vins du *Clos Windsbuhl* sont toujours aiguisés et racés : le Gewurztraminer (1991 vigoureux, très fin, parfaitement équilibré ; 1990 VT velouté, parfumé, bien campé sur un beau support acide), tout comme le Tokay-Pinot gris (1991 VT, alliant finesse et acidité malgré ses 16°5 potentiels). Le *Clos Jebsal* enfante à son tour un superbe Tokay-Pinot gris, malgré la jeunesse de ses vignes (1990 VT ferme et charnu, finement miellé, long en bouche). Régulièrement, le *Heimbourg*, fort accueillant au botrytis, accouche de monstres : tel cet époustouflant Gewurztraminer 1989 SGN, un vin réellement énorme, ayant atteint au départ jusqu'à 27 % nature, opulent et concentré comme un extrait de parfum.

Vin tutélaire du domaine, le *Clos Saint-Urbain* ferme majestueusement la marche. La classe du *Rangen* parle d'elle-même, dans les trois cépages : Tokay-Pinot opulent (1991 VT ayant frôlé les 15° potentiels, crémeux, vif, tout miel) ; Gewurztraminer somptueux (1989 SGN ayant atteint sans tri 25° nature, véritable quintessence de rose, déroulant au nez et en bouche un surépais tapis de sensations moelleuses et parfumées) ; l'immense Riesling enfin (1991 droit, nerveux, viril ; 1990 ample en bouche, rigoureusement équilibré, dense et long ; 1986 aux nuances florales et minérales, balançant judicieusement l'acide et le gras, savoureux, suprêmement harmonieux). On vole ici parmi les sommets de l'Alsace !

Tel est le feu d'artifice que tire chaque année, sans désemparer, Léonard Humbrecht. La leçon est magistrale, et son exemple, fort heureusement, communicatif.

- **Domaine Zind-Humbrecht**, Route de Colmar, 68230 Turckheim.

Futures vendanges tardives, au-dessus de Turckheim.

Cave vinicole de Turckheim

Si l'on écarte la récente installation de Léonard Humbrecht sur la commune, la Cave vinicole de Turckheim est assurément la grande institution locale. Située un peu à l'écart de la ville, au large de la porte de Munster, le nez déjà enfoui dans les vignes des coteaux qui la cernent, elle demeure un modèle de réussite de la coopération alsacienne. Sa création remonte à 1955. L'année suivante, les premiers coopérateurs rentraient dans leurs murs, vinifiaient l'ingrate récolte 56 et se donnaient leur premier directeur, l'entreprenant Jean-Paul Ritzenthaler. Originaire d'une famille de vignerons de Kaysersberg, ce dernier s'est montré l'homme de la pérennité puisqu'il tient toujours fermement les commandes de l'établissement. Diplomate, jovial et accompli, il a notamment présidé, ces dernières années, la commission de son nom, qui procéda à la délimitation des grands crus d'Alsace, tâche délicate s'il en fut.

Turckheim historique. A gauche, l'hôtel des Deux Clefs, rénové en 1620.

La cave vinicole de Turckheim est aujourd'hui une puissante unité de 280 sociétaires et 32 salariés, qui exploite 300 hectares de vignes. Des contrats de livraison de vins, principalement en provenance de Traenheim (Bas-Rhin), s'ajoutent à hauteur de 200 hectares supplémentaires, et la cave sort annuellement entre 4 et 5 millions de cols. L'encépagement global consacre la prédominance du gewurztraminer (29 %), suivi du pinot blanc (22 %) et du riesling (20 %). Le vignoble dépendant de la cave s'étend sur Turckheim, mais aussi sur Wintzenheim, Niedermorschwihr, Katzenthal et les excellents villages du « Val Saint-Grégoire » (Zimmerbach, Walbach, Wihr-au-Val). La cave dispose ainsi d'un riche portefeuille de grands crus (20 hectares), qui sont le véritable fer de lance de sa politique de qualité. On y recense naturellement le fameux *Brand* de Turckheim, le *Hengst* de Wintzenheim, le *Sommerberg* de Niedermorschwihr, le *Wineck-Schlossberg* de Katzenthal, mais encore des crus plus éloignés : l'*Ollwiller* de Wuenheim, grâce à quelques fidélités conservées sur place après l'abandon de son association avec la cave locale, le *Schoenenbourg* et le *Sporen* de Riquewihr, grâce à la récente adhésion de la maison Preiss-Zimmer. Plusieurs lieux-dits locaux – *Heimbourg, Rotenberg, Herrenweg* – sont également vinifiés en tant que tels.

La cave, dans les années 80, a négocié le virage des grands équipements performants. En 1983, elle se dotait d'un vendangeoir ultra-moderne, capable de traiter 40 tonnes journalières de raisin et d'effectuer jusqu'à 20 sélections quotidiennes grâce à sa programmation sophistiquée (les coopérateurs apportent une vendange dont la qualité est encouragée par un système de bonifications mis en place dès l'origine de la cave). En 1991 était installé un groupe d'embouteillage du dernier cri, traitant 8 000 bouteilles à l'heure, dans un grand local climatisé et pressurisé.

Entre ces deux extrémités de la chaîne se situe tout un ensemble d'installations fonctionnelles, d'une propreté irréprochable, confiées à la responsabilité de Michel Lihrmann, œnologue et chef de cave : batterie de 5 gros pressoirs pneumatiques (Bücher), grandes cuves inox thermorégulées et microcuverie du même matériau, cuverie traditionnelle en béton époxy, elle aussi équipée pour le contrôle des températures, arsenal de barriques neuves (la cave élève, depuis 1979, dans le chêne une partie de ses pinots noirs). D'impressionnantes cuves extérieures en inox servent au stockage du vin, tandis que celui des bouteilles est partiellement assuré dans les locaux d'un transporteur, où reposent aussi les Crémants sur lattes (remuage et dégorgement à la cave même).

Cuves extérieures (Cave vinicole de Turckheim).

La Cave vinicole de Turckheim offre un éventail de vins très large d'une qualité suivie, où le haut de gamme atteint un niveau qui la fait rivaliser avec les meilleurs domaines et maisons. A souligner – l'exemple est fort recommandable – que la vaste carte des vins indique pour chacun, de l'Edelzwicker jusqu'à la sélection de grains nobles, une durée de garde conseillée.

La catégorie *Tradition* rassemble les génériques issus de terroirs précoces (Pinot blanc 1991 simple, nerveux, agréablement fruité), la catégorie *Réserve* regroupe des vins plus corsés, aux caractères plus marqués (Sylvaner 1990 aux légers arômes végétaux, souple et frais ; Riesling 1990 au nez herbeux, rond et nerveux ; Gewurztraminer 1990 bien présent en bouche, net et sans discordance). En spécialités, la cave offre des vins natifs des terres graveleuses de la Fecht : Riesling *La Décapole*, récolté en fait sur le *Herrenweg* (1988 dévoilant son côté minéral, avec une bonne suite en bouche) ; Pinot noir *Cuvée à l'ancienne*, élevé en barriques (1989 dans le registre kirsché-boisé) ; Gewurztraminer *Réserve du Baron de Turckheim*.

Les vins de lieux-dits proviennent principalement du *Heimbourg* de Turckheim, où la botrytisation n'est pas rare : Pinot blanc 1989 au riche nez de fruits secs, gras et puissant, évoquant presque un Tokay ; Riesling 1989 corsé et enveloppé, de bel avenir ; Tokay-Pinot gris 1989 doré, corpulent, légèrement rôti ; Gewurztraminer 1990 couleur plein or, aux nuances florales et rôties, volumineux et ultra-parfumé en bouche. A noter également dans cette catégorie le Pinot blanc *Côtes du Val Saint-Grégoire*, récolté sur les pentes granitiques des trois communes déjà citées (1990 charnu, sur une bonne acidité).

La cave joue néanmoins son répertoire majeur à travers la série des grands crus, en réservant bien sûr une place de choix au seigneur du lieu : Riesling *Brand* 1988 mariant pointe d'ananas et caractère minéral, opulent, de garde ; 1983 au nez de cire d'abeille et de poire confite où s'infiltre le pétrole, élégant, plein, long, très fin ; original Gewurztraminer *Brand* 1988, exprimant le minéral et le fumé, délicat, harmonieux, persistant. N'en oublions pas pour autant les belles productions du *Hengst* (Gewurztraminer 1987 subtil, linéaire, finement aromatique) et du *Schoenenbourg* (Riesling 1988 souple et floral, plein d'élégance).

Les récoltes tardives poursuivent sur cette belle lancée, avec des cuvées de grande concentration, présentées en flûtes spéciales (50 et 75 cl). Si le Gewurztraminer est somptueux (1989 VT, une essence de violette sous sa robe ambrée), le Tokay-Pinot gris déploie tous ses fastes : 1990 VT complet, généreux, encore peu ouvert ; richissime 1989 VT, à l'odeur intense de raisin et de fruits secs, ample, déjà formidablement expressif ; 1989 SGN doré à la feuille, superbement fumé, soyeux, capiteux, surpuissant. Ces cuvées marquent le point culminant de la cave, comme elles témoignent de l'immense chemin parcouru par la coopérative depuis ses difficiles débuts de la décennie 50.

- **Cave vinicole de Turckheim**, 16, rue des Tuileries, 68230 Turckheim.

D'AUTRES BONS PRODUCTEURS

- **François Baur Petit Fils (Domaine Langehald)**, 3, Grand-Rue, 68230 Turckheim *(grand cru Brand)*.
- **Domaine Armand Hurst**, 8, rue de la Chapelle, 68230 Turckheim *(grand cru Brand)*.

Voir aussi :

- **Pierre Sparr et ses Fils**, à Sigolsheim *(grand cru Brand)*.
- **Justin et Jean-Louis Boxler**, à Niedermorschwihr *(grand cru Brand)*.

Wintzenheim

Le gewurztraminer,
cépage privilégié du Hengst.

Déjà intégré à l'agglomération colmarienne, ce gros bourg au pied du Hohlandsbourg se partage entre des activités suburbaines et une viticulture restée très vivante (200 hectares en production). Dès avant l'an mille, l'évêque de Coire, en Suisse, possédait des vignes à Wintzenheim, puis, au XIIIe siècle, les moniales du couvent d'Unterlinden devinrent à leur tour propriétaires sur le ban communal. Le vaste amphithéâtre du *Hengst*, l'un des plus fameux grands crus d'Alsace, domine la localité, qui compte aussi quelques lieux-dits notoires, comme le *Rotenberg* ou le *Warstein*.

Jos Meyer et Fils

L'histoire de la maison Jos Meyer, discrètement installée dans la rue principale de Wintzenheim, illustre le parcours sans faute d'une petite affaire familiale du XIXe siècle, tôt épanouie mais ayant su garder taille humaine. Fondée en 1854, la maison fut d'abord conduite par le polyvalent Aloyse Meyer, que ses activités de négociant et de gourmet – qui lui valurent la clientèle des grands ducs de Bade-Wurtemberg – n'empêchèrent nullement de poursuivre sa florissante carrière d'hôtelier-restaurateur et d'édile local. Elle fut reprise ensuite par son fils Joseph, qui donna son prénom à la société et transféra les caves de l'hôtel-restaurant Meyer vers ses locaux actuels, de l'autre côté de la rue. Après guerre, son petit-fils, Hubert Meyer, œnologue diplômé, développa l'affaire familiale et la démarqua de nombreux homonymes en adoptant la marque *Josmeyer*, simple contraction de sa raison sociale.

Dès 1966, après des études à Beaune et à Dijon, Jean Meyer, le fils aîné d'Hubert, prenait la responsabilité des vinifications. C'est lui qui tient aujourd'hui les commandes de la maison, tandis que sa fille Isabelle, en se formant au métier, semble à son tour marcher sur les traces

Caveau de dégustation de la maison Jos Meyer.

Le Hengst

Grand cru classé en 1983. Superficie : 76 hectares. Exposition : sud-est. Mentionné dès le IXe siècle (donation à l'Abbaye de Murbach), le *Hengst* – l'« étalon » – décrit au-dessus de Wintzenheim un arc majestueux. S'élevant entre 270 et 360 mètres d'altitude, jusqu'à la petite chapelle des Bois, il profite d'une pente assez prononcée mais régulière, et émarge à la faible pluviométrie du secteur de Colmar. Son terroir, le premier à relever du champ de fractures de Rouffach-Guebwiller, est composé de conglomérats oligocènes et de marnes calcaires interstratifiées (Latdorfien), donnant des sols plutôt épais et très caillouteux. Le gewurztraminer est le cépage de prédilection, mais le riesling, le pinot gris et même certaines reliques de pinot auxerrois s'y comportent parfaitement. Les deux premiers, surtout, engendrent des vins d'abord réservés, charpentés et harmonieux, mais de grande longévité.

de son père. Tempérament exigeant, réfléchi, Jean Meyer est d'abord animé de la passion du vin, qui déborde volontiers sa réserve naturelle et l'entraîne vers une nature plus fougueuse. Avocat des terroirs, du Hengst en particulier, il est aussi un remarquable accordeur gastronomique, que son amour de la cuisine a poussé à cultiver méthodiquement le champ subtil des accords entre mets et vins.

Le domaine Josmeyer recouvre 16 hectares, sur les communes de Wintzenheim, de Turckheim et de Wettolsheim, complantés surtout en riesling (30 %), gewurztraminer (25 %) et pinot auxerrois (22 %). S'en distingue le *Hengst*, où le riesling et le gewurztraminer (2,5 ha) voisinent avec de vieilles parcelles d'auxerrois (que ne retient évidemment pas l'appellation grand cru). En marge de ce vignoble, les Meyer se font livrer du raisin par une trentaine de viticulteurs des mêmes trois villages, pour 20 hectares environ, en notant que ces approvisionnements comprennent la récolte de près de 2 hectares en grand cru Hengst.

Les installations de Wintzenheim sont simples et cohérentes. Elles se répartissent sur deux niveaux, au fond d'une cave pavée qu'ombrage un tilleul et que flanque un caveau de dégustation, joliment décoré à l'ancienne. Vendangeoir (2 pressoirs pneumatiques, 2 pressoirs mécaniques) et chaîne d'embouteillage au rez-de-chaussée. Cuverie bois (fûts de 20 à 60 hectolitres), cuverie inox (beaucoup de petites contenances pour traiter des micro-lots) et stockage des bouteilles (en partie sur terre battue, assurance d'une bonne hygrométrie) au sous-sol.

Jean Meyer pratique une vinification respectueuse de la matière première :

pressurage sans foulage préalable, chaptalisation évitée au possible, absence de levurage (les levures indigènes, selon lui, sont partie intégrante du terroir et seules garantes d'un véritable « corps à corps » entre le raisin et son milieu), filtrations non dépouillantes, mise en bouteilles précoce, dès février-mars pour les cuvées les plus fringantes, de toute façon avant l'été pour toutes les autres. Il entend en effet conserver à ses vins cette perle légère – le *spritzig* en alsacien – qui, tout en exprimant leur côté vivant, prolonge leur phase juvénile et donne de bons atouts au vieillissement.

Les vins Josmeyer cultivent la légèreté, dédaignant les sucres rajoutés. Ils sont digestes, hauts en fruit, élégants, et manifestement destinés à la table. Jean Meyer les veut d'ailleurs à l'encontre de nombreux vins actuels, qu'il juge manquer de convivialité, car de plus en plus riches alors que les plats, inversement, le sont de moins en moins.

Si le Pinot blanc *Les Lutins*, récolté sur un sol d'alluvions, mérite bien son nom (sémillant 1990 au nez de pêche blanche et de fleurs, à la silhouette alerte, sans le moindre empâtement), le Pinot auxerrois *H* – sous-entendu vieilles vignes du Hengst – témoigne de la noblesse de son origine (1990 montrant de l'ampleur et du sérieux, sur une arrière-bouche finement fruitée). Même progression avec le Riesling : Riesling *Les Pierrets*, de la même provenance que les Lutins (1990 au rendement inférieur à 50 hl/ha, non chaptalisé, un vin bien structuré, mais avec grâce et légèreté, avec du zeste de citron en fin de bouche), puis Riesling *Hengst* (1990 dépassant 12° totalement naturels, un vin distingué, de grande retenue, avec ses notes fumées, végétales et citronnées ; 1985 *Cuvée de la Saint-Martin*, vendangé bien sûr le 11 novembre, aux arômes de beurre noisette et de bois consumé, au corps déjà souple et caressant, accusant la perte d'acidité due à sa rentrée tardive ; 1974, né de jeunes vignes de l'époque et d'un millésime jaloux, délicatement vertébré, discrètement aromatique, avec cette pudeur qui caractérise souvent le Hengst). Le Tokay-Pinot gris, quant à lui, joue un registre sensible (1989 *Cuvée du Centenaire*, non chaptalisé, aux discrètes évocations de bois fruitier et d'humus, plutôt réservé, tout en finesse et pureté).

Le Gewurztraminer, de toute évidence, est l'une des bottes secrètes de la maison Josmeyer, et sa série ne manque pas d'attraits : Gewurztraminer *Cuvée des Folastries*, clin d'œil à Ronsard (1991 au nez fleuri comme une rose blanche en train de s'ouvrir, léger, séducteur) ; Gewurztraminer *Cuvée du Centenaire* (parfait 1978, issu partiellement du Hengst, frais au nez et en bouche, sur des notes de girofle et de poivre blanc) ; Gewurztraminer *Hengst* (1986 – version non botrytisée – mariant la cire d'abeille, le miel et l'angélique, friand, digeste et très aromatique en bouche ; 1982 onctueux et lisse, merveilleusement homogène, à savourer comme on contemple un calme paysage). On pourrait encore leur ajouter la cuvée *Les Archenets*, ou une sélection du *Herrenweg*. Voilà en tout cas une carte qui donne envie de s'emparer de l'un des nombreux menus qu'ont inspirés les vins de Jean Meyer... et de passer à table sur-le-champ.

- **Jos Meyer et Fils**, 76, rue Clemenceau, 68290 Wintzenheim.

D'AUTRES BONS PRODUCTEURS

Voir :

- **Domaine Zind-Humbrecht**, à Turckheim *(grand cru Hengst)*.
- **Domaine Barmès-Buecher**, à Wettolsheim *(grand cru Hengst)*.
- **André Ehrhart et Fils**, à Wettolsheim *(grand cru Hengst)*.
- **Albert Mann**, à Wettolsheim *(grand cru Hengst)*.
- **Domaine Aimé Stentz**, à Wettolsheim *(grand cru Hengst)*.
- **Wunsch et Mann**, à Wettolsheim *(grand cru Hengst)*.
- **Cave vinicole d'Eguisheim** *(grand cru Hengst)*.
- **Domaine viticole de la Ville de Colmar**, *(grand cru Hengst)*.
- **Cave vinicole de Turckheim** *(grand cru Hengst)*.

Le village de Wintzenheim.

Colmar

Lazare de Schwendi, légendaire introducteur du tokay en Alsace.

Quartier des Tanneurs, Petite Venise, Ancienne Douane, collégiale Saint-Martin, église des Dominicains, maison Pfister, maison des Têtes, admirable musée d'Unterlinden, dont le retable d'Issenheim ou les œuvres de Schongauer méritent à eux seuls le voyage... Colmar, une fois passée son ingrate périphérie, se révèle telle qu'en elle-même : une ville d'art au climat intimiste, qu'on croirait conçue à l'usage exclusif du promeneur.

La cité sur la Lauch, jadis convoitée par l'évêque de Strasbourg, alors que ses vins approvisionnaient d'abord l'évêque de Bâle, a su pourtant maintenir sa vocation viticole. Massé à l'ouest de l'agglomération, le vignoble colmarien est loin d'être négligeable (170 hectares). Il occupe surtout les terres graveleuses et sablo-argileuses de la *Hardt* (ou *Harth*), une plaine qui correspond à l'ancien cône de déjection de la Fecht et a de longue date prouvé ses qualités vinifères : on y obtient des vins charnus et assez précoces, encore que certains puissent étonner par leur longévité (voir page 184). Malgré leur réelle réputation, l'absence de pente écarte rédhibitoirement ce lieu-dit d'un classement en grand cru.

Cité viticole et ville-préfecture, Colmar est tout naturellement devenue la capitale du vignoble alsacien. En témoignent les grands organismes qui y siègent : le Comité interprofessionnel des vins d'Alsace, la station de recherches de l'INRA (voir encadré), la vitrine technologique de la cave d'Eguisheim qu'est l'« espace Wolfberger », l'ancien Institut viticole Oberlin... Ce dernier fut créé par la ville en 1895, en plein désastre phylloxérique, et sa direction confiée à l'ampélographe Christian Oberlin, expérimentateur fructueux en matière de greffage. L'institut hérita plus tard, pour ses recherches, d'un vignoble, racheté par la ville en 1924. En 1980, le vieil établissement abandonnait définitivement ses activités expérimentales et devenait le Domaine viticole de la Ville de Colmar (20 hectares sur Colmar, Wintzenheim et Eguisheim). C'est également à Colmar que se déroule chaque année, au cours de la première quinzaine d'août, la grande Foire des vins d'Alsace.

Musée d'Unterlinden : le cellier et ses foudres sculptés du XVIIIe siècle.

L'œnothèque de l'INRA

Émanation du centre régional de l'INRA, la station de recherches viti-vinicoles de Colmar, que dirige Alex Schaeffer, loge dans de beaux bâtiments du XVIIIe siècle, ceux de l'ancien couvent des « Catherinettes », un ordre féminin fondé en 1220 à Katzenthal. Les étages « grand siècle » abritent les différents laboratoires (génétique et amélioration des plantes, pathologie végétale, biotechnologie) : on y travaille par exemple à la lutte contre la coulure, au traitement des viroses de la vigne, ou bien encore à la sélection des levures.

Le sous-sol médiéval, mis à la disposition du Centre depuis 1874, embrasse plus concrètement le vin. C'est en effet dans cette cave voûtée du XIVe siècle, rénovée en 1578, que sont vinifiés et élevés les vins du domaine viticole de l'INRA : un domaine de près de 20 hectares, implanté sur Rorschwihr, Bergheim, Ribeauvillé et Wintzenheim, qui sert de champ expérimental à la station. La matière première des analyses n'épuisant pas la production, la majorité des vins sont ici choyés comme dans n'importe quelle autre propriété, puis commercialisés.

Le joyau de la cave est une œnothèque où sont systématiquement conservés les vins du domaine depuis l'après-guerre, bien qu'y subsistent encore des millésimes antérieurs (1933 ou 1935). De quoi faire d'agréables découvertes (Gewurztraminer 1957 aux ors orangés, aux consonances encore largement florales, soyeux en bouche mais caramélisant légèrement, sur un gros fond alcoolique) et convaincre, s'il en était besoin, la recherche française des capacités de vieillissement du vin d'Alsace.

Domaine Schoffit

A l'est de la ville, là où la banlieue fait place au Ried, le Domaine Schoffit est l'un des derniers à perpétuer la vieille tradition colmarienne du vin. L'emplacement de la cave est pourtant quelque peu surprenant, lorsqu'on sait que les vignes de Colmar se trouvent à l'exact opposé de l'agglomération... et que le reste du vignoble familial se situe à Thann, une cinquantaine de kilomètres plus au sud.

Robert Schoffit fait de la bouteille depuis 1973. Depuis 1981, il est secondé par son fils Bernard, œnologue diplômé de Dijon, qui a la haute main sur la cave, et lui-même se voue désormais aux travaux de la vigne. Sur Colmar, les Schoffit possèdent 12 hectares sur la fameuse *Harth*, éclatés en de nombreuses parcelles – ce qui limite d'ailleurs les risques de grêle. L'ensemble est composé, pour une bonne moitié, de vignes de plus de 30 ans, qui représentent tout l'éventail alsacien (riesling 25 %, gewurztraminer 20 %, pinot blanc 20 %...). Se distingue une parcelle de 52 ares d'un vieux chasselas, plus que sexagénaire.

Cherchant à devenir propriétaires en grand cru, les Schoffit ont trouvé leur trésor à Thann, sur le célèbre *Rangen*, où ils exploitent, depuis 1986, le *Clos Saint-Théobald* (3,2 ha), ainsi baptisé en hommage au saint patron de l'illustre collégiale voisine. Sur les pentes rudissimes de ce clos, à côté des vieilles vignes existantes (1,2 ha à majorité de gewurztraminer et de riesling), ils ont replanté – à raison de 8 000 pieds par hectare – du riesling et du pinot gris. Bien évidemment, tous les travaux sont ici effectués à la main, et l'on y recueille, généralement sans trie, des vendanges d'une surmaturité inouïe.

Technicien averti, le direct et sympathique Bernard Schoffit n'en est pas moins un vinificateur pragmatique. Il pratique une œnologie fondée sur l'expérience, écartant, par exemple, le recours systématique aux basses températures de fermentation. Il dispose maintenant d'un chai neuf, entré en service pour le millésime 1992, où il a transporté ses pressoirs (pressoir pneumatique, pressoir à vis, micro-pressoir pour les vendanges tardives), sa cuverie (cuves inox et foudres en bois, à température contrôlée) et peut stocker ses bouteilles en local climatisé.

Les vins du domaine sont volumineux, corsés, volontiers surmûris. Ceux de la *Harth* expriment bien le potentiel du terroir, tout en récoltant l'héritage de leurs vignes âgées : Chasselas *Cuvée Caroline* 1990 (vieilles vignes) à la couleur appuyée, à la bouche ronde et plantureuse, malgré le petit coupant du cépage ; Riesling *Cuvée Prestige* 1990 aux notes de surmaturation, corpulent, bien structuré ; Tokay-Pinot gris *Cuvée Prestige* 1990 aux arômes miellés, corsé, bien équilibré malgré sa générosité ; Gewurztraminer *Cuvée Prestige* 1989 à l'ample parfum de rose an-

***H**abit noir sur fond de ligne bleue des Vosges : l'« Espace Wolfberger » de Colmar.*

cienne, riche, dense et formidablement équilibré, finissant sur des notes de miel.

Avec le *Rangen*, la richesse reste de mise, les densités y atteignent facilement des niveaux de vendange tardive. Le Riesling, issu de rendements angéliques (de 25 à 35 hl/ha), épouse la courbe des millésimes : *Clos Saint-Théobald* 1990 aux senteurs de chèvrefeuille et d'acacia, corsé, persistant, montant en puissance ; 1988 au nez finement floral, élégant, soyeux, avec beaucoup de développement et de continuité en bouche ; 1987 minéral et végétal, aiguisé par l'acidité, le terroir reprenant le dessus. Le Gewurztraminer montre une ampleur attendue (*Clos Saint-Théobald* 1989 opulent et très parfumé sous sa robe d'or vert), mais le Tokay-Pinot gris stupéfie par ses performances : *Clos Saint-Théobald* 1991, récolté à 135° Oechslé, sans trie et dès la mi-octobre, d'une richesse énorme, néanmoins consolidée par l'acidité ; 1990 aux arômes de réglisse et d'angélique, volumineux, issu d'une parcelle qui atteignait dans son ensemble 25° nature.

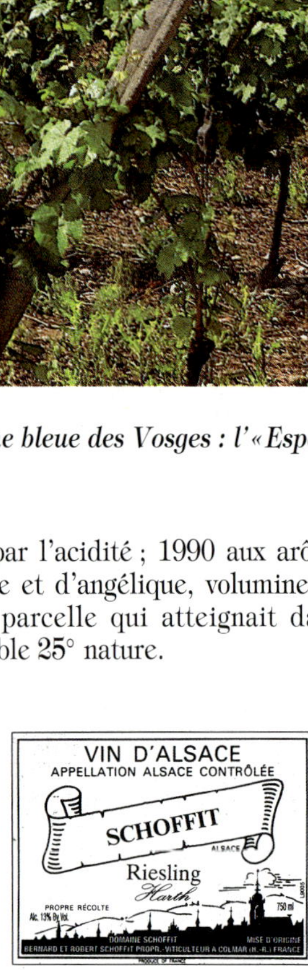

Les Schoffit entendent être des spécialistes des vendanges tardives, comme l'atteste leur carte, abondamment fournie en la matière. Les réussites foisonnent, comme ce Gewurztraminer 1985 VT, récolté à 125° Oechslé sur la Harth, jaune d'or éclatant, rempli de violette, magnifique en bouche. Là encore, le *Rangen* marque des points dans la richesse, notamment à travers de majestueux grains nobles : Tokay-Pinot gris *Clos Saint-Théobald* 1990 SGN, un nectar onctueux et parfumé issu d'un rendement de 19 hl/ha ; Gewurztraminer *Clos Saint-Théobald* 1990 SGN au grand nez de miel et de rose, une liqueur bourrée d'extrait sec, trahissant un rendement d'environ 12 hl/ha, sans aucune trie.

• **Domaine Schoffit**, 27, rue des Aubépines, 68000 Colmar.

D'AUTRES BONS PRODUCTEURS

• **Domaine Jux**, Chemin de la Fecht, 68000 Colmar. Voir Cave vinicole d'Eguisheim.

• **Domaine viticole de la Ville de Colmar**, 2, rue du Stauffen, 68000 Colmar *(grands crus Hengst et Pfersigberg, Clos Saint-Jacques)*.

Wettolsheim

Le Steingrubler

Grand cru classé en 1992. Superficie : 23 hectares. Exposition : sud-est. Son nom (« carrière de pierre ») rappelle l'activité d'extraction qu'on y pratiquait au Moyen Age, mais le vignoble lui-même est mentionné dès la fin du XVe siècle. Montant entre 280 et 350 mètres, le *Steingrubler* est établi sur des marnes et conglomérats calcaires de l'Oligocène : la partie supérieure du coteau est relativement sablonneuse (arène granitique) et dévolue surtout au riesling, tandis que la partie inférieure dégage des sols franchement marno-calcaires, nettement plus riches et argileux, aptes plutôt au gewurztraminer. Le *Steingrubler* donne des vins globalement robustes, volumineux et puissants, plus légers lorsqu'ils proviennent du secteur d'altitude.

Quoique participant de la grande périphérie de Colmar, Wettolsheim a bien su préserver, tout autour de sa petite place centrale, son caractère villageois. Il faut dire que, avec près de 450 hectares en production, c'est la deuxième commune viticole d'Alsace. Le village passe pour être le berceau originel de la viticulture alsacienne : son vignoble, en tout cas, relevait, dès la fin du IXe siècle, de la puissante abbaye de Munster. Un certain nombre de domaines de bonne taille exploitent à Wettolsheim, notamment au *Steingrubler*, le grand cru local (la plupart sont également propriétaires dans le *Hengst* voisin, à Wintzenheim).

Avant la Première Guerre mondiale, les vins du *Steingrubler*, sous la forme de « gentil » (assemblage de cépages), alimentaient copieusement la ville de Bâle, si bien qu'un restaurateur bâlois avait fait peindre en blanc les ruines du Hohlandsbourg, la forteresse qui surplombe le village, afin que ses clients puissent apercevoir, par beau temps, le terroir natal de leur vin. Le château est aujourd'hui restauré, et il continue de veiller sur le cru, ainsi que sur l'autre lieu-dit renommé de Wettolsheim, le *Rosenberg* (dont les vins, comme le suggère son nom, fleurent la rose !), et sur une petite partie du *Pfersigberg*, que le village partage avec Eguisheim.

Le village de Wettolsheim et le grand cru Hengst.

Domaine Barmès-Buecher

Situé à l'extrémité d'une rue étroite en lisière du village, ce domaine dynamique illustre avec bonheur le renouveau de la propriété alsacienne. C'est en 1983 que François Barmès dut reprendre, au pied levé et sans vocation particulière, l'exploitation paternelle. Mais le démon de la vigne fit rapidement son effet. Taillant plus court qu'à l'habitude dès sa première année, il opérait des « vendanges vertes » (éclaircissage) dès l'année suivante et, en 1985, récoltait une parcelle sous les premières neiges. Ces débuts percutants, qui rompaient quelque peu avec les us locaux, trouvèrent leur résolution avec la réunion, en 1985, des deux vignobles familiaux (le sien et celui de son épouse, Geneviève Buecher), qui porta la superficie du domaine à près de 14 hectares.

Le vignoble, situé aux deux tiers en coteaux, accorde les premiers rôles au gewurztraminer (21 %) et au riesling (18 %), encore que le pinot blanc – cultivé surtout en plaine – domine l'encépagement (25 %) et que le pinot gris (13 %) semble le plant le plus affectionné par François Barmès. Il recouvre plusieurs bons lieux-dits de la contrée : le *Herrenweg* de la plaine de Turckheim (riesling, pinot gris), le *Leimenthal* (riesling) et le *Rosenberg* (riesling), tous deux sur les pentes de Wettolsheim. Mais le Domaine Barmès-Buecher s'enorgueillit d'abord de ses deux grands crus : le *Steingrübler* de Wettolsheim (les Barmès, respectant la forme ancienne, continuent à accentuer le u de ce mot) et le *Hengst* du village voisin de Wintzenheim. Le premier (65 ares) est exclusivement consacré au gewurztraminer, tandis que le second (1,2 ha) rassemble riesling et gewurztraminer, avec même un appoint de muscat et de pinot noir.

Vigneron volontariste, l'enthousiaste François Barmès apporte à ses vignes des soins raisonnés, visant à des rendements modérés, de l'ordre de 60 hl/ha sur la moyenne de son vignoble. Les parcelles font préalablement l'objet d'analyses de sols, destinés à choisir les amendements souhaitables, notamment les apports en oligo-éléments. François Barmès reste fidèle à l'écartement traditionnel (1,55 à 1,65 m d'entre-rangs, densité de 4 900 à 5 200 pieds à l'hectare) : cette disposition, selon lui, atténue la verdeur que peut induire le courant d'air entre les vignes, et le surcroît d'acide malique qu'entraîne une surcharge de raisins dans des rangées trop largement espacées. Le sol est travaillé un rang sur deux, l'autre rang étant alternativement désherbé ou enherbé. Taille et rognages sont serrés, de façon à limiter la charge des vignes. Les traitements se font à base de cuivre et de soufre, et ne comportent ni anti-acariens ni anti-botrytis. Quant à la vendange, étalée sur de nombreuses semaines, elle s'effectue à la main, dans des cuveaux.

La cave de Wettolsheim, de part et d'autre de la rue, est vaste, fonctionnelle, d'une méticuleuse propreté. Les raisins, entiers, sont pressurés sur pneumatique (Pera), avec des durées de pressurage variant de 3 à 14 heures, incluant parfois une période préliminaire de macération pelliculaire. Ecoulés en cave par gravité, les jus sont décantés naturellement (en cuves en fibre de verre) mais ne sont ni levurés ni systématiquement bentonités. Peu enclin au bois, François Barmès vinifie la quasi-totalité de ses vins dans l'inox (à ajouter quand même quelques vieux foudres familiaux et cuves en béton vitrifié). Il ne pousse pas systématiquement les fermentations jusqu'à leur terme, même à conserver quelques grammes de sucre supplémentaire. Contre les risques de réduction, il s'applique à aérer périodiquement ses vins : il utilise pour cela un procédé original, qui consiste à aspirer de l'air à travers un tube en inox poreux, lors de chaque soutirage. Clarifiés sur terre et filtrés sans excès, les vins sont mis en bouteilles de février (cuvées précoces) jusqu'en septembre. La cave de stockage est climatisée (11 °C l'hiver, 13 °C l'été). Une canalisation souterraine assure la liaison entre la cave principale et la cave de l'autre côté de la rue, où sont surtout élaborés les Crémants.

Le goût de François Barmès le pousse à l'évidence vers des vins plutôt riches, gras et aromatiques, ne dédaignant pas à l'occasion un petit support de sucre. Sa carte se décompose en vins de sélection (cuvées courantes issues de sols légers), en vins de réserve et de lieux-dits (vins provenant de vignes plus âgées, aux sols plus consistants) et en vins de réserve personnelle (vins de surmaturation plus ou moins prononcée), le tout étant bien sûr couronné par les grands crus, vendanges tardives et grains nobles.

Le Pinot blanc *Réserve personnelle* surprend par sa richesse naturelle (1990 miellé, puissant – 14 ° –, nettement surmûri), tandis que le Tokay-Pinot gris *Herrenweg* montre brio et exubérance aromatique (1989 vigoureux et élancé, combinant nuances de torréfaction, arômes de coing et d'abricot). Le Riesling, lui, déploie toute la diversité de ses origines : *Herrenweg, Réserve personnelle* 1990 aux arômes de beurre et de grillé, accort et expressif dans son type surmaturé ; *Rosenberg* 1991 embaumant la rose, aimable, nerveux, épicé ; *Leimenthal* 1989 VT conjuguant générosité et rectitude ; *Hengst* 1987 aux notes de poire et de rhubarbe, vif et bien parfumé en bouche ; *Hengst* 1989 VT mariant le confit, le brûlé et les fruits exotiques, une élégante composition appuyée par une acidité vigoureuse, soutenue par une longueur insistante.

Quant au Gewurztraminer, il exulte dans ses deux versions grand cru. Sur le *Steingrübler*, François Barmès récolte à la fois sur le bas (marnes calcaires) et sur le haut du coteau (arène granitique), et le profil de son Gewurztraminer s'en ressent : 1987 issu de la partie basse, mêlant essences florales et odeur d'humus, étoffé, persistant, naturellement puissant ; 1990 VT issu de la partie haute, harmonieux condensé de miel, d'abricot, de raisin sec et de figue fraîche, conciliant équilibre et complexité. Sur le *Hengst*, le même Gewurztraminer prend un tour plus svelte, se fait plus aérien (1988 au délicat nez de rose, fin, profond, très enjôleur). Des vins qui ne font que témoigner du sérieux et de la vitalité de ce domaine en pleine ascension.

• **Domaine Barmès-Buecher**, 30, rue Sainte-Gertrude, 68920 Wettolsheim.

D'AUTRES BONS PRODUCTEURS

• **Albert Mann**, 13, rue du Château, 68920 Wettolsheim *(grands crus Steingrubler, Hengst, Schlossberg et Furstentum)*.
• **André Ehrhart et Fils**, 68, rue Herzog, 68920 Wettolsheim *(grands crus Steingrubler et Hengst)*.
• **Aimé Stentz et Fils**, 37, rue Herzog, 68920 Wettolsheim *(grands crus Steingrubler, Hengst et Sommerberg, Clos du Vicus Romain)*.
• **Wunsch et Mann**, 2, rue des Clefs, 68920 Wettolsheim *(grands crus Steingrubler et Hengst)*.

Fontaine Saint-Rémi.

Eguisheim Husseren-les-Châteaux

Dressés côte à côte sur la crête boisée, les « trois châteaux » – un trio de donjons quadrangulaires ayant pour noms Weckmund, Wahlenbourg et Dagsbourg – sont le fanal, visible à des kilomètres à la ronde, d'Eguisheim et de Husseren.

Eguisheim est un spectaculaire bourg viticole, ordonné en auréoles concentriques – ses rues circulaires épousent le tracé de trois anciennes lignes de remparts. Le passé plonge ici en profondeur, autour du vestige d'un château qui fut le berceau de la puissante famille des Dabo-Eguisheim : celle-là même qui donna naissance à Bruno d'Eguisheim, élu pape en 1049, sous le nom de Léon IX, et plus tard canonisé. La cité des comtes d'Eguisheim, passée au XIIIe siècle dans les mains de l'évêque de Strasbourg, a toujours été le centre d'un vignoble florissant : en témoignent plusieurs cours dîmières, dont les bâtiments subsistent, qui appartinrent aux Augustins de Marbach, aux Bénédictins d'Ebersmunster, aux Cisterciens de Pairis ou aux Dominicains de Colmar.

Le vignoble actuel, l'un des plus étendus d'Alsace avec 300 hectares passés, est partagé entre de multiples domaines indépendants et l'omniprésente cave coopérative d'Eguisheim, dont l'aire d'influence déborde de beaucoup le ban local. Il réunit deux grands crus, l'*Eichberg* et le *Pfersigberg*, d'une très confortable superficie. Chaque année, à la fin du mois de mars, Eguisheim inaugure la première présentation des vins nouveaux d'Alsace.

Perché à la lisière de la forêt, le village-balcon de Husseren-les-Châteaux – point culminant de la « route du vin » – est le prolongement naturel de sa célèbre voisine. Tous ses producteurs, en effet, cultivent sur Eguisheim, et inversement. Son vignoble propre couvre 150 hectares.

Léon Beyer

Sise à la croisée de deux routes, un peu en retrait du vieux village, la maison Léon Beyer assure tranquillement la permanence du grand classicisme alsacien, dans l'une de ses plus fidèles versions. L'histoire de la famille est intimement associée à celle d'Eguisheim, puisque les Beyer y sont vignerons de père en fils depuis l'an 1580. C'est en 1867 qu'Émile Beyer fonda la maison de commerce, qui se tint d'abord au centre du village, avant de se retrouver hors les murs, dans un ancien relais de poste, à l'issue de la Première Guerre mondiale.

L'affaire fut ensuite conduite par Léon Beyer, auquel succéda, en 1959, son fils homonyme, toujours fringant dirigeant de l'entreprise familiale en même temps que durable maire d'Eguisheim, comme l'était déjà son père. Gourmet éclairé, l'élégant et affable Léon Beyer II – activement secondé par son fils Marc – s'est surtout employé à créer la prestigieuse aura gastronomique qui distingue la maison. Spécialiste de la grande restauration (elle fournit la quasi – totalité des « triplétoilés » de France), celle-ci s'est aussi largement

L'Eichberg

Grand cru classé en 1983. Superficie : 58 hectares. Exposition : sud-est. Ancien fournisseur de la proche abbaye de Marbach, l'*Eichberg* déploie ses vignes depuis le bourg jusqu'à la limite communale avec Husseren-les-Châteaux, dessous la petite route qui relie les deux villages. La pente est moyenne, et le coteau (200 à 340 mètres d'altitude) bénéficie de précipitations particulièrement faibles, même pour le secteur de Colmar. Le vignoble est scindé en deux grandes pièces, de part et d'autre d'un thalweg. Les sols sont plutôt argileux et très caillouteux. Leur substrat est formé de conglomérats calcaires et de marnes de l'Oligocène, incluant des galets gréseux et granitiques. Les vins de l'*Eichberg* – tous cépages confondus – se montrent charpentés, équilibrés, avec une note de terroir bien personnelle.

tournée vers l'exportation, qui avale aujourd'hui les deux tiers de son volume.

Les Beyer sont propriétaires d'une vingtaine d'hectares de vignes sur Eguisheim et ses environs, notamment dans les grands crus *Eichberg* et *Pfersigberg* – mais ils ne les retiennent pas sur l'étiquette, dans une logique de négociants désireux de privilégier leur signature. Les « grandes cuvées » de la maison n'en demeurent pas moins frappées du sceau de leur terroir d'origine, avec ce type argilo-calcaire si reconnaissable. A côté de ce confortable domaine, les Beyer reçoivent des raisins (équivalent d'une cinquantaine d'hectares) qui constituent leurs vins de sélection et de réserve.

Sous la grande maison à colombages, les caves sont traditionnellement agencées : vendangeoir équipé de pressoirs Vaslin à cage inclinée, cuverie de fermentation comprenant une belle série de foudres en bois et des cuves en béton verré (les jus les plus chargés étant centrifugés avant et après fermentation). Pour les cuvées de base, la mise en bouteille commence en mai, tandis que les cuvées spéciales attendent septembre. Les vins à rotation lente (du type vendanges tardives) sont entreposés dans une cave voûtée sous le coteau voisin – une ancienne cave à bière, à la température et à l'hygrométrie parfaites. La collection de la maison conserve des vins jusqu'en 1934.

Sous leur étiquette qui ne change pas – continuité de l'image –, les Alsaces Léon Beyer sont d'abord voués à la gastronomie. Séveux, racés, fondés sur une acidité élégante, ils ont le côté sec et nerveux qui sied à des vins qu'on place à table. Si le *Pinot Blanc de blancs* est frais et souple, le Riesling s'affirme comme un seigneur à travers ses deux « grandes cuvées » : distinction du Riesling *Les Écaillers* (1990 mêlant des notes florales à sa minéralité naissante, svelte, élégant, nerveux), classe évidente du Riesling *Cuvée Particulière* (1983 au superbe nez minéral et citronné, à la bouche soyeuse, légèrement amère, suprêmement équilibrée, révélant toute la beauté d'un grand vin).

Cave de vieillissement de la maison Beyer.

Le Tokay-Pinot gris cultive un style très soigné, sans lourdeur : *Sélection Léon Beyer* 1990 à consonances fumées, suivant bien en bouche, typé ; *Cuvée Particulière* 1985 au nez giboyeux, mûr et plein en bouche, en vin idéalement gastronomique ; 1989 VT aux accents miellés, ample et épanoui, d'un équilibre savamment maîtrisé. Franchise et pureté d'arômes, c'est aussi le registre du Gewurztraminer : *Réserve* 1991 au caractère aromatique immédiat, à la bouche vive et florale, relevée d'une pointe d'amertume en finale ; *Comtes d'Eguisheim* 1990 d'une savoureuse richesse mais demandant encore à s'épanouir ; 1989 SGN offrant une pleine corbeille de fruits confits, concentré, faisant exulter le cépage, un vin pareil à une friandise (Léon Beyer, en fin connaisseur des mariages gourmands, le conseille sur un poulet à la crème ou des figues rôties).

A l'instar de ces villages-musées qu'on espère éternels, la maison Beyer fait partie de ces éléments du patrimoine alsacien dont on souhaite qu'ils ne changent jamais, car elle a posé auprès de l'amateur de vin les jalons d'une qualité de référence.

• **Léon Beyer**, 2, rue de la 1re-Armée, 68420 Eguisheim

Cave vinicole d'Eguisheim

Figure de proue du vignoble alsacien, à la fois par sa taille et par son image, l'incontournable Cave vinicole d'Eguisheim résume à elle seule un siècle d'histoire viticole régionale. Logée depuis l'origine dans le village, celle qui constitue aujourd'hui l'épine dorsale du groupe Wolfberger est née en 1902, dans la difficile conjoncture de l'époque post-phylloxérique. Elle fut fondée par une union de 17 caisses de prêt, en même temps que la cave de Schiltigheim – aujourd'hui disparue – et celle de Dambach-la-Ville, dans le Bas-Rhin. Pendant une cinquantaine d'années, comme toutes ses consœurs, elle se borna à écouler le vin en vrac des vignerons locaux.

Le tournant décisif fut pris en 1954-55, lorsque la cave d'Eguisheim se dota de ses propres installations de vinification et que l'obligation d'apport total de la vendange fut imposée aux adhérents. Cette dernière mesure, qui fit chuter immédiatement le nombre de coopérateurs (de 700 à 140), se révéla en revanche précieuse pour la qualité, en évitant de rentrer les surplus de récolte et les lots de niveau inférieur. La suite de l'histoire ne fut dès lors qu'une série de succès, qui ont mené Wolfberger à contrôler aujourd'hui le dixième du vignoble d'Alsace.

Le tableau actuel est impressionnant. La cave d'Eguisheim reçoit la vendange de

Le Pfersigberg

Grand cru classé en 1992. Superficie : 75 hectares. Exposition : est, sud-est. Sous les silhouettes tutélaires des « trois châteaux », le *Pfersigberg* (« mont des pêchers »), qu'on mentionnait déjà au XVIe siècle, est une vaste entité viticole dont les pentes, de douces à moyennes (250 à 330 mètres d'altitude), s'offrent largement au soleil levant. Situé principalement sur Eguisheim, il déborde sur Wettolsheim. Les sols sont marno-calcaires, bruns et rendziniformes, sur un socle de conglomérats calcaires (Muschelkalk, Jurassique moyen). L'ensoleillement généreux, la faible humidité du sol et sa réverbération entraînent des maturités précoces, et le gewurztraminer s'y trouve particulièrement à l'aise. Les vins du *Pfersigberg* – Gewurztraminer en tête – sont aromatiques, étoffés, de bonne garde.

850 familles d'apporteurs, qui exploitent au total 1 150 hectares de vignes. Elle produit bon an mal an 11 millions de bouteilles de vins tranquilles, auxquelles s'ajoutent 3 millions de bouteilles de Crémant, et elle emploie 160 salariés. Elle possède, depuis 1956, une cave annexe à Orschwihr, et deux autres caves coopératives lui sont associées : la cave de Dambach-la-Ville depuis 1976, et celle de Wuenheim (Cave vinicole du Vieil-Armand, voir page 178) depuis 1985. En 1983, Wolfberger a acquis la maison Willm à Barr, une prestigieuse affaire fondée en 1896 par Adolphe Willm, puis a absorbé, en 1989, l'énorme Domaine Jux à Colmar, deuxième domaine viticole d'Alsace avec ses 110 hectares – quasiment d'un seul tenant – dans la Hardt. En 1992 a été enfin mis en service, à la périphérie de Colmar, l'« Espace Wolfberger », futuriste unité de production de Crémant d'Alsace.

Évoquons pour mémoire l'importante activité de distillation du groupe (rachat, en 1979, de la distillerie Jacobert à Colmar, en 1985 de la distillerie Kuhri à Rhinau, en 1991 de la distillerie Bertrand à Uberach), ajoutons la récente reprise d'une société de distribution allemande spécialisée dans l'importation de vins français (Kiefer), et l'on mesurera le chemin parcouru en deux décennies par cette cave hors du commun.

La chevauchée conquérante a été menée par une équipe tricéphale, particulièrement durable : Pierre Hussherr, habile et énergique directeur depuis 1970, Xavier Ehrhart, inamovible président depuis le même millésime, Roland Guth

Eguisheim, commune viticole et cité natale de saint Léon IX, pape alsacien.

enfin, œnologue et directeur technique prouvant sa compétence depuis 1967. Grâce à ce trio gagnant, la vénérable cave s'est ainsi retrouvée propulsée à tous les premiers rangs : premier producteur et premier exportateur de vins d'Alsace, premier producteur de Crémant d'Alsace, premier exploitant de grands crus.

Le mastodonte d'Eguisheim possède évidemment un patrimoine et des installations à sa mesure. En premier lieu, des vignes réparties sur plus de 20 communes du Haut-Rhin et du Bas-Rhin, qui alignent une collection sans égale de grands crus : 14 au total, couvrant une superficie de 140 hectares ! Ce sont, en partant du sud, le *Rangen* (où la cave vient de planter 4,3 ha, exclusivement en pinot gris), l'*Ollwiller*, le *Spiegel*, le *Pfingstberg* , le *Hatschbourg*, l'*Eichberg*, le *Pfersigberg*, le *Steingrubler*, le *Hengst* et le *Kirchberg de Barr* (dont l'essentiel du *Clos Gaensbroennel*, qui appartient à la maison Willm). Apparaissent également, au gré de certains millésimes, le *Steinert*, le *Florimont*, l'*Altenberg de Bergheim* et le *Frankstein*.

Les bâtiments de la coopérative ont largement évolué au cours du temps, mais demeurent ordonnés autour de la cave primitive de 1902, qui abrite toujours les grands foudres en chêne de Hongrie datant de la création de la cave. Parmi les installations les plus récentes, on trouve deux chaînes d'embouteillage en parallèle, dont l'une, entièrement robotisée, est capable de débiter 15 000 bouteilles à l'heure, un clair et spacieux laboratoire d'analyses où travaillent en permanence deux œnologues, d'importantes salles de stockage en sous-sol, ainsi qu'un vendangeoir qui fut considéré à l'époque de sa création, en 1983, comme le plus moderne du monde. Dans cet antre de l'œnologie appliquée, entièrement régi par microprocesseur, sont installés 10 pressoirs en ligne : 5 pressoirs mécaniques Vaslin et 5 pressoirs pneumatiques Bücher, ces derniers ayant une capacité de 40 tonnes. Leur chargement est assuré soit par tapis roulant (raisins entiers destinés au Crémant), soit par des tuyaux de qualité, qui acheminent par pression la vendange, préalablement analysée au réfractomètre automatique et sélectionnée. Véritables « rampes de lancement », ces tuyauteries d'inox distribuent ainsi jusqu'à six qualités différentes de vendange. Des sélecteurs de moûts, situés sous chaque pressoir, affinent encore le résultat du pressurage.

La cuverie de fermentation, capable de traiter les gros volumes aussi bien que les petites spécialités, prolonge cette logique sélective de la cave. On y recense les grandes générations de cuves. Deux cuveries en ciment verré – l'une datant de 1954, l'autre de 1959 (qui exploitaient déjà le système de la gravité) – sont complétées, depuis 1980, par une grande cuverie en inox, thermorégulée par ruissellement extérieur et comportant des microcuves. Quant aux vieux foudres du chai d'origine, d'une centaine d'hectolitres chacun, ils sont désormais équipés de drapeaux réfrigérants : on les réserve aux grands vins. Une batterie de cuves Vinimatic assure de son côté la vinification des pinots noirs.

Le clou de la cave d'Eguisheim, c'est néanmoins l'« Espace Wolfberger », l'impressionnante annexe de Colmar, consacrée exclusivement à l'élaboration des Crémants. Fille *high tech* de la maison mère, revêtue de l'habit noir qui est la couleur fétiche de la cave, cette grandiose création œnologique est née de la vigoureuse impulsion que la cave a donnée au Crémant d'Alsace, dont elle détient aujourd'hui 25 à 30 % du marché. C'est une gigantesque unité de production 12 000 m^2 au sol , prévue pour travailler jusqu'à 10 millions de bouteilles annuelles.

Divisé en quatre zones rivalisant entre elles du dernier cri technologique, l'Espace colmarien se veut résolument la cave du troisième millénaire. Une véritable forêt de cuves inox – 53 au total, dont les plus grandes atteignent 11 mètres de haut – reçoit les jus centrifugés en provenance des différentes caves du groupe. Leur fermentation achevée, les vins de base sont soutirés et clarifiés, notamment sur Vinipal, un appareil qui les traite par le froid en continu. La levurerie, qui sépare la cuverie de la salle de dégorgement, est équipée d'une pompe doseuse ultra-précise, et la tireuse peut débiter jusqu'à 12 000 bouteilles à l'heure. La prise de mousse s'effectue dans des chambres climatisées, qui servent alternativement de chambres de remuage (sur gyromatiques) et de chambres de stockage des produits finis. Là, les bouteilles sont conservées sur lattes entre 18 et 24 mois, un délai particulièrement confortable à cette échelle. Un immense hall est enfin réservé au dégorgement et au conditionnement des bouteilles, sur une chaîne ininterrompue jusqu'au collage des cartons d'expédition.

Mise en bouteilles chez un récoltant d'Eguisheim.

Bien évidemment, la Cave vinicole d'Eguisheim propose une carte de vins à sa taille, c'est-à-dire fort longue, où les gammes de qualité s'empilent sagement les unes au-dessus des autres. Cela commence avec les vins de sélection, suivis des vins médaillés, qui illustrent la forte tradition médaillère de l'établissement et la foison de récompenses glanées dans les concours, salons et foires. Parmi celles-ci, d'honorables représentants comme le Pinot blanc (1991 simple, frais et facile) et le Riesling (1991 souple et strict).

On continue avec les vins de grande réserve, où l'on rencontre des Alsaces au caractère plus affirmé, issus de vignes de 25 à 30 ans et vinifiés en foudres : Riesling *Cuvée des Seigneurs* (1990 aux traces musquées, à la bouche ronde, étoffée, légèrement minérale), Tokay-Pinot gris *Cuvée du Schlossherr* (1990 à la surmaturité sous-jacente, ample, expressif, parfumé), Gewurztraminer *Cuvée Saint Léon IX* (1990 net, épicé, élégant).

Parmi ces cuvées, une mention spéciale doit être accordée au *Rouge d'Alsace*, dont Roland Guth revendique l'entière paternité (les premières bouteilles naquirent en 1976). Récolté en terrain calcaire, sur de vieilles vignes (32 ans en moyenne) et avec des sélections de raisin, ce Pinot noir

Le coq et la cigogne.

Enseigne patriotique et républicaine, de Hansi, à Husseren-les-Châteaux.

est élevé en pièces bourguignonnes, les durées de séjour étant modulées en fonction de l'âge des barriques : 4 à 5 mois en pièces neuves pour un tiers du vin ; 6 à 8 mois en pièces de 1 an pour un autre tiers ; 8 à 12 mois en pièces de 2 ans pour le dernier tiers. Telle est la recette maison pour un rouge chaleureux qui, sous sa pittoresque étiquette de Noack, évite de choquer par un boisé excessif (1989 au nez de groseille et de cerise noire, au fruit généreux, sur un fin matelas tannique). A signaler encore des cuvées spéciales en magnums (numérotés), un flaconnage dont la cave d'Eguisheim a été une pionnière, dès 1981.

Au-dessus se situent les grands crus. Leur éventail, on l'a vu, est d'une exceptionnelle diversité. On n'en extraira que quelques-uns, parmi les plus représentatifs : Riesling *Olwiller*, vinifié par la Cave du Vieil-Armand (superbe 1989, opulent, minéral, au fort goût de terroir), Riesling *Steingrubler* (1990 au nez de fleurs et de pêche blanche, harmonieux, savoureux), Tokay-Pinot gris *Hatschbourg* (1989 à la belle robe dorée, riche et volumineux en bouche), Gewurztraminer *Clos Gaennsbroennel* (1989 capiteux et très épicé sous son taffetas brillant).

Entre grands crus et vendanges tardives se placent les fameux vins « armoriés », produits seulement dans les meilleurs millésimes et enfermés dans des bouteilles originales, couleur feuille morte et ornées de la tiare pontificale, hommage à Léon IX d'Eguisheim. Ce sont des vins issus de vignes âgées, récoltés à surmaturité et longuement élevés en foudres, parfois même des assemblages de grands crus et de vendanges tardives : Gewurztraminer *Armorié* (1989 vieil or, élégant, riche et vigoureux), Tokay-Pinot gris *La Louve de Wolfberger* (1985 élevé en pièces neuves, un vin concentré, très sec, au goût profond, ayant parfaitement digéré son bois).

Des cuvées de grains nobles concluent majestueusement la carte, en gewurztraminer et pinot gris (Tokay-Pinot gris 1989 SGN – bouteille n° 4290 – voluptueux, ultra-concentré, sans la moindre trace d'acidité volatile, tapissant moelleusement le palais de ses 120 g de sucre, sur près de 14° d'alcool). N'oublions pas les bulles, l'un des points forts de la cave, et notamment le remarquable Crémant *Prestige*, mariant pinot blanc, pinot gris et riesling, une cuvée pleine de vinosité sous sa mousse très fine.

Si l'on y ajoute la nouvelle gamme *W de Wolfberger*, jouant délibérément le jeu de la marque, on peut imaginer que beaucoup de vin coulera encore par les tuyaux de la Cave d'Eguisheim. Et ce monument de l'Alsace viticole pourra encore longtemps contempler le vignoble qui s'étend à ses pieds.

• **Cave vinicole d'Eguisheim (Wolfberger)**, 6, Grand-Rue, 68420 Eguisheim.

Vignoble A. Scherer

Sise au cœur de Husseren, la maison des Scherer est une propriété de caractère, au pied même du clocher du village. Le logis principal est une grande et belle demeure de 1750, à toit mansardé, qui appartenait à l'origine à un Premier Médecin des hôpitaux régionaux. Le domaine fut racheté, à la fin du siècle dernier, par Jean-Baptiste Scherer, qui l'adjoignit à son propre vignoble. Il est aujourd'hui entre les mains de son petit-fils André, accompagné de son épouse Marie-Anne et de leur fils Christophe.

Le vignoble familial couvre 7 hectares à Husseren et surtout à Eguisheim, où il est présent dans les deux grands crus, l'*Eichberg* et le *Pfersigberg*, sur près de 1,5 ha. Gewurztraminer (28 %), riesling (24 %) et pinots (gris 14 %, noir 12 %, auxerrois 12 %) composent l'essentiel de l'encépagement. Les vignes sont labourées, très peu désherbées, amendées avec un engrais organique, éclaircies au besoin et vendangées à la main. A ce vignoble, les Scherer ajoutent, pour un volume à peu près équivalent, une petite activité de négoce, ainsi qu'une production d'eaux-de-vie d'Alsace.

Après pressurage sur Vaslin, les moûts sont débourbés statiquement, puis fermentés en foudres de chêne, l'inox ne jouant dans la cave qu'un rôle secondaire. Clarifiés au cours de l'hiver, les vins séjournent 6 à 8 mois sous le bois et sont mis en bouteilles vers mai-juin. André et Christophe Scherer passent une partie de leur pinot gris, et même du pinot blanc, en pièces neuves de chêne des Vosges (1 an d'élevage).

Le vignoble Scherer produit des vins d'une tenue généralement irréprochable, nets, harmonieux, d'une grande pureté aromatique. Le Riesling est un classique du domaine : Riesling *Pfersigberg* 1989 aux notes d'aneth et de fenouil, nerveux, vigoureux, sur une ossature fine ; Riesling *Cuvée blanche* 1989, récolté fin novembre sous la neige, séveux, charnu, avec des accents minéraux qui soulignent sa race ; Riesling 1990 VT tout en velours, d'une richesse contenue. Bonnes sélections de Tokay-Pinot gris : 1990 *Vendanges de la Saint-Martin*, récolté après le 11 novembre, moelleux, joliment fondu, sur des arômes fruités-acidulés ; 1989 VT doré, soyeux, caressant, très long à travers ses flaveurs de confiserie fine.

Le Muscat, issu en totalité de l'ottonel (*Sigillé* 1989 aux senteurs de rose et de giroflée, délicat, sec, très floral en bouche), et le Pinot noir (*Rouge d'Alsace* 1990, robe soutenue, touche fumée, texture solide) font la transition vers de belles déclinaisons du Gewurztraminer. Si ce dernier se montre à son avantage en générique (*Sigillé* 1989 net, soyeux, épicé), il dévoile toute sa classe en grand cru : Gewurztraminer *Pfersigberg* 1988 puissant, onctueux, aromatiquement réservé ; Gewurztraminer *Eichberg* 1989 VT aux nuances réglissées et confites, sérieux, fortement structuré ; Gewurztraminer *Eichberg* 1989 SGN ample et plein de suavité, sur un corps lisse et parfait. Subtiles émotions au pied des trois châteaux !

- **Vignoble A. Scherer**, 12, route du Vin, 68420 Husseren-les-Châteaux.

D'AUTRES BONS PRODUCTEURS

- **Kuentz-Bas**, 14, route du Vin, 68420 Husseren-les-Châteaux *(grands crus Eichberg et Pfersigberg)*.
- **Paul Ginglinger**, 8, place Charles-de-Gaulle, 68420 Eguisheim *(grands crus Eichberg et Pfersigberg)*.
- **Charles Baur (Armand Baur Succ.)**, 29, Grand-Rue, 68420 Eguisheim *(grands crus Eichberg et Pfersigberg)*.
- **Bruno Sorg**, 8, rue Monseigneur Stumpf, 68420 Eguisheim *(grands crus Pfersigberg et Florimont)*.
- **Gérard Schueller**, 1, rue des Trois-Châteaux, 68420 Husseren-les-Châteaux *(grands crus Eichberg et Pfersigberg)*.
- **Pierre-Henri Ginglinger**, 33, Grand-Rue, 68420 Eguisheim *(grands crus Eichberg et Pfersigberg)*.
- **Bruno Hertz**, 9, place de l'Église, 68420 Eguisheim *(grands crus Pfersigberg et Rangen)*.

Voir aussi :

- **Domaine viticole de la Ville de Colmar** *(grand cru Pfersigberg)*.
- **Pierre Frick**, à Pfaffenheim *(grand cru Eichberg)*.

Veillé par ses trois tours emblématiques, le vignoble d'Eguisheim.

Voegtlinshoffen

Portail de la maison Immelé.

Perché à 340 mètres d'altitude, au pied d'anciennes carrières de grès qui découpent maintenant une falaise rose, Voegtlinshoffen est un charmant village-belvédère, entièrement voué à la viticulture. Il fut annexé en 1251 par l'évêque de Strasbourg, qui s'y tailla un domaine important, et l'abbaye de Marbach y posséda des vignes au siècle suivant. Grâce à quelques dynamiques viticulteurs locaux replantant en cépages nobles après le phylloxéra, le village se vit accorder en 1929, par l'Association des viticulteurs d'Alsace, la distinction de «vignoble modèle». C'est aujourd'hui une petite commune très vivante, où nombre de viticulteurs ont une part du grand cru *Hatschbourg*. On y récolte en particulier d'excellents muscats.

Le Hatschbourg

Grand cru classé en 1983. Superficie : 47 hectares. Exposition : sud, sud-est. De Hattstatt jusqu'à la lisière de Voegtlinshoffen, à cheval sur les deux finages, le *Hatschbourg* s'élève en pente régulière, entre 220 à 330 mètres d'altitude. La déclivité du coteau et son angle d'exposition s'avèrent d'ailleurs capter au maximum l'ensoleillement de fin d'été, lors de la dernière époque de maturation. Le terroir est marno-calcaire, caillouteux, recouvert de dépôts soliflués et de lœss. Il donne des sols lourds, épais, à bonne rétention d'eau, où se plaisent particulièrement le gewurztraminer, le muscat et le pinot gris. Les vins du *Hatschbourg* se caractérisent par leur générosité naturelle, leur ampleur, leur intensité aromatique.

Le village de **Hattstatt** – à 2 kilomètres en contrebas – partage équitablement le *Hatschbourg* avec Voegtlinshoffen. C'est là, en leur château dont subsistent quelques pans, que résidaient jadis les seigneurs de Hattstatt, qui avaient main-mise sur les deux bans villageois. Jusqu'au siècle dernier, le sort des deux villages fut commun. Leur séparation administrative n'a pourtant entamé en rien leur union vineuse, que le grand cru rend désormais indissoluble.

Joseph Cattin et ses Fils

La grande maison-chai moderne des frères Cattin est perchée au-dessus des vignes qui descendent en cuvette vers le petit village d'Obermorschwihr. Le domaine familial fut créé en 1830 et acquit la notoriété dans les années 1910, grâce à leur grand-père Joseph, pépiniériste et viticulteur de talent, très réputé pour son Muscat. Il est depuis 1978 aux mains de Jacques Cattin, gaillard président du syndicat viticole, et de son frère Jean-Marie. Avec 6 hectares au départ, tous deux ont fait une florissante propriété de 25 hectares, à laquelle ils ont adjoint une affaire de négoce, Cattin Frères, spécialisée dans le Crémant d'Alsace (environ 300 000 bouteilles par an).

Partagé entre 7 communes (Voegtlingshoffen, Gueberschwihr, Hattstatt, Obermorschwihr, Herrlisheim, Eguisheim et Colmar), le vignoble des frères Cattin fait une part sensiblement égale aux principaux cépages. Il ne comprend pas moins de 8 hectares en grand cru *Hatschbourg*, avec un encépagement très éclectique : pinot gris (2,5 ha), gewurztraminer (2 hectares), muscat (1 hectare) et riesling (50 ares), auxquels s'ajoutent des parcelles de sylvaner et de pinot noir. La taille est courte, sur des rangs maintenant écartés de 2 mètres et enherbés en alternement, et les vendanges sont manuelles.

Les raisins parviennent au chai en grains entiers, sont pressurés sur deux pressoirs pneumatiques (Bücher et Willmes), puis les jus, écoulés par gravité au sous-sol, sont décantés 24 à 48 heures en grandes cuves inox. Ils sont ensuite acheminés pour fermentation dans l'ancienne cave, de l'autre côté de la cour, où cohabitent une cuverie en bois traditionnelle (grands crus, sélections et pinots noirs) et une cuverie béton-inox. Après soutirage, les vins sont conservés quelques semaines sur lies fines, préfiltrés sur kieselguhr, puis mis en bouteilles à partir d'avril-mai. La nouvelle cave climatisée est d'abord réservée au stockage des bouteilles et à la manipulation des Crémants du domaine (les Crémants du négoce sont traités dans une cave séparée).

Le village de Hattstatt, copropriétaire du grand cru Hatschbourg.

Les vins de Jacques Cattin sont des vins expansifs, d'une richesse certaine mais judicieusement équilibrés. Au-delà d'un joli Riesling issu de jeunes vignes (Riesling *Hatschbourg* 1989 harmonieux, floral et très délicat), leur grand cru sait parfaitement transmettre le message de son terroir lourd et profond, avec de plantureuses cuvées de pinot gris et de gewurztraminer : Tokay-Pinot gris *Hatschbourg* 1990 à la robe paillée, corsé, puissant (13°6 et 10 g de sucre) mais délivrant son caractère surmûri avec tact et élégance ; Gewurztraminer *Hatschbourg* 1991 fleurant la rose, copieux en bouche (13°5 et 14 g de sucre), réussite du millésime, malgré un léger déficit d'acidité.

Jacques Cattin élabore également de très élégantes récoltes tardives (Riesling 1990 VT au nez d'orange, de groseille à maquereau et de fruits exotiques, ultra-opulent – près de 80 g de sucre – mais bien tenu par l'acidité ; Gewurztraminer 1990 SGN ample, bien dessiné, succulent). A mentionner, pour sa rareté mais aussi pour sa qualité, un étonnant Tokay-Pinot gris 1987, récolté le 1er janvier 1988 : un « vin de glace » très expressif, parfaitement évolué, au puissant goût de poire macérée.

• **Joseph Cattin et ses Fils**, 18, rue Roger-Frémeaux, 68420 Voegtlinshoffen.

D'AUTRES BONS PRODUCTEURS

• **Gérard et Serge Hartmann**, 13, rue Roger-Frémeaux, 68420 Voegtlinshoffen *(grand cru Hatschbourg)*.
• **Denis F. Meyer (Domaine Kehren)**, 2, route du Vin, 68420 Voegtlinshoffen *(grand cru Hatschbourg)*.
• **Ginglinger-Fix**, 38, rue Roger-Frémeaux, 68420 Voegtlinshoffen *(grand cru Hatschbourg)*.
• **André Hartmann et Fils**, 11, rue Roger-Frémeaux, 68420 Voegtlinshoffen *(grand cru Hatschbourg)*.
• **Lucien Meyer et Fils**, 57, rue du Maréchal-Leclerc, 68420 Hattstatt *(grand cru Hatschbourg)*.
Voir aussi :
• **Cave vinicole d'Eguisheim** *(grand cru Hatschbourg)*.
• **Cave vinicole de Pfaffenheim et Gueberschwihr** *(grand cru Hatschbourg)*.

Gueberschwihr

Annoncé par son célèbre clocher roman à trois étages – merveille de grès rose du XIIe siècle, aujourd'hui désolidarisée du corps de l'église, qui a été rebâtie au siècle dernier –, Gueberschwihr poursuit sans hâte une vieille vocation viticole. Bien campé autour de sa vaste place centrale, vers où concourent toutes les rues, le village dresse çà et là, au gré de ses pavés, de belles maisons Renaissance, avec leurs escaliers en colimaçon. Ancienne possession épiscopale – aux mains de l'évêque de Bâle, mais surtout de l'évêque de Strasbourg –, Gueberschwihr fut tôt renommé pour ses vins qui, à partir du XVIIIe siècle, jouissaient d'une place réservée sur les marchés de Lucerne et de Francfort. Le vignoble est réputé pour son muscat, que l'on choie jusque sur les flancs du grand cru *Goldert*. A mentionner, parmi les lieux-dits, le *Rebgarten* et le *Clos Saint-Imer*, enclavé au sein même du Goldert (voir notice suivante).

Maison Ernest Burn

Précédée de son éclatante enseigne au dauphin – dont l'original, de la fin du XVIIIe siècle, est déposé au musée d'Unterlinden à Colmar –, la maison Burn niche dans une rue-couloir du vieux Gueberschwihr. Les lieux méritent d'ailleurs l'admiration, notamment la fine ouvrage d'une porte Renaissance datée de 1623, ouvrant elle-même sur l'envolée d'un magnifique escalier en coquille d'escargot. Leur maître, le valeureux octogénaire Ernest Burn, a cédé depuis 1981 le témoin à ses deux fils, Joseph et Francis. Pourtant, son histoire continue à se confondre avec celle du domaine, et d'abord avec la renaissance du *Clos Saint-Imer*, l'orgueil justifié de la maison.

Ce lieu-dit renommé – qui doit son invocation à un bénédictin du VIIe siècle, premier protecteur de la paroisse de Gueberschwihr – était mentionné dès 1345, sous le nom de *Sanktimeriushalde*. Au XVIIe siècle, on décrivait déjà ses levées de pierre, robustes appareils pour contenir la pente du coteau (40 à 50%) et emmagasiner la chaleur solaire : 2 mètres de haut pour 3 mètres de large, sur une longueur de 80 mètres... Crise phylloxérique et difficultés d'exploitation entraînèrent son déclin, au début de ce siècle.

Le Goldert

Grand cru classé en 1983. Superficie : 45 hectares. Exposition : est, sud-est. Le *Goldert* – dont le nom souligne par métaphore l'éclat de son ensoleillement, ou les reflets dorés des vins qu'on y récolte – s'élève à l'aplomb du clocher de Gueberschwihr, tout en descendant largement au-dessous de la petite route qui conduit à Voegtlinshoffen. Son altitude est comprise entre 230 et 330 mètres, sa pente s'accusant vers le haut, là où le vignoble repose directement sur des calcaires oolithiques (Dogger). A l'aval, la pente s'adoucit, et les sols, enrichis de dépôts quaternaires, se font plus argileux. Le coteau est bien drainé – surtout dans sa partie supérieure, consolidée par des levées de pierre – et bénéficie de la protection septentrionale du Hatschbourg voisin. Si les quatre cépages sont présents, le Goldert donne surtout des Gewurztraminers et des Muscats de toute beauté, éclatants de sève et d'arôme.

A partir de 1934, Ernest Burn s'employa, avec une ténacité exemplaire, à restituer la resplendissante colline dans son état originel. Il racheta parcelle après parcelle et, aidé de ses fils après la guerre, il releva les murs, rouvrit les chemins, défricha, replanta... jusqu'à l'édification, dans les années 80, d'un petit oratoire en pierre, dédié à saint Imer. Aussi, depuis 1969, le nom du *Clos Saint-Imer* recouvre-t-il les étiquettes du domaine, s'étant inscrit ultérieurement sous l'appellation Alsace grand cru, puisque ses 5 hectares sont entièrement inclus dans le *Goldert* de Gueberschwihr (partie haute).

Toits et clocher de Gueberschwihr, depuis les pentes du Goldert.

La propriété des Burn – Joseph s'occupe des travaux mécaniques et de la vinification, son épouse Michèle des relations commerciales, Francis du vignoble – comprend 9 hectares de vignes. Six hectares sont classés en Goldert, mais seuls les vins du clos proprement dit sont déclarés en grand cru. Au Clos Saint-Imer, l'encépagement donne la priorité au gewurztraminer (40 %), puis au muscat (20 %) et au riesling (15 %). Sur le reste de l'exploitation, c'est le riesling qui domine. Conduites en double palissage, sur fil d'inox, les vignes sont travaillées dans le cœur du clos, mais enherbées dans sa partie supérieure ainsi que dans les parcelles génériques. La vendange est manuelle, avec des tris à la vigne.

Les raisins sont réceptionnés au vendangeoir (pressurage sur pneumatique Magnum), puis les moûts vont rejoindre la cave, équipée de cuves – et microcuves – en acier émaillé. La méthode de Joseph Burn obéit à un empirisme tranquille : égrappage le plus souvent, levurage au besoin, pas de centrifugation, vieillissement en fûts jusqu'en septembre, repos d'au moins 1 an après la mise... Les locaux vinaires, d'une conception moderne en dépit de la patine des murs (climatisation depuis 1973), se sont agrandis avec l'annexion, en 1993, d'un bâtiment mitoyen, qui abrite désormais les unités d'embouteillage et de stockage.

Les vins du *Clos Saint-Imer*, donc du grand cru *Goldert*, ont beaucoup de présence et d'éclat. Le Muscat apparaît comme une spécialité de la maison (il est vrai qu'on est ici dans un secteur privilégié de ce cépage) : *Cuvée de la Chapelle* 1990 au nez en fleurs, à la bouche odorante comme une jonchée de pétales de rose, délicat, sec, très subtil ; 1988 à la robe dorée, aux senteurs de jasmin et de menthe poivrée, à la bouche en dentelle, relancée par une bonne nervosité et une pointe minérale. N'en oublions pas ses compagnons de terroir, le Riesling (1989 au bouquet floral et minéral, corpulent, gras, vigoureux) et le Tokay-Pinot gris (1991 rond, fruité, d'une richesse appuyée pour l'année). C'est néanmoins le Gewurztraminer qui réalise régulièrement l'apothéose . 1990 à l'or brillant, discrètement corsé, nerveux, élégant ; 1989 VT plein de profondeur et de saveurs confites, distillant sous des dehors soyeux une extrême concentration de botrytis.

- **Maison Ernest Burn**, 14, rue Basse, 68420 Gueberschwihr.

D'AUTRES BONS PRODUCTEURS

- **Bernard Humbrecht et Fils**, 9, place de la Mairie, 68420 Gueberschwihr *(grand cru Goldert)*.
- **Lucien Gantzer**, 4, rue du Nord, 68420 Gueberschwihr *(grand cru Goldert)*.
- **Marcel Humbrecht**, 18, rue Basse, 68420 Gueberschwihr *(grand cru Goldert)*.

Voir aussi :

- **Cave vinicole de Pfaffenheim et Gueberschwihr** *(grand cru Goldert)*.
- **Domaine Zind-Humbrecht**, à Turckheim *(grand cru Goldert)*.

Pfaffenheim

Le pinot gris, spécialité du village.

Reconnaissable à son haut clocher ajouré, moderne campanile côtoyant une église en partie romane, Pfaffenheim fait alterner, au pied du Schauenberg, maisons anciennes et pavillons d'aujourd'hui. Ce vieux village vigneron, qui fit partie des possessions de l'évêque de Strasbourg, fournissait jadis du vin au monastère suisse de Muri et aux Chevaliers teutoniques de Rouffach. Avec plus de 300 hectares plantés, c'est de nos jours l'une des communes les plus viticoles d'Alsace. La performante coopérative locale joue ici un rôle de premier plan, notamment dans l'exploitation du grand cru *Steinert*, que sillonne le premier créé des sentiers viticoles d'Alsace. A noter les lieux-dits du *Bergweingarten* et du *Schneckenberg.*

Le Steinert

Grand cru classé en 1992. Superficie : 39 hectares. Exposition : sud-est. Au-dessus de Pfaffenheim, le *Steinert* – le «pierreux» – escalade hardiment, entre 250 et 310 mètres, les flancs du Schauenberg, qui est un lieu ancien de pèlerinage (chapelle, chemin de croix). Le cru déborde partiellement sur Westhalten. Il repose sur des formations du Dogger oolithique, recouvertes d'éboulis pierreux en contrebas, donnant au sol un caractère extrêmement sec et calcaire (on a dû adapter des porte-greffe à forte résistance). La pente, moyenne et régulière, l'exposition partielle au levant, la bonne capacité d'accumulation thermique du sol contribuent à une maturation harmonieuse des raisins. Le *Steinert* est complanté en gewurztraminer, pinot gris et riesling, tous trois cohabitant ici en bonne intelligence avec le terroir : vins de forte intensité aromatique, d'évolution lente mais sûre.

Cave vinicole de Pfaffenheim-Gueberschwihr

«Cave la plus médaillée d'Alsace» : tel est le record, dûment homologué, dont aime à s'enorgueillir cette cave extravertie, que frôlent les deux voies de la N 83, entre Eguisheim et Rouffach. Les débuts furent plus modestes. Créée en 1957 et groupant à cette époque une soixantaine d'adhérents, la cave coopérative de Pfaffenheim fusionnait, dix ans plus tard, avec sa voisine de Gueberschwihr. Le mariage fut heureux, et son fruit est devenu un établissement extrêmement florissant, que conduit avec dynamisme, depuis 1987, son directeur Alex Heinrich. La cave rassemble aujourd'hui 200 viticulteurs, liés par des contrats d'apport total, pour une surface de quelque 200 hectares. Son volume commercialisé avoisine les 18000 hectolitres par an, dont 40% sont exportés (vers la Belgique, fine connaisseuse, au premier rang).

Le terroir viticole de la cave est un magnifique hémicycle naturel, adossé aux Vosges, qui court depuis Hattstatt, au nord, jusqu'à la colline du Lerchenberg, au sud de Pfaffenheim, et fréquente des sols à dominante calcaire et argilo-calcaire. Il englobe ainsi trois grands crus : le *Hatschbourg* de Hattstatt-Voegtlinshoffen (pinot gris, riesling), le *Goldert* de Gueberschwihr (gewurztraminer, riesling) et le *Steinert* de Pfaffenheim (pinot gris, gewurztraminer, riesling). En marge de ce prestigieux trio, la cave privilégie plusieurs lieux-dits : sur Pfaffenheim, limitrophes du Steinert, le *Bergweingarten*, un terroir propice au gewurztraminer, et le *Schneckenberg* («la montagne des escargots»), dont le socle de calcaire coquillier convient particulièrement au pinot blanc; sur Gueberschwihr, au voisinage du Goldert, le *Rebgarten*, dont le sol sablonneux se prête idéalement au riesling; entre Pfaffenheim et Gueberschwihr, le *Gaentzbrunnen*, un terroir favorable au pinot noir.

Le vignoble et la cuverie sont le domaine de Michel Kueny, le maître de chai. Entré à la cave en 1963, ce sympathique homme de terrain, à l'œil pétillant, conduit les vinifications depuis 1967. Technicien hors pair, il a patiemment construit la qualité des vins de Pfaffenheim, grâce à une méthode exigeante et suivie. Son outil de travail est actuellement des plus performants, d'autant que la cave vient de s'agrandir d'un coup de 2700 m², sur 3 niveaux. Son rôle commence d'ailleurs en amont, à la vigne, avec

La microcuverie de la Cave vinicole de Pfaffenheim.

la sélection des parcelles et l'échelonnement du calendrier des vendanges.

Parvenues à la cave, les bennes de raisin sont montées par tapis roulant jusqu'à une console de contrôle qui, en fonction de leur richesse en sucre, les distribue sur 6 conquets. La vendange rejoint par gravitation l'unité de pressurage (2 pneumatiques Willmes et 2 Vaslin), puis les moûts sont pompés vers les cuves de fermentation. La cuverie mérite le coup d'œil : 42 cuves inox, les plus grosses contenant 545 hectolitres, thermorégulées par serpentins, et une série de cuves de microvinification, de 5 à 50 hectolitres (crus et vendanges tardives) composent un scintillant spectacle technologique, d'une méticuleuse propreté. S'y ajoute l'ancienne cuverie en ciment verré, utilisée pour le stockage, qui porte la capacité potentielle de la cave à 40000 hectolitres. Les vins sont centrifugés, préfiltrés sur terre de diatomées, détartrés au froid, filtrés sur plaques et membranes à la mise. En service depuis 1992, le nouveau chai de stockage accueille, dans son sous-sol enterré à 6 mètres, les grands crus et vendanges tardives, et abrite les gyropalettes servant aux Crémants. Une grande et une petite chaîne d'embouteillage, un groupe de lavage-rinçage complètent cet ensemble, remarquablement homogène.

Les vins de la cave de Pfaffenheim sont des vins nets, assez corsés, bien différenciés en fonction de leur catégorie. La carte les hiérarchise en simples millésimés, médaillés, cuvées «grands millésimes», lieux-dits, sigillés (bouteilles numérotées) et grands crus, en l'assortissant – il faut le souligner – d'un petit éventail de millésimes plus anciens, dans les meilleures cuvées. La gamme des *Médaillés* fournit une bonne approche du style de la cave : Sylvaner 1990 droit et souple, offrant des contours nets et le nez frais du cépage; Riesling 1990 aux arômes de citronnelle et de fleurs blanches, direct et nerveux, soutenu par une bonne acidité; Gewurztraminer 1990 aux effluves discrets de rose et d'épices, précis et bien suivi en bouche.

Le terroir de Pfaffenheim réussit particulièrement bien aux pinots. Le Tokay-Pinot gris est une spécialité de la cave : 1988 *Cuvée Rabelais*, récolté à près de 14° nature, au nez fumé et miellé, riche, plein,

Palissage dans les vignes du Steinert.

avec beaucoup de matière et une rétro-olfaction puissante ; *Steinert* 1989 mariant le pain d'épices à des notes caramélisées et fumées, développant une bouche volumineuse, puissante et très parfumée. Le *Schnekenberg* fournit quant à lui un Pinot blanc de très bonne tenue (1990 vivace et matériel).

Le Muscat, de même, a fort bonne réputation aux environs de Gueberschwihr, et celui de la cave n'échappe pas à la règle (1990 *Cuvée Diane*, issu de rendements de 35 à 45 hl/ha dus à la coulure et composé essentiellement de muscat d'Alsace, un vin très sec au nez explosif, muscaté à l'extrême, sur une structure parfaite). Le *Rebgarten* délivre de son côté un Riesling racé (1990 oscillant entre le végétal et le minéral, au dessin ample et harmonieux, à l'avenir assuré) et le *Steinert* un Gewurztraminer de forte envergure (1990 au grand bouquet de violette et de rose, ample, étoffé, classique).

La discipline de la cave aidant, les vendanges tardives se hissent à un haut niveau : Tokay-Pinot gris 1989 VT à l'étincelante robe paillée, velouté, soyeux, une vraie dentelle ; Gewurztraminer 1989 SGN, 14°6 et 26 g de sucre, un nectar couleur vieil or, donnant un festival aromatique à base de miel, d'humus, de noix, de datte et de chocolat, volumineux et tapissant voluptueusement le palais. On peut également apprécier des méthodes champenoises (gamme *Hartenberger*), et notamment une rare spécialité de Crémant d'Alsace à 100 % de pinot gris (jolie robe vert clair, bulle fine, vivacité et bonne densité en bouche). Autant d'excellentes raisons pour abandonner le vacarme de la nationale, à la hauteur même de la cave, et découvrir ces vins dans un agréable caveau d'accueil.

• **Cave vinicole de Pfaffenheim et Gueberschwihr**, 5, rue du Chai, 68250 Pfaffenheim.

Pierre Frick

Au cœur du vieux village, la cave de la famille Frick – qui « fait de la bouteille » depuis 1933 – est une grande maison accueillante, environnée de verdure. Pierre Frick, en 1979, a passé la main à son fils Jean-Pierre, mais ce solide viticulteur semble toujours bien présent à la vigne. Jean-Pierre Frick, quant à lui, a débuté sur l'exploitation en 1976, après des études à Avize.

Ce vigneron de conviction s'est tourné en 1981 vers la culture en biodynamie, ne faisant en l'occurrence que prolonger une expérience de culture biologique entamée au domaine dès 1970, et ses raisins revendiquent depuis 1986 le label « Demeter ». La méthode, originale, repose sur une conception cosmique de la viticulture, qui prend en compte les interactions entre grands éléments naturels (terre, eau, plante, air), intègre la marche des constellations, fait appel aux notions de rythme (nuit-jour, saisons, rythmes intraquotidiens fondés sur l'« inspiration » et l'« expiration »).

Le domaine recouvre actuellement 9 hectares, sur Pfaffenheim mais aussi Hattstatt, Herrlisheim, Eguisheim, Rouffach et Westhalten. Le gewurztraminer domine l'encépagement (plus de 20 %) ; à noter que le chasselas conserve son intégrité, en étant vinifié séparément. Jean-Pierre Frick exploite des vignes en grand cru, sur le *Steinert* de Gueberschwihr (1,5 ha, gewurztraminer 50 %, riesling 25 %, muscat 25 %) et sur l'*Eichberg* d'Eguisheim (30 ares, gewurztraminer). Il dispose également de parcelles sur plusieurs lieux-dits réputés : *Rot Murlé* et *Lerchenberg* à Rouffach, *Bergweingarten* à Pfaffenheim même.

Reprenant les principes du père de la biodynamie, Rudolf Steiner (homonymie de circonstance !), Jean-Pierre Frick stimule le terroir par des « préparats biodynamiques », similaires à une médecine homéopathique, le nourrit par des composts organiques (apportés tous les 4 ans), le façonne par des sarclages ou enherbements temporaires. Il emploie notamment la technique du « mulching », qui consiste à tondre et à laisser l'herbe sur place, en créant un effet de microclimat à la surface du sol. Ses traitements se limitent, selon un cahier des charges très précis, à des applications de bouillie bordelaise très diluée, de fleur de soufre et de diverses décoctions végétales. La démarche se prolonge en cave, par une utilisation minimaliste du soufre et des différents procédés de correction et de clarification. Jean-Pierre Frick, en particulier, ne chaptalise aucun de ses vins. Sa cave fait la part belle au bois, avec des fûts de toutes contenances, permettant le fractionnement des vinifications, auxquels s'ajoute une cuverie inox (cuves à chapeau mobile, microcuves).

Les vins de Jean-Pierre Frick séduisent par leur naturel, leur fraîcheur et leur spontanéité, et par leur complexité dans les grands crus et sélections. Son Chasselas est un agréable «vin de soif», qui laisse la tête légère, alors que son Sylvaner possède une certaine étoffe (Sylvaner *Bergweingarten* 1992, 12° naturels, au nez de pomme mûre et à la bouche consistante). Son Gewurztraminer spécule plutôt sur la légèreté (1991 discrètement floral, très digeste, se ressentant favorablement de l'absence totale de chaptalisation), tandis que son Pinot noir, issu de sages rendements et d'une macération de 10 à 12 jours, joue l'élégance (1990 fleurant la framboise, fondu et harmonieux sous sa jolie robe cerise foncé).

Sur sa carte de «cuvées précieuses», Jean-Pierre Frick propose plusieurs spécialités : Riesling *Iris* (1990 vigoureux, incisif, assez corsé), Tokay-Pinot gris *Rot Murlé* (1991 légèrement fumé, souplement enrobé par quelque 10 g de sucre). Le grand cru de Pfaffenheim, logiquement, laisse éclater sa classe dans les trois cépages : Riesling *Steinert* 1990 au bouquet assez explosif, pêche blanche et réglisse, parfaitement sec, finissant sur une délicate astringence ; Muscat *Steinert* 1991, de ramassage tardif, mêlant le jasmin à des touches de fruit mûr, très sec, étoffé, coulant bien ; Gewurztraminer *Steinert* 1990 aux senteurs de rose, au fruit surpuissant, fin et flamboyant.

Jean-Pierre Frick offre une riche carte de vendanges tardives et de grains nobles, pour lesquels il déploie d'évidents efforts. En 1989, il effectua deux sélections de riesling dans la même vigne : la première, opérée fin octobre, donna un vin de belle droiture, rigoureux, d'un potentiel important *(Narcisse)* ; la seconde, fin novembre, fournissait une cuvée nettement botrytisée, riche, ronde et voluptueuse *(Goldmund)*. Pour en souligner l'opposition, Jean-Pierre Frick a baptisé ces deux Rieslings VT des noms de deux héros antagonistes d'un roman de Hermann Hesse.

Modernes pavillons de Pfaffenheim, enchâssés dans les vignes.

Belles vendanges tardives également en Tokay-Pinot gris (1989 VT embaumant le coing, ample et nerveux grâce à sa sucrosité limitée) et sélections de grains nobles bouclant la trajectoire : Gewurztraminer 1989 SGN finement rôti, avec des notes réglissées pour en rehausser le bouquet miellé, plein de vigueur suave mais bien rafraîchi par l'acidité ; Tokay-Pinot gris 1989 SGN d'une richesse appuyée, rempli d'odeurs de zestes et d'agrumes confits, onctueux, suprêmement équilibré par une noble acidité – un «vin de confrontation», dixit Jean-Pierre Frick. Si l'on y ajoute le jus de raisin de la maison, on aura fait le tour des spécialités de ce sympathique domaine, hors de nombreux sentiers battus du vignoble alsacien.

• **Pierre Frick**, 5, rue de Baer, 68250 Pfaffenheim.

D'AUTRES BONS PRODUCTEURS

• **Joseph Rieflé et Fils**, 11, place de la Mairie, 68250 Pfaffenheim *(grand cru Steinert)*.
• **Vins Schaefflé**, 4, rue de la Lauch, 68250 Pfaffenheim *(grand cru Steinert)*.
• **Pierre-Paul Zink**, 27, rue de la Lauch, 68250 Pfaffenheim *(grand cru Steinert)*.

Rouffach

Majestueusement annoncée par les deux tours de Notre-Dame de l'Assomption, une église romane et ogivale aux proportions de cathédrale, Rouffach s'étale tranquillement sur la plaine d'Alsace, au pied d'une côte couverte de vignes. Si quelques belles maisons patriciennes, avec leurs oriels sculptés, souffrent d'un peu d'abandon, le cœur de la cité, autour de l'église, a fière allure. Rouffach est une ville de silhouettes : outre le haut profil des deux clochers, il faut contempler la découpe crénelée de la Tour des Sorcières, de l'ancienne halle aux blés, du vieil hôtel de ville.

Rouffach fut la capitale du Haut-Mundat, une enclave cédée par la royauté mérovingienne à l'évêque de Strasbourg au sein des possessions de l'évêque de Bâle, et le vin participa toujours à la vie urbaine, par le biais d'actives et réglementeuses confréries de vignerons (dont celle de Saint-Urbain). C'est au siècle dernier que fut créée la fameuse école de viticulture de Rouffach, aujourd'hui lycée agricole et viticole qui continue d'enseigner à tous les jeunes apprentis vignerons d'Alsace. Le vignoble rouffachois est réputé depuis le haut Moyen Age pour ses vins du grand cru *Vorbourg* ; le *Clos Saint-Landelin* (voir notice suivante) y occupe une position éminente.

Domaine Muré

Montant altièrement la garde au carrefour de la Vallée Noble et de la plaine d'Alsace, le *Clos Saint-Landelin* est un haut lieu du vignoble. Il se confond aujourd'hui avec la famille Muré, sa dévouée propriétaire depuis l'avant-guerre.

Spectaculairement étagé en terrasses, ses flancs étant corsetés par des murs de pierre sèche, ce clos exceptionnel tire son invocation du pieux Landelin, moine irlandais, qui vint au VIIe siècle évangéliser les proches rives du Rhin. Mort en martyr, ce dernier se vit dédier un couvent au siècle suivant, à l'initiative de l'évêque de Strasbourg Heddon, seigneur de la région. L'établissement fut richement doté, notamment avec les meilleures vignes de Rouffach, qui contribuèrent à ce qu'on appela le *praedium sancti Landelini*, le « bien de saint Landelin ».

Disloqué à la Révolution, le Clos Saint-Landelin fut remis en valeur après 1870, en devenant le vignoble d'application de l'école d'agriculture de Rouffach, créée sous l'administration allemande. Placé sous séquestre après 1918, il connut ensuite deux propriétaires avant d'être acquis, en 1935, par Alfred Muré, héritier d'une lignée de vignerons installés à Rouffach depuis le XVIIe siècle. Son fils, Oscar Muré, une haute figure du vignoble, puis aujourd'hui son petit-fils, l'amical René, lui ont succédé, animés de la même passion pour leur superbe clos.

D'une superficie de 16 hectares, le *Clos Saint-Landelin* constitue l'épine dorsale du domaine Muré. Bâti en promontoire à l'extrémité méridionale du *Vorbourg*, il fait intégralement partie de ce grand cru. Son sol pauvre, calcaire et caillouteux, permettant un enracinement profond et une alimentation hydrique régulière, se prête aux petits rendements (45 hl/ha en moyenne). Son microclimat particulier le prédispose en outre aux récoltes botrytisées. Le clos est planté en gewurztraminer (6 hectares), riesling (5 hectares), pinot gris (2 hectares) et pinot noir (2 hectares) ; muscat, pinot blanc, sylvaner et chardonnay assurent le solde.

Le Domaine Muré comprend encore 5 hectares en « Côte de Rouffach » (gewurz-

Le Vorbourg

Grand cru classé en 1992. Superficie : 73 hectares. Exposition : sud, sud-est. Le *Vorbourg*, occupant principalement le finage de Rouffach, se prolonge sur la commune de Westhalten, en suivant une longue ligne de côte, qui va des abords du château d'Isembourg – ancienne villa mérovingienne, devenue de nos jours un luxueux complexe hôtelier – jusqu'au prestigieux *Clos Saint-Landelin*, à l'entrée de la vallée de Soultzmatt. Ce dernier, étayé par un long réseau de murs, égayé par un abri à créneaux datant de 1893, jouit d'une orientation franchement méridionale, alors que le reste du coteau regarde plus directement le levant.

Globalement, le *Vorbourg* bénéficie d'un microclimat privilégié, grâce à la haute protection vosgienne (les deux ballons d'Alsace), à des précipitations très faibles (500 mm par an) et à un ensoleillement généreux. C'est un terroir précoce, où les gelées sont rarissimes, tandis que la pourriture noble se trouve favorisée par d'abondantes et fréquentes brumes matinales. Le sol est marno-calcaire, sur une base de conglomérats gréso-calcaires, que recouvre à l'aval une couche de limon lœssique. Tous les cépages évoluent ici à leur aise. Riesling, Gewurztraminer, Tokay-Pinot gris et Muscat du *Vorbourg* sont des vins puissants et racés, aux arômes complexes, qui gagnent à vieillir longtemps.

traminer et riesling principalement) et détient 35 ares dans le grand cru voisin du *Zinnkoepflé*. A côté de sa propriété, René Muré exerce en tant que négociant, s'approvisionnant en raisins sur la Côte de Rouffach, pour l'équivalent d'une vingtaine d'hectares. Spécialiste du Crémant d'Alsace, la maison distille également, notamment des Marcs réputés. Une boutique de vins, installée au rez-de-chaussée de la célèbre Maison Pfister, à Colmar, complète cette activité fort diversifiée.

Installés en lisière de la voie rapide, les modernes bâtiments d'exploitation abritent quelques belles pièces anciennes, en particulier un imposant pressoir du XIIIe siècle, l'un des plus anciens d'Alsace. Les installations sont fonctionnelles, d'une propreté méticuleuse, et le matériel performant : trois pressoirs pneumatiques, chargés en grains entiers par tapis roulant, une cuverie privilégiant l'inox pour les fermentations et le bois pour l'élevage, des barriques pour le pinot noir,

A l'entrée de la Vallée Noble, le Clos Saint-Landelin, cœur du grand cru Vorbourg.

maintenues en demi-obscurité (lumière de sodium). Les fermentations sont conduites aussi lentement que possible, démarrées à basse température, après un débourbage faible, puis montées très progressivement jusqu'à 20 °C, avant rechute thermique.

Les vins du *Clos Saint-Landelin-Vorbourg* sont élégants, profonds, d'une longévité assurée. Par-dessus tout, ils déploient une souveraine harmonie. La gamme de René Muré en témoigne avec constance. Son Riesling est un grand vin distingué, bâti pour des gardes prolongées (1990 plein de décence et de discrétion, aux notes subtiles de pêche blanche et d'agrume, long, soyeux et profond). Il peut donner de sublimes grains nobles (1989 SGN aux arômes verticaux sous sa belle robe jaune d'or, à la bouche parfaitement rectiligne malgré sa richesse, l'acide compensant admirablement le gras).

Le Gewurztraminer du clos s'exprime avec beaucoup de pureté (1986 *Cuvée Odile* au grand bouquet végétal et floral, écorce de citron et pétale de rose, avec une somptueuse suite en bouche, homogène et follement élégant), tandis que le Tokay-Pinot gris s'est trouvé là un terroir d'exception (1990 or paille, aux arômes retenus, dissimulant sa puissance sous de petites notes botrytisées ; 1989 plein et voluptueux, avec ses évocations d'orange et de marmelade). Lui aussi fait des prodiges en surmaturation (1989 VT habillé d'or profond, aux profus arômes d'abricot et de datte, riche et suprêmement harmonieux, la finale s'éteignant lentement, avec infiniment de distinction).

Même s'ils n'ont pas droit à l'appellation grand cru, il faut absolument évoquer le formidable Sylvaner, récolté sur deux parcelles en plein cœur du clos et qui sait faire de mémorables flacons (1978 mêlant au nez la citronnelle, le beurre et la noisette, opulent, finement amer, mais préservé par une formidable acidité), tout comme le Pinot noir (1990 vêtu d'un rubis magnifique, fleurant la griotte et la cerise sauvage, tapissé de tanins soyeux, volumineux en bouche). Tous ces vins iront sans doute rejoindre la légende du *Clos Saint-Landelin* des années 50 et 60, qui se dégustent toujours admirablement (voir page 184).

On leur ajoutera une belle série de Crémants d'Alsace, enfermés dans de superbes bouteilles – influence champenoise indissimulable... – et dont se détache le *Brut zéro* (capsule bleu nuit) : un Crémant de pur riesling, ayant passé 2 ans en barriques sur ses lies d'origine, puis mûri 2 ans en bouteilles, non dosé, millésimé (Vintage 1988 élégant et plein, solide, légèrement boisé).

- **Domaine Muré**, Clos Saint-Landelin, route du Vin, 68250 Rouffach.

Verrou de fût (Domaine Muré).

D'AUTRES BONS PRODUCTEURS

- **Bruno Hunold**, 29, rue Aux Quatre-Vents, 68250 Rouffach *(grand cru Vorbourg)*.
- **Clément Bannwarth et Fils**, 19-21, rue du 4e-Spahis, 68250 Rouffach *(grand cru Vorbourg)*.
- **Domaine de l'École (Lycée agricole et viticole)**, 8, Aux Remparts, 68250 Rouffach *(grand cru Vorbourg)*.

Voir aussi :

- **Cave de Westhalten** *(grand cru Vorbourg)*.

Soultzmatt Westhalten

Ces deux localités mitoyennes font pénétrer dans la vallée de l'Ohmbach, dont l'environnement viticole se teinte de nuances déjà montagnardes. L'une et l'autre faisaient partie des possessions de l'évêque de Strasbourg (le Haut-Mundat de Rouffach), échues à ce dernier après la donation de Dagobert.

Soultzmatt, interminable village-rue s'étirant sur l'Ohmbach, est une petite place animée, conservant notamment un beau clocher roman et un château du XVIe siècle (Wagenbourg). C'est le cœur de la «Vallée Noble», une dénomination qui nous rappelle que les vassaux de l'évêque de Strasbourg édifièrent ici jusqu'à sept châteaux, entre le XIIIe et le XVIe siècle. C'est aussi un lieu où coulent généreusement l'eau et le vin. La première parce que sourdent à Soultzmatt plusieurs sources d'une eau minérale renommée (Sources Nessel). Le second parce que la viticulture y est active, emmenée par un petit noyau de producteurs très entreprenants, qui s'attachent surtout à soigner la réputation de leur grand cru, le *Zinnkoepflé*.

Un peu plus bas vers l'entrée de la vallée, Westhalten est une étape pittoresque, avec de vieilles maisons des XVIe et XVIIe siècles et une fontaine-puits ouvragée, surmontée d'une vierge polychrome. Comme Soultzmatt, le village servait jadis une dîme en vin à l'abbaye de Lautenbach. Il a consacré de nos jours sa vocation viticole, et s'est doté d'une cave coopérative en 1959.

Westhalten est une commune partageuse, quoique remarquablement lotie : avec Soultzmatt, elle partage le grand cru *Zinnkoepflé*, avec Rouffach le grand cru *Vorbourg, et* avec Pfaffenheim le grand cru *Steinert*. Elle exploite également, en compagnie de ses voisines Orschwihr et Rouffach, une partie du réputé lieu-dit *Bollenberg* (au sein duquel se trouve le *Clos Sainte-Apolline*). Westhalten possède néanmoins un lieu-dit qui lui est totalement propre, le *Strangenberg*.

Seppi Landmann

Postée en embuscade au milieu d'un virage de Soultzmatt, qui épouse une boucle tumultueuse de l'Ohmbach, la cave de Seppi Landmann a pour enseigne *Cave de la Vallis Praenobilis*. «Vallée hautement noble», telle est la signification de cette expression ancienne, qui évoque la profusion de maisons nobles que connut le pays de Soultzmatt à l'époque féodale. Si châtelains et abbés ont disparu, l'illustre vallée a toutefois sauvegardé, avec la figure hautement colorée de Seppi Landmann, son seigneur des ceps. Débordant d'une verve puissamment alsacienne, truculent, raisonneur et malicieux, ce vigneron théâtral a su, par sa ténacité et sa force communicative, redonner tout leur lustre aux coteaux magnifiques qui surplombent Westhalten et Soultzmatt.

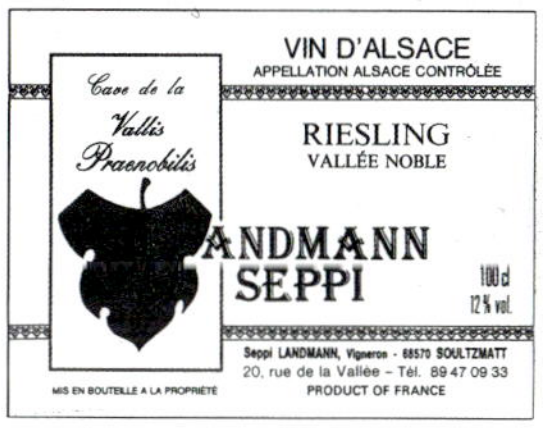

Les débuts de Seppi ne furent pourtant pas d'une aisance particulière. Après des études à Beaune, il pérégrina dans le secteur coopératif, acquit quelques parcelles et reçut moins de 2 hectares pour part d'héritage paternel. En 1982, quittant la coopérative de Westhalten, il se lançait à son compte, à la tête d'une exploitation de 4,6 ha, et en compagnie d'une jeune viticultrice allemande, Rita Ostholt, ingénieur agronome. Cette dernière se chargea de la conduite technique du domaine et de la cave jusqu'en 1988.

Entre-temps, Seppi Landmann dépensait sa généreuse énergie dans la promotion du vignoble – se muant en défenseur acharné des grands crus et surtout de son cher Zinnkoepflé – comme dans diverses innovations personnelles. Ainsi, il fut le précoce initiateur, dans la Vallée Noble, des vendanges tardives, rentrant sa première récolte agréée dès 1982. Fin 1988, il

Le Zinnkoepflé

Grand cru classé en 1992. Superficie : 68 hectares. Exposition : sud, sud-est. A cheval sur les finages de Soultzmatt et de Westhalten, le *Zinnkoepflé* («mont du soleil») est une extraordinaire construction naturelle, lentement civilisée par la main du vigneron, étayée en maints endroits par de robustes murs de pierre sèche, strié par un incroyable raidillon pavé. Tassés à ses pieds, les deux villages semblent d'ailleurs totalement voués à cette sorte de dieu solaire, qui les écrase de sa masse énorme. La vigne monte ici jusqu'à 420 mètres, faisant du *Zinnkoepflé* le plus haut cru d'Alsace.

Abrité par le Grand Ballon et le Petit Ballon, inondé de soleil et recevant très peu de pluies, ce «toit du vignoble alsacien» jouit d'un microclimat particulièrement aride. Il en profite pour développer à son sommet, parmi la maigre touffe boisée qui le coiffe, une végétation de type méditerranéen et caspien, ainsi qu'une faune méridionale où le lézard vert croise la cigale montana. Son terroir est composé de calcaire coquillier et de grès du Trias, donnant des sols qui typent fortement les vins. Le gewurztraminer reste l'hôte d'élection de ce splendide coteau, mais le riesling y a gagné ses lettres de noblesse. Leurs vins sont épicés, harmonieux, de longue garde, et capables d'une nature follement ardente en récolte tardive.

instituait la vente «sur pied et en primeur» de ses vendanges tardives, une formule originale de réservation des vins produits en quantité forcément limitée, tout en étoffant sa carte de vins vieux.

En 1990, il surprenait encore en rentrant, les 28 et 29 décembre, par –10 °C dans les vignes, une vendange de raisins gelés. Les baies furent alors délicatement pressurées, l'eau étant retenue sous forme de paillettes glacées, et Seppi Landmann put tirer de ce jus fortement concentré 5 hectolitres d'un mémorable «vin de glace» – vendu sous la mention vendange tardive, par défaut de législation. Autant de singularités à mettre au compte du tempérament devancier de ce vigneron intrépide, jamais en mal d'imagination.

La superficie de l'exploitation se monte aujourd'hui à 7 hectares. Le gewurztraminer en occupe 25%, le sylvaner et le pinot blanc 20% chacun, le riesling 16 %, le pinot noir 10%, le muscat et le pinot gris se partageant équitablement le reste. La fierté de Seppi Landmann, ce sont bien sûr ses 2,5 ha sur le *Zinnkoepflé*, classé grand cru, ce monument solaire qui toise majestueusement la vallée. Il y dispose de parcelles diverses, en riesling et gewurztraminer, et maintenant d'une grande pièce orientée plein sud, qu'il vient de replanter en pinot gris. Pas d'engrais (seulement une fumure de fond à la plantation), des rendements sages, des vendanges étalées au maximum, telles sont ses lignes de conduites à la vigne. Il possède également des vignes de pinot gris sur l'excellent *Bollenberg*, qui garde l'entrée de la vallée, tandis que ses meilleures sélections de Crémant proviennent du *Weingarten*, aux expositions plus froides, davantage à l'intérieur de la vallée.

La cave flanque une vénérable maison soultzmattoise, datée de 1575. Seppi Landmann y officie de manière classique, avec l'aide du sympathique Peter Slooten, un jeune Hollandais touché par la grâce des vins d'Alsace. Les raisins, une fois triés, sont travaillés doucement sur pressoir pneumatique, puis débourbés statiquement, avant fermentation à température contrôlée dans une cuverie tout inox, un matériau dont Seppi estime qu'il garantit l'avenir des vins, en dépit de débuts un peu neutres. Les mises s'échelonnent de mai à septembre. Les Crémants, qui représentent un tiers du volume de la cave, sont remués sur gyropalettes. Quant au stockage des bouteilles, il souligne la part grandissante que prennent les millésimes de réserve.

Les vins de Seppi Landmann, à l'image de leur enjoué propriétaire, sont directs, chaleureux et racés. Le Riesling *Zinnkoepflé* est un grand vin de garde, fortement typé par son calcaire natal : 1991 d'une constitution solide et équilibrée sous sa robe pâle, bien aiguisé par son acidité ; 1987 frais, végétal, déjà arrondi, une bonne réussite dans le millésime ; 1986 au nez encore fermé, vigoureux, dense, complet, un beau Zinnkoepflé classique ; 1983 au nez dégagé, poivre et cumin, à la bouche épicée, pleine et fondue, un vin harmonieux et bientôt abouti. Les vendanges tardives jouent ici dans un registre fin et retenu, et parmi elles le Riesling *Zinnkoepflé* VT *vin de glace* vient marquer sa différence (1990 au nez légèrement confit, à la bouche friande et réglissée, à

Muret et chemin pavé dans le Zinnkoepflé.

l'alcool discret et à l'acidité doucement insistante).

Si le Gewurztraminer *Vallée Noble* est un vin attrayant (1991 aux notes de pomme verte, de bonbon anglais et de fleurs, à la bouche très fruitée, conservant un peu de sucre), le Gewurztraminer *Zinnkoepflé*, toujours très sec, affirme la belle puissance de son terroir : 1991 sérieux, ferme, encore réservé ; 1987 aux évocations de violette et de réglisse, à la bouche tendre et persistante, un vin de dentelle, remarquable pour l'année ; 1986, récolté le 7 décembre, droit, rectiligne, distingué, d'une finesse exemplaire.

Son éclat est particulièrement souligné dans les vendanges tardives : Gewurztraminer *Zinnkoepflé* 1991 VT, passé en barriques, à la bouche charnue et parfumée de violette ; 1990 VT au nez de poire, élégant, avec une belle suite ; somptueux 1985 VT récolté sous la neige du 27 novembre, combinant la rose, la pêche et le narcisse, avec de petites touches animales et musquées, puissant, mûr, long, souverainement équilibré, avec une bouche en condensé d'extraits floraux, un modèle du genre ; 1983 VT mariant la réglisse et la giroflée, enrobé, accompli. Plusieurs cuvées du *Zinnkoepflé* sont emprisonnées dans d'élégants magnums.

Le Tokay-Pinot gris *Bollenberg* connaît, lui aussi, de belles réussites en vendanges tardives (1990 VT vif, onctueux, corsé, avec du nerf), tandis que le Pinot noir se montre capable d'évoluer en beauté (1990 de teinte légère, coulant et joliment fruité, avec ses arômes de cerise et de noyau ; 1983 n'ayant pas fait de fermentation malolactique, à la couleur pourprée, au nez de fruits rouges, vigoureux, net, parfaitement épanoui). Le Crémant d'Alsace – notamment le *Brut de brut* (non dosé) – séduit toujours par sa bulle fine, sa fraîcheur, sa droiture et sa persistance.

Quelques fastueuses cuvées de grains nobles couronnent la carte de Seppi Landmann : s'y pavanent le Riesling (1988 SGN exhalant le miel et la gelée de coing, riche, superbement concentré, amplifiant sa fine attaque par un majestueux crescendo en bouche) et le Gewurztraminer, qui peut être mémorable (1988 SGN, 160° Oechslé de moyenne, parure or citron, récital aromatique où se répondent datte, réglisse, figue, pâte de coings, marrons glacés et fruits confits, un vin capiteux, énorme, déroutant, d'une longueur interminable).

Amoureux des vieux Alsaces, Seppi Landmann a su sauvegarder de vénérables flacons – comme cet étonnant « bouquet » de 1959, un sylvaner muscaté vinifié par son père, ou des Tokays trentenaires de la coopérative locale, qui montrent le potentiel du terroir. Ainsi, en même temps qu'il fraye des chemins pour l'avenir, fait-il œuvre de gardien du patrimoine de la Vallée Noble. Puissent les producteurs locaux suivre nombreux son exemple.

• **Seppi Landmann**, 20, rue de la Vallée, 68570 Soultzmatt.

Léon Boesch et Fils

Les Boesch sont une vieille famille soultzmattoise, installée dans la viticulture depuis 1832. C'est Gérard Boesch qui dirige aujourd'hui l'exploitation familiale, après avoir rejoint son père en 1972, ses études à Avize terminées. Ce vigneron volontaire et méticuleux, qui préside le syndicat viticole communal, a porté la propriété paternelle à 9,5 ha, alors que celle-ci ne comptait plus que 2,5 ha, par suite de division successorale.

Réparti sur Soultzmatt, Westhalten et Orschwihr, le vignoble est planté principalement en sylvaner (2,4 ha), gewurztraminer (2 hectares) et riesling (1,8 ha). Les deux premiers cépages ont longtemps fondé la réputation de la maison, alors que le troisième n'a été introduit que beaucoup plus récemment. Le fleuron du domaine, ce sont 2 hectares en grand cru *Zinnkoepflé*, dont Gérard Boesch est un défenseur ardent : le gewurztraminer y règne en maître (1,5 ha), flanqué du riesling et du pinot gris à parts égales (25 ares chacun). Gérard Boesch y détient encore une parcelle de gewurztraminer plantée en 1920, la plus vieille du genre dans la Vallée Noble.

L'ensemble du vignoble est conduit avec soin. Les vignes larges sont enherbées, notamment avec du seigle, qui sert à la fois d'engrais et d'agent antiérosif. Celles qui ne sont pas mécanisables sont désherbées et paillées, un rang sur deux. Gérard Boesch limite l'emploi des insecticides et pratique l'éclaircissage quand la charge de raisin est trop lourde.

Se dissimulant dans une rue tranquille de Soultzmatt, la cave – qui dépendait jadis d'une maison dîmière – a conservé son ancienne porte, dont les montants en bois encadrent des panneaux en paille tressée, selon la vieille coutume locale. Gérard Boesch et sa femme, à l'entrée du caveau de dégustation, ont d'ailleurs reproduit à l'identique cette porte aujourd'hui unique en son genre, et l'ont aussi adoptée, comme logo, sur leurs étiquettes. Gérard Boesch presse son raisin sur pneumatique (Bücher), procède fréquemment à une légère macération pelliculaire (1 à 2 heures), pratique le levurage (pour « occuper le milieu »), vinifie pour moitié en foudres, et pour l'autre moitié dans l'inox ou l'acier émaillé. Néanmoins, tous ses vins, à l'exception du Sylvaner et du Riesling, séjourneront un temps sous le bois.

La cave de Gérard Boesch.

Les vins du domaine séduisent par leur fraîcheur, leur netteté et l'expressivité de leur fruit. Les Rieslings ont la tenue qu'on attend : Riesling *Vallée Noble*, récolté sur terrain calcaire (1990 souple, harmonieux et frais, légèrement surmûri ; 1988 vif, élégant, bien fondu); Riesling *Zinnkoepflé* conforme à son terroir (1991 aux arômes anisés, robuste et frais ; 1990 riche, plein, floral). Le Tokay-Pinot gris est souvent réussi et original : 1991 aux notes agrumiques, d'une finesse et d'une fraîcheur étonnantes malgré un léger fond de sucre ; *Zinnkoepflé* 1991 pointant son classique fumet, étoffé pour le millésime ; *Zinnkoepflé* 1990 riche et équilibré, au nez un peu lourd. A noter également un excellent Pinot noir rouge, capable de bien évoluer en bouteilles (1985 fruité et charnu sous sa robe rubis, très frais pour son âge).

Gérard Boesch s'attache à perpétuer la tradition locale et familiale du Gewurztraminer, avec des vins d'une race évidente : 1991 joliment fruité, très expressif en bouche ; *Zinnkoepflé* 1990 exubérant, à la bouche friande, savoureuse, pleine d'accents exotiques, pamplemousse, mangue et litchis. Il sait traiter remarquablement le Gewurztraminer en récolte tardive, toujours issue du grand cru : *Zinnkoepflé* 1990 VT puissant, merveilleusement équilibré – 14°5 d'alcool pour 40 g de sucre restant –, d'une grande pureté aromatique ; 1989 VT d'une concentration et d'une richesse rares dans cette catégorie ; 1989 SGN déroulant comme un tapis oriental une bouche moelleuse et odorante – miel, confiture de rose, datte, mirabelle –, un miracle d'équilibre et de succulence.

Cela n'empêche nullement ce vinificateur sérieux de réussir d'autres cépages en surmaturation : Riesling 1989 VT rond, franc, muscaté, bien rafraîchi par son acidité ; superbe Tokay-Pinot gris 1989 VT, doré profond, aux fragrances confites et grillées, d'une délicate fraîcheur en bouche malgré un caractère de botrytis affirmé.

- **Léon Boesch et Fils**, 4, rue du Bois, 68570 Soultzmatt.

D'AUTRES BONS PRODUCTEURS

- **Joseph Klein et Fils (Château Wagenbourg)**, 25 a, rue de la Vallée, 68570 Soultzmatt *(grand cru Zinnkoepflé)*.
- **Cave de Westhalten**, 52, rue de Soultzmatt, 68250 Westhalten *(grands crus Zinnkoepflé et Vorbourg)*.
- **Diringer**, 18, route de Rouffach, 68250 Westhalten *(grand cru Zinnkoepflé)*.

Voir aussi :

- **Domaine Muré**, à Rouffach *(grand cru Zinnkoepflé)*.
- **Château d'Orschwihr** *(grand cru Zinnkoepflé)*.
- **Materne Haegelin et ses Filles**, à Orschwihr *(grand cru Zinnkoepflé)*.
- **Eric Rominger**, à Bergholtz *(grand cru Zinnkoepflé)*.

Orschwihr

Chapelle au pied du Pfingstberg.

Blotti au creux d'un vallon d'où les vignes montent de toutes parts, Orschwihr est un coquet village, peuplé d'abord de vignerons – qui savent en l'occurrence se faire connaître par une efficace signalisation. Cette tradition vineuse est ancienne, puisque la grande abbaye de Murbach, dès le VIIIe siècle, se constitua ici un vaste domaine, imitée ensuite par les abbayes d'Eschau et de Marbach, ou par le couvent Sainte-Marie-Madeleine de Bâle, sans oublier l'inévitable tutelle de l'évêque de Strasbourg, qui récoltait sur le Lippelsberg.

Un clocher du XVIe siècle, les restes du vieux château (voir notice ci-après), quelques maisons Renaissance participent au décor de cette importante commune viticole, dont le vignoble frise les 300 hectares. Orschwihr possède son grand cru, le *Pfingstberg*, mais se flatte également de deux lieux-dits renommés : le fameux *Bollenberg*, grande colline calcaire coiffée de sa petite chapelle, et le *Lippelsberg*, terroir gréso-argileux qui court au-dessous du Pfingstberg.

Le Pfingstberg

Grand cru classé en 1992. Superficie : 28 hectares. Exposition : sud-est. Coteau de vieille renommée (on le mentionne dès la fin du XIIIe siècle, dans une donation au couvent d'Unterlinden), le *Pfingstberg* s'élève immédiatement à la sortie du village, en direction de Soultzmatt. Ses vignes s'étagent entre 250 et 350 mètres, sous la crête boisée. En plusieurs endroits, des terrasses contrebalancent la raideur de la pente (jusqu'à 40 %). Les sommets vosgiens à l'arrière, l'écran du Bollenberg à l'avant conjuguent leurs effets protecteurs. Le terroir est composé de grès bigarré, revêtu d'argiles et de lœss, qui se font plus denses en bas de coteau : ce sont des sols profonds, où les quatre cépages évoluent avec bonheur. Le Riesling emporte peut-être la palme : vins charnus, bien charpentés, à l'évolution tranquille mais garantie.

Château d'Orschwihr

En lisière de village, le château d'Orschwihr, centre d'un domaine viticole en pleine renaissance, dresse face à l'église sa silhouette féodale, encore fière bien qu'à demi ruinée. Bien sûr manquent aujourd'hui, à la suite de deux incendies (1722 et 1934) et de divers remaniements, deux pans entiers du château, mais la façade nord (XVIe siècle), avec ses tours d'angle, ses douves et son pont de pierre, ne manque pas d'allure.

Les murs les plus anciens – ainsi que les fondations exhumées d'un gros donjon central – datent probablement du XIIIe siècle, époque à laquelle le château d'Orschwihr entra dans le giron de Rodolphe Ier de Habsbourg (1269). Donné en fief à des lignées locales (dont les comtes d'Andlau à partir de 1418), il resta sous la coupe impériale jusqu'en 1513, au cours du règne de Maximilien d'Autriche, passa ensuite aux mains de l'évêque de Strasbourg (qui conserva le vignoble), puis de diverses familles. En 1857, le château d'Orschwihr fut racheté par les Muller, ancêtres de Hubert Hartmann, le propriétaire actuel.

Hubert Hartmann a repris la propriété familiale en 1986. Cet ingénieur agronome, décidé et affable, s'est assigné de suite un ambitieux programme d'acquisition de grands terroirs, tout en rationalisant l'exploitation (élimination des petites parcelles, mécanisation maximale des travaux viticoles). De 6 hectares à la reprise, le vignoble est passé aujourd'hui à 18 hectares, et cela avec de magnifiques perles à son collier : *Pfingstberg* à Orschwihr (1 hectare en terrasses, riesling, pinot gris à venir), *Kitterlé* (16 ares) et *Kessler* (20 ares) à Guebwiller, tous deux plantés en riesling, *Zinnkoepflé* à Soultzmatt (55 ares, riesling), *Rangen* à Thann (60 ares, riesling et pinot gris à venir). A côté de ces grands crus, Hubert Hartmann a entrepris la réhabilitation de coteaux désertés à Vieux-Thann, au voisinage du Rangen : lieux-dits du *Rollberg* et de l'*Enchenberg*, orientés plein sud et dont les pentes atteignent 45 %. Il faut y ajouter de bonnes parcelles sur l'excellent *Bollenberg* à Orschwihr, notamment en gewurztraminer et pinot noir. Si l'encépagement général du domaine donne la prime au gewurztraminer et au pinot blanc (25 % chacun), le riesling (10 %) et le pinot gris (8 %) sont actuellement réévalués à la hausse, au détriment du sylvaner.

Parallèlement à ses achats de vignobles, Hubert Hartmann a joué la qualité en s'imposant la contrainte de rendements faibles, ainsi qu'en limitant amendements et traitements. Ses vignes, à l'exception de celles croissant dans des sols peu profonds, sont enherbées un rang sur deux, tandis qu'un système d'épamprage particulier supprime les rameaux transversaux de la plante, tout en préservant l'abondance du feuillage. La grande majorité sont vendangées à la main, même si Hubert Hartmann a expérimenté et développé la récolte mécanique sur ses pinots blancs.

Les raisins, réceptionnés en conquet inox, sont pressurés sur un pressoir pneumatique, puis débourbés statiquement avant de rejoindre leurs logements de fermentation : soit l'impressionnante série de fûts qui s'aligne dans la vieille cave (laquelle est directement adossée à la muraille du XIIIe siècle), soit une batterie de cuves inox récemment installée. Le levurage est systématique, mais Hubert Hartmann s'efforce au possible de ne pas couvrir en SO_2 avant fermentation. Les filtrations sont standard (kieselguhr et plaques) et les mises effectuées plutôt précocement. Une vaste cave a été creusée sous le chai primitif, afin d'abriter le stockage des bouteilles et certains éléments de cuverie.

Foudres sculptés du Château d'Orschwihr.

Sous leur étiquette qui reproduit le château dans son état probable au XIXe siècle (lithographie de Rothmuller), les vins du Château d'Orschwihr s'affirment comme d'élégants compagnons de table, équilibrés et bien construits. Le Riesling *Pfingstberg* exalte les vertus de son terroir : 1990 hésitant entre sensations florales et végétales, nerveux, avec du fond ; 1988 ouvrant sur une note d'angélique, souple, rond et persistant ; 1985 commençant à pétroler, ample, harmonieux et long, sur une agréable minéralité. Le Tokay-Pinot gris ne manque pas de charme (1991 légèrement fumé, élancé, digeste), tandis que le Gewurztraminer *Bollenberg* montre la régularité du coteau dans ce cépage (1991 tel un bouquet de fleurs, fin, complexe, bien sec).

Hubert Hartmann propose plusieurs cuvées de « grande réserve » : Pinot noir *Cuvée Rodolphe*, Tokay-Pinot gris *Cuvée Maximilien* – allusions au souvenir des Habsbourg – et Gewurztraminer *Cuvée Madame*. Le *Cuvée Madame* provient d'une parcelle du Bollenberg, au lieu-dit *Grossluft*, une terre argileuse et profonde, exposée sud-ouest, au sommet de la colline (1991 aux arômes de mandarine et d'oranges, riche, friand, savoureux, au sucre résiduel sensible).

Les vins du Château d'Orschwihr, actuellement, semblent surtout plaire à l'étranger, puisque Hubert Hartmann exporte 70 % de sa production, principalement en Europe du Nord : aux amateurs hexagonaux de les découvrir à leur tour !

• **Château d'Orschwihr**, 1, rue du Centre, 68500 Orschwihr.

Domaine Lucien Albrecht

Au bas du village, le domaine occupe des bâtiments spacieux, tout autour d'une vaste cour dont une petite maison du XVe siècle garde l'entrée. Conservant sa maçonnerie en terre glaise de l'époque, cette jolie maisonnette remonte à la florissante période où le village était sous l'autorité des Habsbourg. Il faut dire que la famille Albrecht est implantée depuis des lustres à Orschwihr, puisque l'ancêtre du nom y cultivait déjà la vigne en 1772. Du côté maternel, Jean Albrecht remonte même jusqu'en 1639, quand s'installèrent au village des aïeux originaires de Suisse. Fils et successeur depuis 1990 de Lucien Albrecht, il a suivi la classique formation de Beaune. Ce jeune manager courant après le temps est maintenant à la tête d'une très confortable propriété, l'une des premières du Sud alsacien.

Le vignoble familial couvre 25 hectares, pour moitié à Orschwihr, le reste se répartissant sur 8 communes, avoisinantes (Bergholtz, Bergholtz-Zelle, Guebwiller, Soultzmatt, Westhalten, Rouffach) ou plus lointaines (Saint-Hippolyte, Rorschwihr). Sur Orschwihr même, Jean Albrecht possède 6 hectares dans le grand cru *Pfingstberg*, que son père s'est largement employé à faire connaître et reconnaître : le riesling y est largement majoritaire (60 %), suivi du gewurztraminer et du pinot gris. Toujours sur Orschwihr, il dispose de vignes en *Bollenberg* (7 hectares à prédominance de gewurztraminer) et de deux clos qui font l'originalité du domaine. C'est, d'une part, le vieux *Clos Himmelreich*, un terroir gréseux prolongeant le Pfingstberg et entièrement ceint de murs (1,5 ha, riesling exclusivement), d'autre part le *Clos de la Renaissance*, de création récente, recouvrant un terroir très calcaire (1,8 ha, riesling majoritaire, gewurztraminer, mais pinot gris exclusif à terme).

A la vigne autant qu'en cave, les méthodes sont raisonnées, et même empreintes d'une certaine tradition : replantation en sélection massale depuis quelques années, taille raccourcie en resserrant les fils de palissage, diminution de l'emploi d'engrais, pas de centrifugation, application souple du principe de basse température de fermentation, remuage des Crémants à la main... Les vendanges demeurent essentiellement manuelles (quelques parcelles récoltées à la machine). Si le grand pressoir à vis du XVIIIe siècle et les foudres ne sont plus là que pour la décoration, les vinifications s'effectuent en cuverie ciment et surtout dans une grosse batterie de cuves inox, équipée en thermorégulation. Pour les crus et cuvées supérieures, la mise attend septembre et, surtout, les vins mûrissent ensuite au moins 3 ans en cave, avant d'être inscrits à la carte.

A Orschwihr, l'eau coule comme le vin.

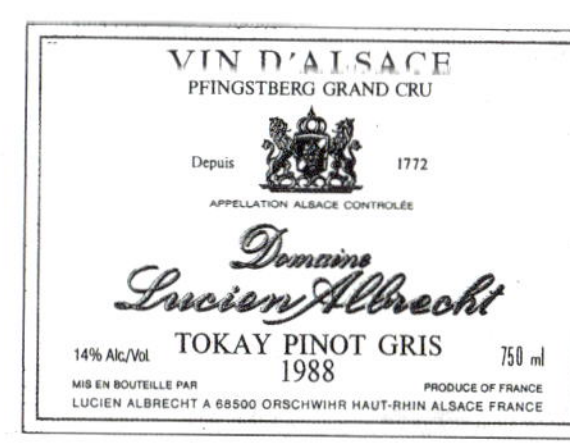

En effet, le domaine perpétue un style de grand vin sec, conçu d'abord pour la table et donc capable d'évoluer longuement en bouteilles (ce que ne peut démentir le plus ancien flacon de la cave, un vin de 1903). Si les deux clos ont leur personnalité (Riesling *Clos Himmelreich* 1990 riche, sec, et étoffé avec de l'acidité pour contrebalancer le gras ; Tokay-Pinot gris

Clos de la Renaissance 1991, récolté en début de botrytisation, registre fruité-floral), Jean Albrecht porte d'abord le flambeau du *Pfingstberg*. Le grand cru réussit au Riesling : 1992 vert pâle, floral, précoce et tonique ; 1988 aux arômes pierreux et fruités, ample, long et harmonieux, avec sa finale minérale. Toujours dans ce cépage et ce cru, une mention spéciale est à accorder au « vin de glace » (1985 *Cuvée des glaces*, issu d'un début de pressoir à 16° naturels, au nez aimable mais à la bouche explosive, énorme et pleine de consonances minérales), et l'on doit s'incliner devant les récoltes tardives : 1983 VT vêtu d'or vert, au nez poivre-silex, corsé, vigoureux, un modèle de vin sec, n'excédant pas 5 ou 6 g de sucre résiduel pour 14°2 d'alcool ; 1989 SGN d'une formidable concentration, festival de figue, de raisin sec, de pêche et d'arômes boisés, sur une bouche liquoreuse et pleine, rafraîchie par une touche acidulée.

Le Tokay-Pinot gris *Pfingstberg* honore son origine : 1989 récolté en début de pourriture noble, discret encore mais puissant ; 1989 VT aromatiquement exubérant, concentré et précis en bouche. Quant au Gewurztraminer du grand cru, il fait des bouteilles mémorables : Gewurztraminer *Pfingstberg* 1983 (sigillé), au superbe nez citronné, élégant, matériel, très sec, dans le meilleur style de la maison ; 1989 SGN, liqueur pesant 152° Oechslé, un véritable extrait de rose et de miel. Production à découvrir sur place ou dans les trois succursales de la maison en Alsace : à Saint-Louis, Thann et Haguenau.

• **Domaine Lucien Albrecht**, 9, Grand-Rue, 68500 Orschwihr.

D'AUTRES BONS PRODUCTEURS

• **Camille Braun et Fils**, 16, Grand-Rue, 68500 Orschwihr *(grand cru Pfingstberg)*.
• **Raymond Rabold et Fils**, 8, rue du Val-de-Pâtre, 68500 Orschwihr *(grand cru Pfingstberg)*.
• **Materne Haegelin et ses Filles**, 45-47, Grand-Rue, 68500 Orschwihr *(grand cru Zinnkoepflé)*.

Coiffant le coteau, la chapelle du Bollenberg.

Bergholtz

Épigraphe du XVIIIe siècle sur une maison ancienne de Bergholtz.

Coincé entre les gros vignobles d'Orschwihr et de Guebwiller, Bergholtz compte à peine 75 hectares de vignes. Mais si la modestie caractérise sa taille, elle ne s'applique sûrement pas à la qualité de ses vins. Son vignoble fut au contraire très prisé au Moyen Age par les établissements religieux de la région. Ainsi, la proche et puissante abbaye de Murbach (dont l'ancienne cour dîmière subsiste dans le village) défrichait à Bergholtz dès le VIIIe siècle ; se succédèrent, au XIIIe et au XIVe siècle, les Hospitaliers de Saint-Jean à Soultz, les Chevaliers teutoniques de Rouffach et plusieurs monastères suisses, tels la grande abbaye de Saint-Gall, ou les couvents bâlois de Saint-Léonard et de Sainte-Claire. Les vignes s'étendent au-dessus du village, au pied de l'Oberlinger, notamment sur le grand cru *Spiegel*. Bergholtz partage ce dernier avec Guebwiller, commune sur laquelle exploitent également la majorité de ses vignerons.

Le Spiegel

Grand cru classé en 1983. Superficie : 18 hectares. Exposition : est. A cheval sur Bergholtz et Guebwiller, le *Spiegel* occupe, entre 260 et 315 mètres, le milieu du coteau qui s'élève à l'ouest du village. Il est composé de sols sablonneux à sablo-argileux, recouvrant un substrat marno-gréseux (Oligocène, Trias). Une pente régulière, une exposition au levant, de bonnes qualités hydriques, jointes à de légères variations pédologiques, font de ce cru un terroir apte à l'épanouissement des quatre grands cépages. Le Gewurztraminer semble y montrer une race particulière.

Dirler

La maison est discrète, sans tape-à-l'œil, respirant tout le sérieux de son propriétaire. Jean-Pierre Dirler y exerce concrètement depuis 1962, après que fut abandonnée l'activité initiale de petit négoce, qui remontait à 1871. Cette année-là en effet, son arrière-grand-père, Jean Dirler, instituteur à Bergholtz, préféra quitter son poste et embrasser le métier du vin, plutôt que de continuer à enseigner en langue allemande. Cependant le greffon prit vite, et son affaire, fondée déjà sur une devise de qualité (« Vins naturels, vins fins ! »), prospéra en très peu d'années. Le tarif de 1877 proposait – au prix d'ailleurs le plus élevé – un vin de Gueb-

Au pied de l'Oberlinger, le village de Bergholtz, dont les vignes dépendaient jadis de l'abbaye de Murbach.

willer du fameux millésime 1834 : un vin donc quadragénaire, illustrant la probité de la maison et, en outre, les capacités de vieillissement des meilleurs Alsaces.

Rigoureux, exigeant, Jean-Pierre Dirler a poursuivi dans la voie de son aïeul gourmet. Son vignoble couvre 7,5 ha, dont 40 % son classés en grand cru, sur les terrains de grès érodé, riches en acide phosphorique, de Guebwiller et de Bergholtz. Gewurztraminer (20 %), riesling (17 %) et pinot noir (15 %) y jouent les premiers rôles. Les grands crus de la propriété forment une trilogie : *Spiegel* sur Bergholtz (1,4 ha, majorité de gewurztraminer, riesling et muscat), *Saering* (1 hectare, riesling, gewurztraminer et muscat, ces deux derniers plantés dans la partie calcaire du cru) et *Kessler* (40 ares, sylvaner et surtout riesling) sur Guebwiller. Dans ce dernier cru, Jean-Pierre Dirler possède ses vignes au lieu-dit *Heisse Wanne*, qui se situe dans un repli particulièrement protégé du coteau et passe pour le meilleur secteur du Kessler. A ce grand trio, il faut ajouter deux lieux-dits spécifiques : le *Schwarzberg*, terroir argilo-siliceux entourant le Spiegel, à cheval sur Bergholtz et Bergholtz-Zell (pinot gris), et le *Bux*, qui prolonge le Schwarzberg sur le finage de Guebwiller (gewurztraminer).

Les vignes ont un âge moyen de 25 ans. Avant replantation, elles font systématiquement l'objet d'une analyse de sol, destinée à un amendement initial en principe unique. Les labours sont réguliers : déchaussage des pieds après l'attachage, puis griffage jusqu'en juin, avant les premiers rognages. Récoltant sur terrains très filtrants, Jean-Pierre Dirler ne pratique pas l'enherbement, de crainte de sécheresse, mais ne dédaigne pas une petite pousse d'herbe sauvage. Ses rangs respectent l'écartement traditionnel (entre-rangs de 1,45 m à 1,60 m) et les traitements sont doux (cuivre, insecticides biologiques...).

Récolté à la main, le raisin parvient en grains entiers, par tapis élévateur, au pressurage, assuré principalement sur pneumatique (Bücher). Les vinifications sont opérées en cave souterraine, pour moitié en foudres de chêne, pour moitié en cuverie inox, sous contrôle des températures : chaque parcelle est vinifiée à part, et tous les grands vins fermentent sous le bois. Le pinot noir est éraflé et vinifié en cuve Vinimatic (fermentations d'environ 6 jours) ; une partie est élevée en barriques (renouvellement des fûts sur

3 ans), dans un local climatisé. Les vins font leurs précipitations tartriques grâce au froid naturel, son clarifiés sur kieselguhr et sur plaques, et sont embouteillés avant le plein été, en leur laissant au besoin une pointe de gaz carbonique, garante de fraîcheur pour une consommation rapprochée. La cave de stockage des bouteilles (en palettes) est climatisée.

Concession à l'époque et seul élément somptuaire au milieu de ces installations simplement fonctionnelles : un superbe caveau de dégustation, vêtu de bois blond avec niches et colonnettes, décoré du portrait de l'arrière-grand-père et d'un grand panneau de bois incrusté, aux lettres triomphantes du Spiegel. Un lieu dû à l'imagination de Pierre von Werlhof, et tout à fait propice aux confrontations de flacons.

Jean-Pierre Dirler produit des vins secs, d'un genre sérieux, sans facilité ni mièvrerie, spéculant plutôt sur la finesse et l'élégance. Issu de parcelles très âgées – l'une de 35 ans au Kessler, d'autres dépassant les 60 ans –, le Sylvaner *Cuvée Vieilles Vignes* donne le ton (1992 au riche nez fruité, compact, séveux ; 1991 fin, incisif, bien affirmé en bouche). Prince des trois crus, le Riesling sait délivrer les nuances de ses terroirs natals : jeunes vignes du *Saering* faisant ressortir le cépage (1991 aromatique et tonique), parfaite tenue du *Spiegel* (1983 aux arômes de terre, de menthe et de verveine, vigoureux, encore jeune), vigueur et race du *Kessler* (1991 assez volumineux sous ses notes grillées ; 1990 très structuré, complet, plein de matière et d'avenir ; 1988 sérieux, homogène et réservé, sur des fragrances encore juvéniles ; 1987 mariant au nez la térébinthe et la figue sèche, robuste et plutôt gras, en dépit d'une année froide).

Le Muscat reste l'une des bottes secrètes de Jean-Pierre Dirler (1991 léger, sec et digeste ; *Spiegel* 1989 au nez rentré, presque sévère, très fin, un bel accompagnement gastronomique), tandis que son Tokay-Pinot gris séduit par sa tenue, en *Schwarzberg* (1990 opulent, surmaturé, au fumet de viande rôtie ; 1988 mêlant odeurs de raisin et de fumaison, robuste, étoffé) comme dans des déclinaisons plus anciennes (étonnant 1978, encore plein de fraîcheur et d'arômes fruités). Pour les amateurs de Gewurztraminers sachant sacrifier l'exubérance au profit du fond, Jean-Pierre Dirler mitonne des vins de parfaite compagnie, surtout en *Spiegel*, terroir d'élection : 1991 fin et riche de l'imperceptible potentiel de ses 14°2 ; 1990 épicé, très complet ; 1989 récolté au stade de l'extrême concentration – 14°6 et 23 g de sucre restant –, bourré d'extrait sec, confit, tendu comme un arc ; 1987 tel un bouquet de fleurs, délicat, épanoui.

En vendanges tardives et grains nobles, le Spiegel et le Bux font merveille : Gewurztraminer *Spiegel* VT 1989, ramassé en une seule fois sur la parcelle, équilibré, retenu, corsé, à projeter loin ; Gewurztraminer VT 1988, issu d'un tri du Bux et du Spiegel, généreux et droit ; Gewurztraminer SGN 1990 au fruit volumineux, au nez vertical, à la bouche énergique, d'une incomparable élégance. Voilà bien quelques modèles du genre, dont nombre de viticulteurs alsaciens seraient bienvenus de s'inspirer.

- **Jean-Pierre Dirler**, 13, rue d'Issenheim, 68500 Bergholtz.

D'AUTRES BONS PRODUCTEURS

- **Joseph Loberger**, 10, rue de Bergholtz-Zell, 68500 Bergholtz *(grands crus Spiegel et Saering)*.
- **Eric Rominger**, 6, rue de l'Église, 68500 Bergholtz *(grands crus Saering et Zinnkoepflé)*.
- **Eugène Meyer**, 21 a, rue de Bergholtz-Zell, 68500 Bergholtz *(grand cru Spiegel)*.

Voir aussi :

- **Domaines Schlumberger**, à Guebwiller *(grand cru Spiegel)*.
- **Cave vinicole d'Eguisheim** *(grand cru Spiegel)*.

Jeux de lumière sur des fils de palissage.

Guebwiller

Caves des Domaines Schlumberger.

Le Kitterlé

Grand cru classé en 1983. Superficie : 26 hectares. Exposition : sud-est, sud, sud-ouest. Proue avancée du massif de l'Oberlinger, le *Kitterlé* ressemble à une pyramide, vouée au culte solaire. Hachuré de murs roses qui sont autant de gradins s'élevant vers le ciel, il offre ses flancs à la course complète du soleil, du levant jusqu'au couchant. Une pente très escarpée (270 à 360 mètres d'altitude) et la barrière montagneuse le protégeant des vents du nord ne font qu'accentuer la chaleur naturelle du coteau, qui sait malgré tout résister à la sécheresse grâce à une bonne distribution des eaux de ruissellement et à la réserve d'humidité de la forêt. Le sol est léger, sablonneux, sur un substrat qui mêle grès rose des Vosges et grauwackes volcaniques. L'incroyable échafaudage de murs en grosses pierres de grès retient ce terrain instable, dont la pauvreté limite par ailleurs les rendements. Complanté en riesling, gewurztraminer et pinot gris, le *Kitterlé* produit des vins de haute race, très concentrés, certes assez lents à s'ouvrir mais d'une longévité exceptionnelle.

Encaissée le long de la Lauch, Guebwiller marque le débouché du Florival – le joli nom de la vallée qui s'enfonce dans les Vosges. La ville demeure l'héritière d'une double tradition : tradition viticole remontant aux princes-abbés de Murbach, qui avaient fait de Guebwiller la capitale de leur seigneurie, et tradition manufacturière, née de l'industrialisation textile au siècle dernier. Il en résulte une cité à deux visages : la vieille ville piquée de ses églises (Notre-Dame, Saint-Léger, Dominicains) et la ville industrielle, qui a conservé de ses maîtres modernes ses usines… et son vignoble.

Car c'est à ces derniers – essentiellement la famille Schlumberger – que Guebwiller doit la résurrection, dans les années 1810-1830, de son vignoble, qui avait été fameux au Moyen Age, lorsque ses vins arrosaient abondamment la Suisse et l'Autriche. Sur la rive droite de la rivière, Guebwiller s'allonge aux pieds de formidables coteaux, se flattant d'un quarté magique de grands crus : le *Kitterlé*, le *Kessler*, le *Saering* et le *Spiegel*, ce dernier partagé avec Bergholtz.

Une vigne archéologique

Depuis 1992, au grand air de Kitterlé, fleurit un musée vivant de la vigne. Il a été imaginé et réalisé par les Domaines Schlumberger, au sein de leur plus beau cru. C'est une parcelle haute, juste en lisière de forêt, près de la Croix des Missions, qui a été choisie pour reconstituer l'histoire de la grande liane civilisatrice, depuis ses premiers ébats sauvages jusqu'à ses modes de domestication les plus récents.

Tout au sommet, la *vitis vinifera* colonise en liberté les premiers arbres de la forêt, puis une succession de gradins – que l'on descend par un petit escalier raide – donne à parcourir l'évolution de la vigne entre l'Antiquité et le XVIIIe siècle (échalas, vignes en foule, tonnelles, etc.). On aboutit ainsi aux terrasses inférieures, qui montrent les différents types de taille moderne (gobelet, cordon, Guyot, lyre, etc.). Comment rêver plus bel hommage à la plante mère que ce remarquable exemple de muséologie en plein air, qui est aussi un merveilleux but de promenade (le site est exceptionnel).

Domaines Schlumberger

Postés, telle une formidable sentinelle, à l'orée méridionale du vignoble, les Domaines Schlumberger continuent à assumer résolument leur rôle de premier propriétaire récoltant d'Alsace. Un rôle plus que séculaire, puisque l'éclosion de la propriété familiale eut lieu en 1810, à l'aube de l'ère industrielle, quand Nicolas Schlumberger, manufacturier de Guebwiller, décida de créer son vignoble. Façon d'enraciner sa fortune grandissante pour cette vieille famille guebwilleroise – dont un ancêtre, Klaus Schlumberger, cultivait déjà la vigne en 1540, sur le coteau du Schimberg. Par rachat progressif de parcelles, Nicolas Schlumberger porta le vignoble à 20 hectares et commença à commercialiser la partie excédentaire de sa récolte. Dès la fin du XIXe siècle, avec une superficie doublée, le domaine familial se situait, déjà très largement, au premier rang de toute l'Alsace.

Ernest Schlumberger dut faire face aux désastres du phylloxéra, qui toucha les vignes de Guebwiller à partir de 1907. Il reconstitua ambitieusement le vignoble. Au lendemain de la Première Guerre mondiale, il entreprit un vaste programme d'agrandissement (2 500 parcelles acquises entre 1920 et 1926), de rénovation (construction ou restauration de 50 km de murs en pierre sèche) et d'innovation (adoption de la culture horizontale, labourage confié au cheval). C'est son petit-fils, Eric Beydon-Schlumberger, qui poursuit aujourd'hui l'œuvre familiale, à la tête d'une entreprise de 65 personnes. Dans cette tâche, conduite avec autant d'efficacité que de discrétion, il est escorté par son épouse Eveline, infatigable et gracieuse ambassadrice du domaine de par le monde entier, et maintenant par son cousin Jean-Pierre, Alsacien de Toulouse reconquis par la terre ancestrale.

Les grandes lignes du domaine tracées par Ernest Schlumberger demeurent inchangées. Couvrant 140 hectares d'un seul tenant, le vignoble nappe majestueusement les coteaux qui dominent Guebwiller (*Heissenstein*, *Schimberg*), enrobe la pointe montagneuse de l'Oberlinger en dessinant le vigoureux éperon du *Kitterlé* (22 hectares), s'épanouit face à la plaine d'Alsace (*Kessler*, 24 hectares ; *Spiegel*, 5 hectares), avant d'aller flirter avec elle sur le replet mamelon du *Saering* (21 hectares). Admirable site viticole, fait de sols pauvres (sables sur fond gréseux), et étayé contre l'érosion par un gigantesque réseau de murets trapus, aux moellons ocre et rose, modelant chaque coteau à la façon de pyramides.

Vus de près, ces murs surprennent par leur aspect massif et la lourdeur de leur appareil, à double embasement (deux parois de pierres taillées et assemblées, entre lesquelles s'intercalent des galets en vrac). Leur entretien ne nécessite pas moins de 6 maçons-tailleurs de pierre à temps complet, élevant ou remontant à longueur d'année ces pans de grès rougeâtre qui retiennent les précieux versants et les protègent du ravinement (la pente atteint jusqu'à 60 %). Un tel travail, qui ressortit à l'esprit d'un chantier de cathédrale plutôt qu'à celui d'une entreprise moderne, illustre à merveille le sens du patrimoine et de la qualité dont ne se dépare jamais la vieille maison de Guebwiller.

Bien assise sur ces gradins qui s'étagent entre 250 et 480 mètres – 5 terrasses principales et une multitude de paliers secondaires –, la vigne peut s'adonner au soleil et au vent, ce vent frais venu de la vallée et qui préserve son bon état sanitaire. Quelques ruisseaux montagnards dévalent la pente, et les eaux énergiques de la Lauch coulant en contrebas assurent l'humidité ambiante, indispensable en période de sécheresse ou souhaitable à l'automne, au moment de la botrytisation.

Le Kessler

Grand cru classé en 1983. Superficie : 28 hectares. Exposition : est, sud-est. Il s'agit de l'ancienne *Wanne*, lieu-dit réputé depuis le Moyen Age pour la qualité de ses vins. Tout comme le Kitterlé qu'il prolonge directement, le *Kessler* est un impressionnant monument naturel, sculpté par plusieurs siècles de labeur vigneron. Sous la lisière de la forêt, ce puissant coteau (300 à 390 mètres d'altitude) forme en son centre une dépression, sorte d'abri naurel entre ses deux mamelons. Protégée de l'air froid véhiculé par le couloir de la Lauch, la vigne escalade une pente ardue, rayée de gros murs en grès qui retiennent les terrasses. Les sols sont sablo-argileux, de teinte rougeâtre, sur soubassement de grès vosgien (Bundsandstein) ; la partie basse du coteau, où affleure une couche calcaire du Muschelkalk, est plus argileuse. Bien que tous les cépages soient représentés, le Gewurztraminer occupe une place privilégiée – vins odorants et volontiers enjôleurs –, mais le Riesling se comporte très honorablement.

L'ensemble du vignoble accorde une large prédominance aux cépages nobles, parmi lesquels gewurztraminer (32 %) et riesling (23 %) occupent le devant, le premier s'épanouissant plutôt en haut de côte, le second en pied de coteau. Si Eric Beydon, à son installation, en 1971, a dû procéder à d'importantes replantations, le domaine conserve de belles parcelles de vieilles vignes, certaines mêmes d'un âge avancé, comme de vénérables ceps plantés en 1912, qui délivrent chichement, chaque automne, 15 à 20 hectolitres à l'hectare d'un jus superbement concentré. Les rendements, globalement, restent très raisonnables : ici l'on se plaît à souligner que le domaine, bien que représentant 1 % du vignoble alsacien, ne produit que 0,5 % du vin d'Alsace.

Autre particularité du domaine : l'emploi du cheval de trait pour les labours dans les vignes. Mise en place par Ernest Schlumberger, l'écurie du domaine – qui compta jusqu'à 35 chevaux à son époque – abrite actuellement 7 puissants chevaux comtois. Ceux-ci permettent de travailler en profondeur, à l'ancienne, la terre rose des coteaux, qu'ils gravissent avec l'assurance et l'endurance que leur procurent leurs origines croisées, tarbaise et percheronne. Cela ne les empêche pas de côtoyer, dans la grande ferme à l'entrée de Guebwiller, une écurie beaucoup plus moderne, faite de tracteurs-enjambeurs et de tracteurs à chenilles, ni de suivre le vol saisonnier d'un hélicoptère, exécutant des pulvérisations sur le Kessler ou le Kitterlé.

Les vastes chais de la maison sont situés au centre même de Guebwiller. D'une capacité de près de 200 000 hectolitres, ils abritent, tout comme le domaine viticole, du matériel de pointe et des installations de type traditionnel. La vinification s'effectue sous la responsabilité de Jean-Paul Sorg, œnologue et chef de cave depuis 1965. Le raisin, légèrement foulé, est pressuré dans une batterie de 5 pressoirs (1 pneumatique Willmes, 2 Vaslin à programmation, 2 pressoirs horizontaux plus anciens), puis les jus sont centrifugés et pompés vers la cuverie. Celle-ci atteste une prudente diversité : cuves en béton verré, cuves en inox, et surtout énormes foudres en chêne (les plus gros de 176 hectolitres), loyaux serviteurs depuis le début du siècle et jalousement entretenus par le tonnelier de la maison.

Une fois fermentés, les vins subissent deux soutirages, le second étant accompagné d'une filtration sur diatomées, puis sont transférés dans les caves d'affinement, au sous-sol. Là, le coup d'œil est impressionnant : interminables rangées de foudres, alignés à la parade, non moins longue série de cuves en béton, colossales cuves en acier vitrifié, pour le stockage des gros volumes. Une ancienne « glacière » tient lieu de sanctuaire, avec sa collection de vieux fûts aux contenances diverses, où reposent les cuvées les plus précieuses. Dans une température variant de 10 à 15°, les vins mûrissent ici paisiblement, entre 1 et 3 ans selon les cuvées, avant d'être embouteillés (filtration stérile sur membrane). La mise en bouteilles est suivie d'une nouvelle période de repos, de 4 à 6 mois au minimum, dans des locaux souterrains de stockage d'une capacité de 600 000 cols. Pour remonter à la lumière du jour, les bouteilles empruntent d'ailleurs un monte-charge hydraulique datant du XIXe siècle.

Dernier joyau, à quelques dizaines de mètres de là, sous la vieille maison de famille : un caveau superbe, restauré dans la cave même où Nicolas Schlumberger, à l'époque napoléonienne, conduisait ses premières cuvaisons. C'est un beau volume de pierre nue, avec sa voûte en « anse de panier », ses niches où s'amassent les vieux millésimes, ses foudres d'apparat et, trônant au milieu, une table majestueuse, taillée dans le bois de « Napoléon IV », un chêne antique de la forêt de Pulversheim.

La carte des vins décline naturellement toute la gamme alsacienne. Si quelques cuvées de base souffrent à l'occasion d'un peu de sucre ou d'alcool, le registre se fait de plus en plus sérieux à mesure qu'on grimpe l'échelle des qualités et des terroirs. En générique, on rencontre un excellent Sylvaner (1990 rehaussant son fruit de nuances légèrement fumées, frais, construit, capable de dépasser en l'état sa cinquième année), un bon Pinot blanc (1990 souple et facile, issu à équivalence du pinot vrai et de l'auxerrois, avec des rendements n'excédant pas 60 hl/ha) et un fringant Muscat (1990 gouleyant et odorant, avec ses arômes de violette et de mangue).

Le Riesling, souvent réussi dans sa version *Princes Abbés* (1989 nerveux, mûr et bien enrobé, parfait sur une truite au bleu), prend de l'altitude et de l'étoffe dans les crus : Riesling *Saering* 1989 aux arômes fleuris, harmonieux, glissant de petites notes de pierre à fusil dans une bouche bien fondue ; Riesling *Kitterlé* 1986 habillé d'or vert, au grand nez minéral, évoluant vers le miel et le zeste d'agrume, à la bouche ample, puissante et vigoureuse, construit pour la longue garde. Même trajectoire ascendante pour le Tokay-Pinot gris (1989 rond et plutôt corsé ; *Kitterlé* 1989 fleurant l'angélique et la fleur d'acacia, riche, volumineux) et le Gewurztraminer (*Fleur de Guebwiller* 1990 exhalant la rose et le miel, tout en arômes et en souplesse ; *Kessler* 1986 au nez d'une incroyable richesse, dans des tonalités miellées, aux courbes pleines, d'une élégance accomplie).

La carte culmine avec les « vins de collection », vendanges tardives ou sélections de grains nobles auxquelles les grands terroirs donnent leur suprême dimension. La *Cuvée Christine* (VT) – du nom de la grand-mère d'Eric Beydon – et la *Cuvée Anne* (SGN) célèbrent avec faste les métamorphoses du Gewurztraminer. La première est produite depuis les années 60, quand la nature s'y prête (1989 au nez confit et fumé, puissant, corpulent, superbement délié). La seconde – qui n'a été produite qu'en 1964, 1971, 1976 et, confidentiellement, en 1988 – exulte réellement avec le millésime 1989 : liqueur suave et opulente, surmontée d'odeurs pénétrantes, pareilles à des échantillons de grand parfumeur. Il faut leur ajouter la *Cuvée Clarisse* (SGN), en Tokay-Pinot gris, plus rarissime encore puisqu'elle n'avait pas été produite depuis 1964 (1989 au fruit très dense, à la puissance contenue, plein de promesses futures).

Voilà effectivement des pièces de collection, conçues pour dormir longuement en cave, et n'être réveillées que dans bien longtemps. Mais d'ici là, les Domaines Schlumberger auront continué résolument leur chemin, avec cette conviction sereine qui semble le moteur de la dynastie familiale.

• **Domaines Schlumberger**, 100, rue Théodore-Deck, 68500 Guebwiller.

D'AUTRES BONS PRODUCTEURS

Voir :
• **Jean-Pierre Dirler**, à Bergholtz *(grands crus Kessler et Saering).*
• **Château d'Orschwihr** *(grands crus Kitterlé et Kessler).*
• **Joseph Loberger**, à Bergholtz *(grand cru Saering).*
• **Éric Rominger**, à Bergholtz *(grand cru Saering).*

Le Saering

Grand cru classé en 1983. Superficie : 27 hectares. Exposition : sud-est. Contrairement au Kitterlé et au Kessler, le *Saering* s'échappe de la montagne et s'élance comme une presqu'île sur la plaine. Lui aussi strié de longs murs de soutènement, il est constitué de sols argilo-sableux, reposant sur un sous-sol de calcaires et de marnes de l'Oligocène. Ces terres caillouteuses, plutôt lourdes, conviennent d'abord au riesling, bien que cohabitent également le gewurztraminer et le muscat. Le *Saering* revendique l'antériorité la plus lointaine des trois grands crus de Guebwiller, puisqu'il était cité dès le milieu du XIIIe siècle. Son Riesling est élégant, sec et floral.

Wuenheim

Maison Strauel (Soultz).

L'Ollwiller

Grand cru classé en 1983. Superficie : 36 hectares. Exposition : sud-est. S'inclinant vers le hameau et le château du même nom, l'*Ollwiller* court tout le long d'un coteau de pente moyenne, à une altitude comprise entre 260 et 320 mètres, dans une exposition très homogène. Protégé par les sommets du Hartmannswillerkopf (le Vieil-Armand) et du Freudstein, mais aussi par le « nez de Soultz », il bénéficie d'un généreux ensoleillement et d'un climat particulièrement sec (450 mm de pluie par an). L'*Ollwiller* s'inscrit dans le champ de fractures de Thann : les sols sont argilo-sableux, de couleur rougeâtre, issus de formations marneuses oligocènes. Riesling et gewurztraminer sont parfaitement accommodés à ce terroir, le premier surtout, avec des vins de fort volume, denses, minéraux, de long vieillissement.

Aux portes de Soultz, Wuenheim est une localité tranquille, allongée dans un vallon au pied du Vieil-Armand, ce mont tristement célèbre par ses hécatombes de 1915. Les producteurs des deux communes exploitent un vignoble étendu surtout sur le ban de Wuenheim. L'évêque de Bâle récolta ici durant tout l'Ancien Régime, et avec lui plusieurs couvents bâlois. Plus tard, le phylloxéra, les désastres de la Grande Guerre et l'ouverture du proche bassin potassique le firent reculer gravement. La viticulture n'a repris ici qu'après la dernière guerre, grâce à la création, en 1958, de la cave coopérative du Vieil-Armand, associée depuis 1985 à la cave d'Eguisheim, après l'avoir été à celle de Turckheim. Forte de 135 vignerons, celle-ci exploite plus des deux tiers du vignoble de Wuenheim-Soultz (150 hectares), et particulièrement son joyau, le grand cru *Ollwiller*.

Château Ollwiller

Au milieu des vignes, des vergers et des prés, à quelques enjambées d'une forêt qui monte vers les hauteurs du Vieil-Armand, le Domaine d'Ollwiller occupe véritablement un site enchanteur, au pied même du coteau qui a bâti la réputation viticole de Wuenheim.

L'allée de pommiers menant au Château Ollwiller. A droite, le Clos de la Tourelle.

L'histoire du château est fort ancienne. Lointaine possession de l'abbaye cistercienne du Lieu-Croissant, en Franche Comté, la terre d'Ollwiller fut cédée en 1260 à Conrad Waldner de Guebwiller et à ses frères, dont les descendants la garderont durant presque six siècles. Un premier château fut construit en 1260, un second en 1620. En 1750, le fortuné Dagobert de Waldner faisait raser ce dernier au profit d'un fastueux édifice, agrémenté d'un grand parc à la française. En 1825, les Waldner revendirent la propriété à Jacques Gros, industriel du textile, dont les héritiers la détiennent toujours.

En 1915, le château brûla dans les combats du Vieil-Armand. Plus modestes quoique plaisants à l'œil, les bâtiments actuels, construits autour de 1930, constituent donc la quatrième version du château. Le Domaine d'Ollwiller est devenu entre-temps, sous l'implusion de Henri Gros, ingénieur agronome, une ferme-modèle et un vignoble-pilote. Après la dernière guerre, il sera l'un des piliers de la cave du Vieil-Armand, dont il demeure aujourd'hui le plus gros coopérateur.

Le vignoble du château recouvre actuellement 20 hectares, gérés par Marc Schneider pour le compte de la famille Gros. Il compte 6 hectares en grand cru *Ollwiller*, voués exclusivement au riesling. S'y ajoute le *Clos de la Tourelle*, au bord de l'étang et près d'une petite tour épargnée du vieux château, qui s'est substitué à l'ancien jardin à la Le Nôtre : 4 hectares en un seul tenant de pinot blanc et pinot noir, destinés exclusivement à l'élaboration du Crémant d'Alsace. On recense encore 2 hectares de pinot noir en pied de coteau, donnant un excellent vin rouge, ainsi que diverses parcelles de gewurztraminer, pinot gris et autres cépages.

Vinifiés par la Cave du Vieil-Armand, embouteillés et commercialisés par la coopérative d'Eguisheim, les vins du Château Ollwiller se présentent sous leur propre étiquette. Ils ne manquent pas de caractère : somptueux Riesling *Ollwiller* (1988 au grand nez de pétrole et de citron, ferme, séveux, racé, très long en bouche), Pinot noir généreux et charpenté (1990 légèrement tuilé, au nez de cacao et de framboise écrasée, tannique, surmûri, séchant un peu en finale ; 1989 rubis franc, ample, volumineux, bourré de franchise, tel une pleine corbeille de fruits rouges). Le *Clos de la Tourelle*, quant à lui, recueille l'héritage de ses marnes natales : son Crémant est vif et vineux, sous une bulle fine et active.

• **Domaine d'Ollwiller**, 68360 Wuenheim.

D'AUTRES BONS PRODUCTEURS

• **Cave vinicole du Vieil-Armand**, 1, route de Cernay, 68360 Wuenheim *(grand cru Ollwiller)*. Voir Cave vinicole d'Eguisheim.

• **Robert Roth**, 38 a, route de Jungholtz, 68360 Soultz.

• **Raymond Schmitt**, 92, rue du Maréchal-de-Lattre-de-Tassigny, 68360 Soultz *(grand cru Ollwiller)*.

Voir aussi :

• **Cave vinicole de Turckheim** *(grand cru Ollwiller)*.

Thann

Thann en sa vallée. Au premier plan, la chapelle Saint-Urbain.

« Vînmes souper à Thann, quatre lieues, première ville d'Allemagne, sujette à l'empereur, très belle. Lendemain au matin, trouvâmes une belle et grande plaine, flanquée à main gauche de coteaux pleins de vignes, les plus belles et les mieux cultivées, et en telle étendue que les Gascons qui étaient là disaient n'en avoir jamais vu tant de suite. » De l'abondante littérature qu'a suscitée le vignoble de Thann, voilà sans doute l'extrait le plus célèbre, puisqu'on le doit au grand Montaigne en personne (relation de son passage en 1580, dans le *Journal de voyage*) et que, au XVIe siècle déjà, on pouvait se fier en cette matière à l'œil avisé des Gascons.

Ville industrieuse au débouché de la vallée de la Thur, illuminée par la flèche et l'éclatement flamboyant de sa collégiale, Thann possède le vignoble le plus méridional d'Alsace. Aujourd'hui grand cru – Thann ne possède pas d'autres vignes que les siennes –, le *Rangen* jouit d'une célébrité ininterrompue depuis au moins le XIIe siècle. Dès la fin du XIIIe siècle, les Dominicains de Bâle, les moniales de Masmunster, les Cisterciens de Haute-Seille avaient leurs vignes sur le coteau.

Dédiée à saint Thiébaut (ou Théobald), la collégiale attira, par son pèlerinage, maints voyageurs d'Allemagne, d'Angleterre et des pays du Nord, et ses

Saint Urbain

A Thann, saint Urbain, le partron des vignerons alsaciens, faisait l'objet d'une vénération particulière. La petite chapelle au cœur du Rangen – édifiée au XVe siècle, détruite puis rebâtie en 1934 – lui est dédiée, et elle était le but d'une procession chaque 25 mai, le jour de sa fête.

Le culte de ce pape martyr du IIIe siècle tire son origine de la translation de ses cendres à l'abbaye d'Erstein, vers 850. Avéré dès le XIIIe siècle, il se propagea en Alsace surtout à partir du XVIIe siècle. Les sources de ce patronage sont diverses : recherche d'une protection météorologique à l'époque des derniers risques de gelée printanière (« soleil de Saint-Urbain présage une année de vin »), représentation initiale du saint tenant un calice (du calice au vin...), influence du droit coutumier allemand, dans lequel le 25 mai était un terme important de l'année vigneronne.

Toujours est-il que saint Urbain était célébré en maints endroits, à Thann bien sûr, mais aussi à Rouffach et à Eguisheim (qui possédaient chacun une confrérie du saint) et encore à Turckheim, Ammerschwihr, Katzenthal, Bergheim ou Kintzheim. La fête donnait lieu à des variations symboliques, selon le temps qui régnait le jour même : la statue du saint, porté en procession, finissait juchée sur un tonneau s'il faisait beau, mais atterrissait dans l'eau d'un puits ou se faisait molester s'il pleuvait.

chanoines se firent naturellement les promoteurs du vin local. Au XVIe siècle, des règlements municipaux interdisaient la plantation de cépages non nobles sur le Rangen, de même que le mélange d'autres vins sous le nom du cru. Plus tard, sous le règne de Marie-Thérèse d'Autriche, le vin du Rangen régala la cour de Vienne.

« Que le Rangen t'emporte ! » Telle était la malédiction autrefois proférée dans le langage courant, pour évoquer un vin réputé alcoolique et puissant. Jullien lui-même, au début du XIXe siècle, s'en faisait l'écho : « Il est très spiritueux et attaque les nerfs avec une telle violence que ceux qui en usent avec excès sont quelque temps après comme paralysés. » Diantre ! Le grand cru d'aujourd'hui n'est plus aussi menaçant. Certes, il conserve une grande force naturelle, mais il exprime aussi toute la concentration et la complexité que lui confère un terroir exceptionnel.

C'est à l'infatigable Léonard Humbrecht que l'on doit, à partir de 1977, la résurrection de ce mémorable lieu-dit, dont les pentes flirtent avec la verticale. Le coteau, maintenant, est à nouveau couvert de vignes, tout alentour la petite chapelle Saint-Urbain, et de récentes plantations criblent les versants mitoyens. A signaler, sur la commune voisine de Vieux-Thann, le réencépagement récent des coteaux, également très pentus, du *Rollberg* et de l'*Enchenberg*.

Le Rangen

Grand cru classé en 1983. Superficie : 19 hectares. Exposition : sud. Fixé par l'« Oeil de la sorcière » – ce curieux morceau de donjon couché, résultant de la destruction, au XVIIe siècle, du château voisin de l'Engelbourg –, le *Rangen*, à cheval sur les communes de Thann et de Vieux-Thann, est un monument viticole à nul autre pareil. Il collectionne en effet nombre d'originalités.

C'est d'abord l'unique terroir volcanique d'Alsace : remontant au Dévonien et au Carbonifère, il mêle des laves basiques et des éléments sédimentaires, particulièrement gréseux, en un sol maigre, rouge brun, peu argileux et pierreux (débris de grauwackes, de tufs volcaniques, d'andésites), à travers lequel la plante rejoint assez facilement la roche mère fissurée. Ensuite, la raideur de sa pente est sans rivale : jusqu'à 68 %, ce qui en fait un coteau proprement vertigineux, et extraordinairement dur à travailler. Paradoxalement encore, le Rangen bénéficie de précipitations abondantes (950 mm par an), mais qui ne font en l'espèce que contrebalancer les facteurs d'une véritable fournaise naturelle : orientation plein sud accroissant la durée d'insolation, énorme déclivité augmentant l'ensoleillement direct, couleur sombre du sol favorisant l'accumulation thermique… Enfin, la Thur qui coule juste à ses pieds, par sa chaleur propre et par les brumes qu'elle émet, le rend peu gélif.

C'est au total un terroir tardif, où la maturation s'opère régulièrement jusqu'en novembre, cela favorisant bien sûr l'extrême concentration des raisins. Les trois grands cépages sont ici parfaitement accommodés. Le Riesling conjugue race et élégance, le Gewurztraminer et le Tokay-Pinot gris, quant à eux, impressionnent par leur ampleur et leur puissance d'expression.

LES PRODUCTEURS DU RANGEN

- **Domaine Zind-Humbrecht** *(Clos Saint-Urbain)*, à Turckheim.
- **Domaine Schoffit** *(Clos Saint-Théobald)*, à Colmar.
- **Bruno Hertz**, à Eguisheim.
- **Cave vinicole d'Eguisheim.**
- **Château d'Orschwihr.**

Se reporter, pour plus de détails, aux notices de chaque producteur.

RESTAURANT
MAISON
DES TÊTES

DU BON USAGE DES VINS D'ALSACE

Les Alsaces réclament les mêmes conditions de conservation que tous les vins fins. Ils doivent être entreposés couchés, dans une cave à température fraîche, suffisamment humide et bien aérée. Un point exige néanmoins l'attention : comme la majorité des vins blancs, ils sont particulièrement sensibles à l'oxydation, et le niveau des bouteilles doit être surveillé de près, un creux trop marqué (bouchon poreux, bouchon froissé, mauvaise hygrométrie...) entraînant vite la chute des qualités organoleptiques, le vieillissement prématuré, voire la madérisation du vin.

Une garde surprenante

La question majeure concerne bien évidemment leur durée de garde. Là comme ailleurs, il n'existe aucune norme générale, seulement quelques tendances. On peut, par exemple, avancer que les vins d'acidité trop basse, déséquilibrés par le sucre ou trop chargés en alcool auront des chances moindres de vieillissement. On peut encore hasarder quelques fourchettes de garde, sachant qu'elles sont sujettes à maintes exceptions, à la hausse comme à la baisse : 1 à 5 ans pour le Sylvaner, le Pinot blanc, le Pinot noir, le Muscat et le Crémant d'Alsace ; jusqu'à 10 ans pour le Riesling, le Gewurztraminer, le Tokay-Pinot gris ; jusqu'à 15 ans pour les mêmes cépages en grand cru ; au-delà de 20 ans pour les vendanges tardives et sélections de grains nobles.

La « Maison des Têtes », à Colmar, restaurant d'atmosphère dans des murs datant de 1608.

Mais ces délais moyens s'appliquent à des vins archétypiques, donc par définition inexistants, et masquent la seule réalité sur laquelle il est souhaitable d'insister : les Alsaces sont souvent capables de vieillir longtemps, et parfois admirablement. Le vin d'Alsace a l'heur, en effet, d'être soutenu par un bon niveau d'acidité, dû aux variétés de raisin et aux conditions climatiques ; celle-ci est primordiale dans le vieillissement des vins, blancs en particulier. Le millésime joue aussi son rôle, parfois a contrario : certaines années froides voient des vins tenir longtemps, grâce à leur surcroît d'acidité, tandis que des années chaudes verront s'effondrer prématurément des vins qui n'ont pas été récoltés à temps. Le cépage et le terroir interviennent également : tel Sylvaner, bien charpenté et de belle origine, révélera à l'occasion plus de longévité qu'un Tokay-Pinot gris, alourdi par ses sucres et de provenance banale. Il n'empêche que des bouteilles trentenaires ou quadragénaires, bien conservées, délivrent régulièrement leur beau lot d'émotions (voir page 184).

Champions incontestables de la durée : le Riesling et le Gewurztraminer. Le Tokay-Pinot gris peut suivre, mais sa rareté relative et les disparités de sa vinification rendent sa garde plus aléatoire. On peut avoir de réelles surprises avec le Sylvaner et le Muscat d'Alsace, pourtant réputés pour leur précocité. La tenue du Pinot noir dépend avant tout de sa vinification, tandis que le Pinot blanc – sauf rarissimes situations – et le Crémant ne gagnent pas à un vieillissement prolongé, du moins au-delà des limites indiquées.

Enseigne de winstub à Bergheim.

Le service des vins

Les Alsaces doivent être servis frais, aux alentours de 10 °C. Pour cela, trois possibilités : les sortir d'une cave à température adéquate, leur imposer un séjour (pas trop prolongé) au réfrigérateur, les rafraîchir au seau à glace, en utilisant de préférence le seau spécial à Alsace, dont la forme allongée permet d'obtenir une température uniforme jusqu'au goulot.

La tradition voulait qu'on servît les Alsaces dans leur célèbre verre régional, petit vase arrondi et translucide emmanché au bout d'un long pied de couleur verte, ou même dans des *rutscherlas*, micro-gobelets de verre blanc. Sans nier le charme ou l'authenticité de ces contenants, qui restent d'ailleurs adaptés à l'Edelzwicker et aux vins les plus simples, on préférera des verres tulipe classiques (en cristal, demi-cristal ou verre fin), ou bien encore le récent verre à dégustation d'Alsace (mis au point avec le concours de Gilbert Mestrallet, sommelier du *Crocodile*

Vieux millésimes

Sans remonter jusqu'aux incunables de la collection Méquillet (voir page 102), maintes bouteilles d'Alsace prouvent leur capacité à traverser sans dommage les décennies, et à dispenser lors de leur ouverture de précieux instants de dégustation. Pour illustration de ce propos, voici quelques notes portant sur un florilège de vieux flacons parfaitement conservés (vins de collection personnelle).

Tokay 1959, Paul Six : nez riche, rehaussé de notes de café, belle suite en bouche, grande profondeur, beaucoup d'extrait sec.

Tokay « Brand » 1959, Auguste Hurst : robe dorée à reflets roses, goût épicé, richesse et concentration phénoménales, relents de poudre à canon (... que n'aurait pas reniés le maréchal de Turenne, qui orne l'étiquette).

Gewurztraminer 1957, Gustave Lorentz : parfums de roseraie en fleur, superbe ampleur, de la longueur.

Traminer 1957, Metz Frères : couleur très fraîche, vin solide, énergique et incisif.

Riesling 1957, Théo Faller : bel or vert, arômes d'humus et de tilleul, puissance, distinction, force tranquille.

Sylvaner « Zotzenberg » 1956, Charles Wantz : couleur claire, fraîcheur, délicatesse aromatique, pointe minérale signant le grand terroir, juvénilité confondante.

Gewurztraminer « Harth » 1955, Charles Jux : robe plutôt pâle, notes florales, vin vif et élégant, pimenté par une amertume discrète.

Gewurztraminer 1955, Grande Réserve, Metz Frères : fortes réminiscences de noix, robustesse et étoffe pour un vin très tonique.

Gewurztraminer 1953, Hors Classe, Ernest Preiss : splendide jaune bronze, arômes massifs, vin corpulent, droit et sec, relevé par une belle amertume.

Gewurztraminer 1953, Baumann-Schohler : robe or citron, nez très fin évoquant la violette, l'iris et la rose, rigoureuse tenue en bouche, harmonie et jeunesse presque insolente.

Gewurztraminer 1953, Réserve, Gustave Lorentz : bouquet très pur sous une couleur préservée, profil élancé, économie d'effets pour un vin aérien, suprêmement équilibré.

Gewurztraminer 1953, J. et A. Radmacher : or orangé, odeur de prune et de fleurs, bouche légère, déliée et persistante.

Traminer 1950, Willm : bouquet dégagé, à consonances épicées et florales, bouche harmonieuse, suave, structurée.

Gewurztraminer 1949, Cuvée Particulière, Ernest Preiss : nez plein, bouche riche, alcooleuse et explosive, révélatrice de l'exubérance du millésime.

Gewurztraminer 1949, Cuvée Mondiale, Ernest Preiss (en magnum) : beaux arômes confits, bouche opulente et volumineuse, fondée sur une grande richesse en sucre, vendange surmûrie.

Riesling « Clos Gaensbroennel » 1947, Willm : étincelant jaune d'or, nuances d'amande et de citron, bouche solide, délicate et parfumée, longueur insistante, maturité encore proche de la jeunesse.

Gewurztraminer « Brand » 1947, Auguste Hurst : type vendange tardive, opulence et luxuriance dignes d'un très grand Sauternes, de l'or liquide.

à Strasbourg), forme épurée du verre alsacien traditionnel. Le verre normalisé INAO, lui, doit demeurer réservé à la dégustation pure. Quant au Crémant d'Alsace, lui conviennent la flûte à Champagne et le verre tulipe.

Si le vin est vif et juvénile, ou au contraire s'il est d'un âge vénérable, on débouchera la bouteille juste au moment de servir, afin de profiter d'une légère pointe de gaz carbonique dans le premier cas, ou de préserver le vin de l'oxygène dans le second. Si c'est un grand cru dans la force de l'âge, on débouchera la bouteille un peu plus tôt et l'on remplira les verres à l'avance, de façon à permettre aux arômes du vin de se libérer et de s'épanouir au contact de l'air.

Le génie du terroir

En Alsace, le vin est inséparable de la table, laquelle est copieusement garnie. L'Alsacien est en effet un solide mangeur, et la province entière respire en permanence une appétissante odeur de coup de feu. L'heure des repas est d'ailleurs une institution à laquelle on n'attente pas.

La cuisine procède ici d'une robuste tradition paysanne, fondée sur quelques produits de base, qui fournissent des thèmes dont découlent toutes les variations. Les voici :

- le chou et son avatar suprêmement alsacien, la choucroute, mais aussi la pomme de terre et l'oignon, fondements indéracinables de toute cuisine terrienne ;
- le porc, empereur omniprésent de la table alsacienne, transfiguré à travers le lard fumé, le jambon, le cervelas, le boudin, les terrines, les pâtés, les saucisses, les jambonneaux, les pieds, la palette, les côtelettes et toutes ces façons charcutières dont l'Alsace épuise quasiment le genre ;
- certains poissons tels le sandre, le brochet, le saumon, la carpe ou la truite, qui, s'ils se sont raréfiés dans le Rhin ou dans les torrents vosgiens, peuplent toujours étangs et élevages piscicoles ;
- le cortège des volailles, depuis le poussin « de la Wantzenau » jusqu'au vieux coq qu'on mijote au Riesling ;
- tout le gibier à poil ou à plume qu'abritent encore le Ried et les Vosges ;
- le munster, unique mais imposant fromage des vallées vosgiennes ;
- les fruits des vergers et de la montagne, à commencer par la quetsche, la mirabelle, la cerise ou la myrtille, qui font les desserts et les tartes, mais aussi les innombrables eaux-de-vie blanches dont l'Alsace offre des cartes vertigineuses.

On peut également y ajouter quelques spécialités :

- le foie gras, dont l'« inventeur » fut le cuisinier Jean-Pierre Clause, entré en 1778 au service du gourmand maréchal de Contades, gouverneur militaire d'Alsace ; empruntant sans doute à une vieille recette des juifs de Strasbourg, il mit au point le fameux « pâté à la Contades », un pâté de foie gras en croûte ;
- les asperges, qui poussent facilement dans les terres limoneuses du Ried (à Hoerdt notamment) et dont les Alsaciens se régalent à la fin du printemps, en les nappant de plusieurs sauces et en les arrosant au Muscat ;
- les nouilles et pâtes alsaciennes, connues depuis le XVIIIe siècle et qui sont de toute première qualité.

Avec ces réconfortantes nourritures, les vins d'Alsace entretiennent de naturelles et savoureuses correspondances. Pour éprouver ces subtiles complémentarités de la cuisine et du cellier, il n'est que de fréquenter les adresses gourmandes qui pullulent entre Vosges et Rhin, depuis les simples *winstubs* (voir encadré page 186) jusqu'aux grandes tables de prestige. Bornons-nous, ici, à citer les deux phares de la gastronomie alsacienne : la célébrissime *Auberge de l'Ill* des frères Haeberlin, à Illhaeusern, véritable morceau du patrimoine alsacien, où officie un « meilleur sommelier du monde », Serge Dubs, et le déjà nommé *Crocodile*, le temple strasbourgeois d'Émile Jung.

Les accords vins-mets

Un certain nombre d'alliances entre vins alsaciens et plats ont largement prouvé leur bien-fondé. On trouvera donc énumérées ci-après, pour les sept principaux cépages d'Alsace, des propositions de mariage soit avec des spécialités régionales, soit avec des classiques de la cuisine bourgeoise.

• Le Sylvaner

Ses points forts : sa fraîcheur, son tranchant, son fruité léger, son côté perlant. A recommander avec :

- la tarte à l'oignon ;
- la salade de gruyère et de cervelas ;
- les harengs-pommes à l'huile ;
- les crevettes et petits coquillages ;
- la choucroute et le chou rouge en salade ;
- la *flammeküche* (tarte flambée alsacienne) ;
- la quiche lorraine ;
- les maquereaux au vin blanc ;
- le saumon mariné ;
- les escargots à l'alsacienne ;
- les assortiments de charcuterie ;
- le fromage frais aux herbes.

• Le Pinot blanc

Ses points forts : sa souplesse, son fruité appuyé, sa gouleyance, son côté « passe-partout ». A recommander avec :

- la tourte vigneronne ;
- les cuisses de grenouilles ;
- le *presskopf* (hure de porc en gelée) ;
- la salade de saint-jacques ;
- le gratin de langoustines ;
- les gelées de canard et de lapereau ;
- les feuilletés de volaille, de poisson ou de moelle ;
- les quenelles de veau et de brochet ;
- le jambonneau au raifort ;
- la blanquette de veau ;
- la fricassée de volaille ;
- le poussin rôti ;
- les côtelettes au vin blanc.

Coll. CIVA

Les winstubs

Ces lieux chaleureux, qui tiennent à la fois de la taverne et du petit restaurant, sont une institution typiquement alsacienne. On les trouve surtout dans le Bas-Rhin, avec une concentration particulière sur Strasbourg. Servi en pichet ou en bouteille, le vin d'Alsace sert de moteur à une restauration simple et sans façons, à base de quiches et de tartes à l'oignon, de salade de cervelas et de gruyère, de plats roboratifs et consistants comme le jambonneau ou le schiffala, de munster et de fromage blanc. Ce sont surtout des hauts lieux de convivialité, bruyants de dialecte et remplis de bonnes odeurs, où les verres et les échanges vont souvent bon train à la *stammtisch*, la table des habitués.

Le Muscat d'Alsace

Ses points forts : ses arômes, sa légèreté, son côté croquant. A recommander avec :
- les asperges fraîches, à la sauce mousseline ou mayonnaise ;
- la salade de jets de houblon ;
- le foie gras au naturel ;
- les écrevisses à la nage ;
- la poitrine de veau farcie, relevée de beaucoup d'herbes ;
- les recettes exotiques moyennement épicées ou avec une sauce piquante.

Le Riesling

Ses points forts : sa charpente, sa nervosité, sa minéralité, son côté dominateur. A recommander avec :
- la truite au bleu ;
- les huîtres ;
- la matelote d'anguilles ;
- le saumon fumé ;
- le tartare de poisson ;
- l'andouillette ;
- le sandre et le brochet à la crème ;
- la sole aux nouilles alsaciennes ;
- le saint-pierre à l'oseille ;
- les filets de rougets poêlés ;
- le poulet à l'estragon ;
- le coq au Riesling, avec des *spätzele* ;
- l'escalope de foie d'oie ;
- le gigot de pré-salé, avec un gratin de pommes de terre ;
- le *schiffala* (palette de porc fumée) ;
- la choucroute garnie à l'alsacienne ;
- les crottins de chèvre.

Le Tokay-Pinot gris

Ses points forts : son fumet, sa rondeur, son côté enveloppant. A recommander avec :
- le foie gras chaud ;
- les poêlées de champignons ;
- le gâteau de foies blonds au coulis de tomates ;
- le jambon en croûte ;
- les rognons et ris de veau ;
- la lotte au lard ;
- la pintade au chou ;
- le faisan à l'alsacienne, avec lard et choucroute ;
- la poularde à la crème ;
- le carré d'agneau ;
- le *baeckoffa* (potée de porc, bœuf et mouton).

Le Gewurztraminer

Ses points forts : ses arômes capiteux, sa luxuriance, son fond sec, son côté « ravageur ». A recommander avec :
- le foie gras en brioche ;
- le homard à l'américaine ;
- le porc au curry ;
- le poulet créole ;
- la cuisine extrême-orientale fortement épicée (safran, gingembre, coriandre...) ;
- le munster, et son cousin le géromé ;
- les fromages bleus, roquefort en tête ;
- la tarte au fromage blanc ;
- la charlotte aux fruits rouges ;
- la pêche au sabayon de Gewurztraminer ;
- le soufflé au kirsch ;

Coll. CIVA

Suprême de sandre au Pinot noir (Robert Husser, Marlenheim).

- les tartes à l'alsacienne, mariant fruits de saison et flan ;
- le *birewecke* (pain de fruits secs préparé au nouvel an).

• Le Pinot noir

Ses points forts : sa qualité de rouge, son fruité marqué, son côté coulant. A recommander avec :

- les pâtés à base de gibier ;
- les magrets de canard ;
- l'aiguillette de bœuf braisée au Pinot noir ;
- le rôti de bœuf en sauce ;
- le civet de lièvre aux nouilles ;
- la selle de marcassin ;
- les côtelettes de chevreuil aux airelles ;
- les fromages à pâte molle ;
- les pêches de vigne pochées au vin rouge.

Coll. CIVA

Foie de canard au chou (Antoine Westermann, Strasbourg).

LES MILLÉSIMES D'ALSACE

1969	1970	1971	1972	1973	1974	1975	1976
1977	1978	1979	1980	1981	1982	1983	1984
1985	1986	1987	1988	1989	1990	1991	1992

année exceptionnelle — grande année — année moyenne — petite année

Les millésimes 1988, 1989 et 1990 : un tiercé exceptionnel pour les vins d'Alsace.

INDEX DES GRANDS CRUS, CLOS ET LIEUX-DITS

Altenberg de Bergbieten, 12, 20, 31, 32, 33, 43
Altenberg de Bergheim, 12, 73, 74, 75, 77, 78, 79, 80, 81, 89, 148
Altenberg de Wolxheim, 36, 37, 39
Altenbourg, 111, 112, 113, 114, 116
Bergweingarten, 156, 157, 158, 159
Bollenberg, 163, 165, 167, 168, 169, 170
Brand, 12, 20, 102, 103, 112, 127, 128, 129, 130, 131, 133, 134, 184
Brandhof (Andlau), 55, 58, 59
Brandhof (Steinseltz), 28
Brandluft, 50, 52
Bruderthal, 12, 40, 41
Burg, 76, 77
Burlenberg, 76, 77, 78
Bux, 172, 173
Clos des Capucins, 118
Clos des Chartreux, 41
Clos de la Folie Marco, 46, 47, 48
Clos Gaensbroennel, 46, 48, 148, 150, 184
Clos Hauserer, 130, 131
Clos Himmelreich, 169
Clos Jebsal, 130, 132
Clos de Meywihr, 121
Clos Philippe Grass, 36, 37
Clos Rebgarten, 55, 56, 57
Clos de la Renaissance, 169, 170
Clos Saint-Guingallois, 128
Clos Saint-Imer, 154, 155
Clos Saint-Jacques, 140
Clos Saint-Landelin, 160, 161, 162
Clos Saint-Théobald, 139, 140, 181
Clos Saint-Ulrich, 82, 90, 105
Clos Saint-Urbain, 130, 132, 181
Clos Sainte-Apolline, 163
Clos Sainte-Hune, 84, 85, 91, 93
Clos Sainte-Odile, 42, 43
Clos du Schlossberg, 83, 90
Clos des Sorcières, 97, 104
Clos de la Tourelle, 179
Clos du Val d'Eléon, 55, 56, 57
Clos du Vicus Romain, 143
Clos Windsbuhl, 11, 91, 93, 130, 132
Clos du Zahnacker, 82, 88, 90
Clos Zisser, 46, 49
Eichberg (Eguisheim), 144, 145, 148, 150, 151, 158
Eichberg (Turckheim), 102
Enchenberg, 168, 181
Engelberg, 20, 34, 35
Engelgarten, 76, 77, 78
Feyel, 47, 48
Finkenberg, 40
Florimont, 122, 124, 125, 127, 148, 151
Frankstein, 66, 67, 148

Freiberg, 49
Froehn, 94, 95, 96
Fronholz, 12, 60, 61, 62, 63
Furstentum, 10, 111, 113, 114, 115, 116, 118, 143
Gaentzbrunnen, 157
Geisberg, 82, 83, 84, 86, 87
Geissberg, 73
Glintzberg, 32
Gloeckelberg, 72, 73, 74, 89
Goldert, 130, 131, 154, 155, 157
Goldesh, 76
Grafreben, 111
Grasberg, 76, 77, 78
Grossluft, 169
Hagenschlauf, 94, 96
Hardt, 102, 138, 139, 184
Hatschbourg, 148, 150, 152, 153, 157
Heimbourg, 128, 130, 132, 133, 134
Heissenberg, 60, 61, 62, 63
Heissenstein (Guebwiller), 175
Heissenstein (Nothalten), 63
Heisse Wanne, 172
Hengst, 130, 132, 133, 134, 135, 136, 137, 142, 143, 148
Herrenweg, 128, 130, 131, 133, 134, 137, 142, 143
Hinterburg, 124
Horn, 37, 38
Huettgasse, 28
Kaefferkopf, 120, 121, 122, 124
Kanzlerberg, 76, 77, 79, 81
Kappelweg, 80, 81
Karchweg, 28
Kastelberg, 20, 49, 54, 55, 56, 57, 58, 59
Kefferberg, 38, 39
Keimberg, 28
Kessler, 168, 172, 173, 174, 176, 177
Kirchberg de Barr, 12, 45, 46, 47, 48, 49, 52, 148
Kirchberg de Ribeauvillé, 82, 86, 87, 89, 90
Kirrenbourg, 117
Kitterlé, 168, 174, 175, 177
Kritt, 55, 56, 57, 58
Kronenburg, 94, 98
Langelberg, 76
Leimenthal, 142
Lerchenberg (Andlau), 56, 57
Lerchenberg (Rouffach), 158
Lerchenberg (Zellenberg), 94
Letzenberg, 122, 124
Lippelsberg, 167
Mairehiesel, 46, 48
Mambourg, 109, 110, 111, 112, 122
Mandelberg, 89, 107, 108, 109, 110
Marckrain, 108, 109, 110
Moenchberg, 52, 53, 55, 56, 57, 58, 59
Moenchreben, 80, 81
Muenchberg, 60, 61, 62, 63, 67
Muhlforst, 85, 91, 92, 105
Oberberg, 65
Oberer Weingarten, 80
Ollwiller, 133, 148, 150, 178, 179
Osterberg, 82, 84, 85, 86, 88, 89, 90, 92
Patergarten, 113, 114
Pfersigberg, 140, 141, 144, 145, 147, 148, 150, 151
Pfingstberg, 148, 167, 168, 169, 170
Pflaenzer, 76
Pflaenzerreben, 80, 81
Praelatenberg, 21, 68, 69, 94, 96
Rangen, 20, 130, 132, 139, 140, 148, 151, 168, 180, 181
Rebgarten (Bennwihr), 108, 109, 110
Rebgarten (Gueberschwihr), 154, 157, 158
Reifenberg, 28
Rimelsberg, 94, 95, 96
Roemerberg, 109
Rollberg, 168, 181
Rosacker, 84, 91, 92, 93, 105
Rosenberg, 141, 142, 143
Rosenbourg, 97
Rotenberg, 76, 77, 130, 133, 135
Rothstein, 37
Rot Murlé, 158, 159
Saering, 172, 173, 174, 175, 177
Schaefferstein, 40
Schimberg, 175
Schlossberg, 20, 112, 113, 114, 115, 116, 117, 118, 119, 143
Schneckenberg, 156, 157, 158
Schnekelsbourg, 129, 130
Schoenenbourg, 77, 89, 94, 97, 98, 100, 101, 102, 103, 104, 105, 107, 133, 134
Schwarzberg, 172, 173
Silberberg (Dahlenheim), 34
Silberberg (Rorschwihr), 80, 81
Sommerberg, 122, 125, 126, 127, 133, 143
Sonnenberg, 120, 121
Sonnenglanz, 89, 94, 106, 107
Spiegel, 148, 171, 172, 173, 174, 175
Sporen, 20, 94, 97, 100, 101, 102, 103, 104, 105
Steinacker, 87
Steinert, 12, 148, 156, 157, 158, 159, 163
Steinglitz, 129, 130
Steingrubler, 141, 148, 150
Steinklotz, 12, 29, 30
Strangenberg, 163
Trottacker, 82, 85, 87, 92, 93
Vorbourg, 160, 161, 162, 163, 166
Wanne, 20, 176
Warstein, 135
Weingarten, 165
Wiebelsberg, 49, 51, 52, 55, 56, 57, 58, 59
Wineck-Schlossberg, 122, 123, 124, 125, 133
Winzenberg, 64, 65
Zellberg, 63
Zinnkoepflé, 10, 12, 161, 163, 164, 165, 166, 168, 170, 173
Zotzenberg, 12, 50, 51, 52, 53, 184

INDEX DES PRODUCTEURS

Adam, Caves J.B., 121
Albrecht, Domaine Lucien, 169
Andlau et ses environs, Cave vinicole d', 43, 45, 49
Baltenweck, Jean-Pierre, 90
Bannwarth et Fils, Clément, 162
Barmès-Buecher, Domaine, 137, 142
Baumann, Domaine J.-M., 105
Baur (Armand Baur Succ.), Charles, 151
Baur Petit Fils, François, 134
Beblenheim, Caves de, 105, 106
Bechtold, Jean-Pierre, 35
Becker, Jean, 69, 94, 105, 107
Beck-Hartweg, 67
Beck, Gaston, 94
Beck, Jean-Claude, 67
Bennwihr, Caves de, 108, 112
Beyer, Léon, 144
Blanck, Domaine Paul, 113, 119
Bleger, Claude, 69
Boeckel, Émile, 49, 50, 59
Boesch et Fils, Léon, 165
Bohn et Fils, René, 65
Bott Frères, 90
Bott-Geyl, 105, 107
Boxler et Fils, Albert, 126
Boxler, Justin et Jean-Louis, 125, 127, 134
Brand, Lucien, 38
Braun et Fils, Camille, 170
Burn, Maison Ernest, 154
Cattin et ses Fils, Joseph, 153
Cleebourg, Cave vinicole de, 27
Colmar, Domaine viticole de la Ville de, 137, 140, 151
Dambach-la-Ville, Cave vinicole de, 67
Deiss, Domaine Marcel, 76, 105
Diringer, 166
Dirler, Jean-Pierre, 171, 177
Dischler, Charles et André, 39
Divinal, 43
Dopff et Irion, 104
Dopff « Au Moulin », 16, 17, 102
Durrmann, André, 59
Ecklé, Jean-Paul, 124
École, Domaine de l', 162
Eguisheim, Cave vinicole d', 46, 137, 146, 153, 173, 181
Ehrhart et Fils, André, 137, 143
Engel et Fils, Raymond, 69
Faller et Fils, Robert, 90
Faller et ses Filles, Madame Théo, 118
Fend, Serge, 30
Freyburger et Fils, Louis, 81
Frick, Pierre, 151, 158
Fritsch, Romain, 30
Gantzer, Lucien, 155

Geiler, Jean, 125
Geschickt et Fils, 122, 125
Gilg et Fils, Armand, 53, 59
Ginglinger, Paul, 151
Ginglinger, Pierre-Henri, 151
Ginglinger-Fix, 153
Gisselbrecht, Willy, 63, 66
Gresser, Domaine André et Rémy, 58
Haegelin et ses Filles, Materne, 166, 170
Hartmann et Fils, André, 153
Hartmann, Gérard et Serge, 153
Hartweg, Jean-Paul, 107, 110
Heitz, Philippe et Fernand, 41
Hering, Domaine, 46
Hertz, Bruno, 151, 181
Heywang et Successeurs, Albert, 44
Heywang, Jean, 45, 49
Hugel et Fils, 22, 98
Humbrecht et Fils, Bernard, 155
Humbrecht, Marcel, 155
Hunawihr, Cave vinicole de, 93
Hunold, Bruno, 162
Hurst, Domaine Armand, 134
Ingersheim, Cave vinicole d', 125, 127
Jung et Fils, Roger, 93, 105
Jux, Domaine, 140
Kehren, Domaine, 153
Kientzheim-Kaysersberg, Cave vinicole de, 116, 119
Kientzler, André, 85
Klack, Jean, 105
Klein aux Vieux Remparts, 74
Klein et Fils, Georges, 74
Klein et Fils, Joseph, 166
Klingenfus, Robert, 41
Klipfel, Domaine, 45, 49
Klur-Stoeckle, 125
Koeberlé-Kreyer, 74
Koehly et Fils, Charles, 73, 81
Kreydenweiss, Domaine Marc, 56
Kuehn, 122, 125, 127
Kuentz-Bas, 151
Landmann, Seppi, 163
Langehald, Domaine, 134
Loberger, Joseph, 173, 177
Lorentz, Gustave, 79
Mallo et Fils, Frédéric, 93
Mann, Albert, 116, 119, 137, 143
Manoir, Domaine du, 125
Marronniers, Domaine des, 59
Metz, Hubert, 64
Meyer, Denis F., 153
Meyer, Domaine Julien, 62
Meyer, Eugène, 173
Meyer, François, 65
Meyer, René, 125
Meyer et Fils, Jos, 135
Meyer et Fils, Lucien, 153
Mittnacht-Klack, Domaine, 82, 90, 93, 105
Mochel, Frédéric, 33
Mochel-Lorentz, 33
Mosbach, 30
Muhlberger, Vignobles, 36
Muller-Koeberlé, 74
Muré, Domaine, 160, 166
Neumeyer, Gérard, 40
Obernai, Cave vinicole d', 33, 43, 45
Ollwiller, Château, 178
Orschwihr, Château d', 166, 168, 177, 181
Ostertag, Domaine, 60
Pfaffenheim et Gueberschwihr, Cave vinicole de, 153, 155, 156
Pfister, André, 84
Rabold et Fils, Raymond, 170
Renck, Raymond, 105, 107
Rentz, Domaine Edmond, 96
Ribeauvillé, Cave coopérative de, 74, 81, 88, 105, 107, 110
Riefflé et Fils, Joseph, 159
Roi Dagobert, Cave du, 33
Rolli-Edel, Willy, 81
Rolly-Gassmann, 80
Rominger, Eric, 166, 173, 177
Roth, Robert, 179
Ruhlmann-Dirringer, 67
Schaeffer-Woerly, 67
Schaefflé, Vins, 159
Schaetzel, Domaine Martin, 122
Schaller et Fils, Edgard, 110
Scharsch, Joseph, 39
Scheidecker, Philippe, 110
Scherer, Vignoble A., 150
Schielé, Domaine François, 122
Schlosser, Marcel, 59
Schlumberger, Domaines, 173, 175
Schmitt, Raymond, 179
Schmitt, Roland, 31
Schoech, Domaine Maurice, 122
Schoffit, Domaine, 139, 181
Schueller, Gérard, 151
Schwach, Paul, 90
Seltz, Albert, 52
Sick-Dreyer, 122
Siebert, Jean-Bernard, 39
Siffert, Domaine, 68
Sigolsheim, Société coopérative vinicole de, 112
Sinne, Domaine de la, 122
Sipp, Domaine Jean, 83, 87, 90
Sipp, Louis, 87
Sipp-Mack, 90, 91
Sorg, Bruno, 125, 151
Sparr et ses Fils, Pierre, 111, 119, 134
Sperry et Fils, Pierre, 65
Spielmann, Domaine Jean-Martin, 81
Stentz et Fils, Aimé, 143
Stentz, Domaine Aimé, 127, 137
Thomas et Fils, André, 112, 122
Trimbach, F.E., 83, 93
Turckheim, Cave vinicole de, 105, 125, 127, 133, 137, 179
Vallis Praenobilis, Cave de la, 163
Vieil-Armand, Cave vinicole du, 178, 179
Vieux Pressoir, Domaine du, 59
Vogt, Laurent, 39
Vonville, Jean-Charles, 43
Wach, Guy, 59
Wagenbourg, Château, 166
Wantz, Charles, 43, 45, 49, 59
Weber, Bernard, 41
Weinbach, Domaine, 116, 118
Westhalten, Cave de, 162, 166
Willm, Alsace, 49
Wittmann et Fils, André, 53
Wolfberger, 138, 140, 146
Wunsch et Mann, 137, 143
Zimmermann, Domaine, 69
Zind-Humbrecht, Domaine, 93, 128, 137, 155, 181
Zink, Pierre-Paul, 159

Imprimé en Italie par «G. E. P.» - Cremona